古典文獻研究輯刊

三三編

潘美月・杜潔祥 主編

第 5 冊

道家文獻校補
（第三冊）

蕭 旭 著

國家圖書館出版品預行編目資料

道家文獻校補（第三冊）／蕭旭 著 -- 初版 -- 新北市：花木
蘭文化事業有限公司，2021〔民 110〕
目 6+252 面；19×26 公分
（古典文獻研究輯刊 三三編；第 5 冊）
ISBN 978-986-518-621-0（精裝）
1. 道教文學 2. 校勘
011.08   110012073

古典文獻研究輯刊
三三編　第五冊   ISBN：978-986-518-621-0

道家文獻校補（第三冊）

作　　者　蕭旭
主　　編　潘美月、杜潔祥
總 編 輯　杜潔祥
副總編輯　楊嘉樂
編　　輯　許郁翎、張雅淋、潘玟靜　美術編輯　陳逸婷
出　　版　花木蘭文化事業有限公司
發 行 人　高小娟
聯絡地址　235 新北市中和區中安街七二號十三樓
　　　　　電話：02-2923-1455／傳真：02-2923-1452
網　　址　http://www.huamulan.tw 信箱 service@huamulans.com
印　　刷　普羅文化出版廣告事業
初　　版　2021 年 9 月
全書字數　705335 字
定　　價　三三編 36 冊（精裝）台幣 90,000 元

版權所有·請勿翻印

道家文獻校補
（第三冊）

蕭旭 著

目次

第三冊

第四冊

《抱朴子內篇》校補（續）

東晉葛洪撰《抱朴子內篇》20 卷。

清代以還，整理校勘此書者有如下諸家：孫星衍平津館《抱朴子》校本〔註1〕，繼昌、陳其榮《抱朴子內篇校勘記》〔註2〕，俞樾《讀〈抱朴子〉》〔註3〕，孫詒讓《抱朴子札迻》〔註4〕，孫人和《抱朴子校補》〔註5〕。

敦煌寫卷存《抱朴子內篇》前三卷《暢玄》、《論仙》、《對俗》，其中《暢玄篇》殘卷今編號為中村不折 132 號〔註6〕；《論仙》、《對俗》原卷已毀於 1923

〔註1〕孫星衍平津館《抱朴子》校本，收入《叢書集成初編》（內篇第 561～565 冊，外篇第 565～569 冊），中華書局 1985 年影印。楊明照查閱北京圖書館藏《抱朴子》顧千里校本，指出孫星衍平津館本《抱朴子內篇》校語悉出顧千里手。楊明照《〈抱朴子內篇校釋〉補正（下）》附記，《文史》第 17 輯，1983 年版，第 259 頁。

〔註2〕繼昌《抱朴子內篇校勘記》，清嘉慶二十三年刻本。光緒年間朱記榮校刊本附錄《抱朴子內篇校勘記》，較刻本增補陳其榮校語；《四部備要·子部》第 55 冊本附錄亦同，第 172～179 頁。其中陳其榮校語原文以「榮案」別之。本文依據《備要》本。

〔註3〕俞樾《讀〈抱朴子〉》，收入《春在堂全書》第 3 冊《曲園雜纂》卷 25，鳳凰出版社 2010 年版，第 164～167 頁；又收入《諸子平議補錄》卷 11（李天根輯），中華書局 1956 年版，第 82～89 頁。

〔註4〕孫詒讓《抱朴子札迻》，收入《札迻》卷 10，中華書局 1985 年版，第 341～343 頁。

〔註5〕孫人和《抱朴子校補》，民國鉛印本，第 1～37 頁。出版時間大約在 1925 年前後。

〔註6〕《中村不折舊藏禹域墨書集成》中冊，東京二玄社 2005 年版，第 292～295 頁。

年日本關東地震，日本田中慶太郎《古寫本〈抱朴子〉》有影印〔註7〕。羅振玉撰《〈抱朴子〉殘卷校記》〔註8〕，孫人和亦撰《古寫本〈抱朴子〉斠文》〔註9〕。孫氏《斠文》原文余未見，但已經被其《校補》所吸收。

王明《〈抱朴子內篇〉校釋》以孫星衍平津館校本作底本〔註10〕，其書引用書目省稱如下：孫星衍校語稱作「孫校」，孫星衍氏所引的舊校稱作「原校」，繼昌、陳其榮校語稱作《校勘記》，孫詒讓校語稱作《札迻》，俞樾校語稱作《曲園》，羅振玉校語稱作《敦煌》〔註11〕，孫人和校語稱作《校補》。王氏所引版本有：宋紹興二十二年臨安刊本（省稱作宋浙本）〔註12〕、明正統道藏本、明慎懋官校本（省稱作慎校本）、明盧舜治本、明魯藩本（即《四部叢刊》影印本）〔註13〕、明刊《寶顏堂秘笈》本（《廣漢魏叢書》本、柏筠堂本同，省稱作寶顏堂本）、湖北崇文書局《子書百家》本（省稱作崇文本）、日本田中慶太郎藏《古寫本〈抱朴子〉》（省稱作《影古寫本》）〔註14〕。又道書《神仙金汋經》省稱作《金汋經》，《雲笈七籤》省稱作《籤》。

王明《校釋》出版後，楊明照曾作《〈抱朴子內篇校釋〉補正》〔註15〕，

〔註7〕田中慶太郎藏《古寫本〈抱朴子〉》，文求堂書店大正12年（1923）出版；又《子藏·道家部·抱朴子卷》第1冊影印，國家圖書館出版社2016年版，第9～63頁。本文依據《子藏》本。

〔註8〕羅振玉《〈抱朴子〉殘卷校記》，收入《永豐鄉人雜著續編》，上虞羅氏1923年刊本。

〔註9〕孫人和《古寫本〈抱朴子〉斠文》（上、下），《支那學》第3卷第7、8號，1925年版。

〔註10〕王明《〈抱朴子內篇〉校釋》，中華書局1980年初版，1985年第2版。

〔註11〕按：王氏未目覩敦煌寫本，皆據羅氏校語轉錄，羅氏誤校者，王氏皆承其誤。

〔註12〕王明《校釋》初版本未見宋本，增訂本雖取宋本，但王氏未親見宋本，係請人代為校錄（參見《校釋》附錄二《增訂版後記》第398頁），校錄者沒有充分利用宋本，失校處甚多。宋浙本有缺卷，其中卷11《仙藥》、卷12《辨問》全係鈔補，卷17《登涉》、卷19《遐覽》鈔補一頁，卷18《地真》鈔補半頁，王氏稱作「一本」，以別於真正的宋本。鈔補本所據底本不可考，王明疑是道藏本或者魯藩本（《增訂版後記》第398頁），不確。鈔補本異文與道藏本或者魯藩本有較大差異。趙萬里《中國版刻圖錄》認為可能是錢曾述古堂所鈔，亦無確證，備考可耳。

〔註13〕魯藩本是覆道藏本，故二本多合。

〔註14〕王明不曉得「古寫本」即「敦煌本」，其校語中屢稱「《敦煌》作某，《影古寫本》同」，則是重複之語。

〔註15〕楊明照《〈抱朴子內篇校釋〉補正（上）》，《文史》第16輯，1982年版，第265～285頁。楊明照《〈抱朴子內篇校釋〉補正（下）》，《文史》第17輯，1983年版，第241～259頁。

弢甫曾作《王明〈抱朴子內篇校釋〉舉正》〔註16〕，楊明照字弢甫。王氏《校釋》（增訂本）附錄二《增訂版後記》第398頁提到吸收過楊說，但書中正文卻不曾提其名。

余以前作過《〈抱朴子內篇〉校補》〔註17〕，舊時聞見不廣，撰文麤疏，因重作校補，是為續篇耳。盧舜治本、寶顏堂本余未見。

本文引用類書，孔廣陶校刻本《北堂書鈔》（省稱作《書鈔》），古香齋本《初學記》，南宋刻本《藝文類聚》（省稱作《類聚》），南宋刻本《白氏六帖事類集》（省稱作《白帖》），景宋本《太平御覽》（省稱作《御覽》），南宋刻本《事類賦注》，明刊本《太平廣記》（省稱作《廣記》），道藏本《雲笈七籤》（省稱作《雲笈》）。

卷一 《暢玄篇》

（1）眇昧乎其深也，故稱微焉

按：昧，道藏本同，宋浙本、魯藩本、慎校本、四庫本作「眛」，王氏失校。「眇」同「妙」，微妙也，精微也。「眛」是「昧」形誤，幽冥也。《抱朴子外篇·任命》：「蓋聞靈機冥緬，混芒眇昧。」《廣弘明集》卷5陶弘景《難均聖論》：「漢初長安乃有浮圖，而經像眇昧。」

（2）或倏爍而景逝，或飄潭而星流

王明曰：孫星衍校：「潭，一作飆。」（P4）

按：今所見各本均作「潭」，作「飆」不知是何本？「潭」當作「潿」，俗字亦作䬓、飀，風寒也。《廣雅》：「飀，風也。」

（3）彎策靈機，吹噓四氣

王明曰：慎校本、寶顏堂本「四氣」並作「咀吸」。四氣，春夏秋冬四時之氣。（P5）

按：四庫本、道藏輯要本亦作「咀吸」，而宋浙本、道藏本、魯藩本均作

「四氣」。作「咀吸」蓋明清人所改。

（4）舒闓粲尉

王明曰：原校：「尉，一作鬱。」《校勘記》：「陳其榮案盧舜治本『粲尉』作『湮鬱』。」明案慎校本、寶顏堂本並作「湮鬱」。舒闓，抒發。粲，鮮明。尉讀作鬱，濃盛。（P5）

按：四庫本亦作「湮鬱」，而宋浙本、道藏本、魯藩本均作「粲尉」。楊明照曰：「以《外篇·崇教篇》『入宴華房之粲蔚』例之，『尉』殆『蔚』之殘誤。」〔註18〕楊說是也。尉，讀作蔚，於胃切（wei），茂盛也，文彩華美也。不必以為殘誤字。「粲蔚」猶言鮮明光彩。或讀「尉」為紆物切（yu），因改作同音之「鬱」字。明清人以不知「粲鬱」即「粲蔚」，因改作「湮鬱」，去其真彌遠矣，於此可見宋本之寶貴也。真大成說「尉讀作鬱，未聞他例」，因而「疑『欝』殘去上部則作『尉』，後人以為『尉』字不可解而改作『尉』」〔註19〕。真君說雖辯，然非也。尉讀作鬱，並非無證，茲舉其例，以廣所聞。《禮記·大學》《釋文》：「蔚，音鬱，又音尉。」《書·五子之歌》《釋文》：「鬱，音蔚。」《後漢書·仲長統傳》李賢注：「『蔚』與『鬱』古字通。」〔註20〕《禮記·王制》《釋文》：「尉，音尉，一音鬱。」《易·革》「其文蔚也」，《釋文》：「蔚，音尉，又紆弗反。」《廣韻》：「尉，於胃切，又紆物切。」「紆弗反」、「紆物切」即是音鬱。《淮南子·俶真篇》「五藏無蔚氣」，《文子·九守》「蔚」作「積」，蔣超伯、金其源並讀蔚為鬱〔註21〕，是也。《真誥》卷2「柔翰蔚乎冥契也」，《墉城集仙錄》卷5「蔚」作「鬱」；又卷3「辭旨蔚然起」，《集仙錄》卷5「蔚」作「鬱」；又卷3「嘉柔順以變蔚」，《集仙錄》卷5、《雲笈》卷98「蔚」作「鬱」；又卷4「靈雲鬱紫晨」，《無上祕要》卷20「鬱」作「蔚」；又卷4「雲蔚待龍吟」，《諸真歌頌》、《集仙錄》卷2、《雲笈》卷97「蔚」作「鬱」。《神

〔註18〕楊明照《〈抱朴子內篇校釋〉補正（上）》，《文史》第16輯，1982年版，第265頁。

〔註19〕真大成《〈抱朴子內篇〉異文考釋》，《南京師範大學文學院學報》2014年第4期，第178頁。

〔註20〕上三例由趙家棟博士檢示，謹致謝忱！

〔註21〕蔣超伯《南漘楛語》卷7《讀淮南子》，收入《續修四庫全書》第1161冊，上海古籍出版社2002年版，第360頁。金其源《讀淮南子管見》，收入《讀書管見》，（上海）商務印書館1957年初版，第391頁。

仙傳》卷 10「鬱然成林」，《廬山略記》「鬱」作「蔚」。均是其例。「岪鬱」轉語作「峛蔚」（《文選·魯靈光殿賦》），「鬱律」轉語作「蔚律」（S.2072《珮玉集》）〔註 22〕，「勃鬱」轉語作「勃蔚」（《雲笈》卷 106《王君內傳》），「蓊鬱」轉語作「蓊蔚」，亦是其比也。

（5）鮮華豔采，或麗炳爛，傷明者也

王明曰：《校勘記》：「榮案盧本『或麗』作『輝煌』。」明案慎校本、寶顏堂本亦作「輝煌」。《敦煌》「或麗炳爛」作「麗昞棨爛」。（P5）

按：敦煌本（中村不折 132 號）「爛」作「爤」（羅振玉校語不誤），又「明」作「明」，王校不準確。四庫本「或麗」亦作「輝煌」，宋浙本、道藏本、魯藩本均作「或麗炳爛」，《記纂淵海》卷 117 引同〔註 23〕。

（6）清醪芳醴

按：醴，各本同，《記纂淵海》卷 117 引誤作「醲」。

（7）鉛華素質

王明曰：鉛，《敦煌》作「朱」，《意林》作「紅」。（P5）

按：敦煌本及《意林》卷 4 引均作「紅」。羅振玉誤校。《記纂淵海》卷 117 引作「鉛」。

（8）雖顧昒為生殺之神器

王明曰：昒，藏本、魯藩本、慎校本皆作「盻」。生殺，孫校云：「藏本作『殺生』。」明案《敦煌》、宋浙本、魯藩本、慎校本亦作「煞生」。（P5）

按：昒，宋浙本同，敦煌本亦作「盻」，羅振玉失校。「盻」是「昒」形誤。宋浙本、魯藩本、慎校本作「殺生」，不作「煞生」，王氏誤校。

（9）脣吻為興亡之關鍵

王明曰：吻，《敦煌》作「喙」。（P5）

按：「喙」是「吻」形誤。又敦煌本「鍵」作「揵（楗）」，羅振玉失校。

〔註 22〕 參見蕭旭《〈英藏敦煌社會歷史文獻釋錄〉校讀記（前十五卷）》，收入《敦煌文獻校讀記》，花木蘭文化出版社 2019 年版，第 206 頁。

〔註 23〕 《記纂淵海》據宋刻本，四庫本在卷 74。下同。

（10）藻室華綠以參差

王明曰：華，《敦煌》作「朱」。華綠，慎校本、寶顏堂本作「華椽」。（P5）

按：華綠，道藏本、魯藩本同，敦煌本作「朱錄」，四庫本作「華椽」。參差，各本同，獨敦煌本作「嶵嵯」，增旁俗字。羅振玉失校。

（11）清絃嘈囋以齊唱，鄭舞紛綵以蜲蛇

王明曰：《敦煌》無「囋」字、「綵」字。（P6）

按：蜲蛇，敦煌本作「蜲移」，道藏輯要本作「蜲蛇」。羅振玉失校。「蜲移」即「委移」，與「蜲蛇（蛇）」一聲之轉。又敦煌本「舞」作俗字「儛」。慎校本、四庫本、道藏輯要本「嘈囋」作「嘈噴」，「紛綵」作「紛紜」，亦是明清人所妄改。

（12）哀簫鳴於凌霞，羽蓋浮於漣漪

王明曰：《敦煌》「哀簫鳴」作「鳴哀簫」，「凌霞」作「凌雲」，「羽蓋浮」作「浮羽蓋」。（P6）

按：敦煌本「凌霞」作「凌霄」，羅振玉誤校。

（13）掇芳華於蘭林之囿，弄紅葩於積珠之池

王明曰：孫校：「葩，藏本作『蘤』。」按宋浙本亦作「蘤」。（P6）

按：魯藩本、慎校本、四庫本亦作「蘤」。「蘤」是古「華（花）」字。《說文》：「葩，華也。」敦煌本「華」、「葩」二字均作「苊」。「苊」是「葩」省寫。P.2602《無上秘要》卷29：「羽衣互紛苊。」「苊」亦「葩」省寫。又敦煌本「弄」誤作「卡」，「紅」形誤作「紝」，「珠」作「株」。「弄」俗字作「卡」，故誤作「卡」。「珠」之作「株」，涉上字「積」而改偏旁。

（14）登峻則望遠以忘百憂，臨深則俯擥以遺朝飢

王明曰：擥，《敦煌》、慎校本作「覽」。擥，手採取。（P6）

按：俯擥，宋浙本同，敦煌本作「府賢」，道藏本、魯藩本作「俯擥」，慎校本、四庫本、道藏輯要本作「俯覽」。當以「覽」為正字，「俯覽」與「望遠」對文。王氏訓作手採取，非是。

（15）入宴千門之焜焜，出駈朱輪之華儀

王明曰：明案「焜」原作「混」，疑誤。焜，孫校：「一本作『燿』。」《敦煌》作「晃」。《詰鮑篇》：「金象焜晃乎清沼。」慎校本、寶顏堂本並作「焜焜」。當作「焜焜」，今據改。焜焜，光耀奪目。（P6）

按：孫校：「焜，一本作燿。」非「焜」一作「燿」。敦煌本「焜」作「晃」，非「焜」作「晃」，羅校不誤，王氏誤記。敦煌本作「混晃」，宋浙本、道藏本、魯藩本作「混焜」，四庫本、道藏輯要本作「焜焜」。王校「混」作「焜」，是也。

（16）故曲終則歎發，燕罷則心悲也

王明曰：孫校：「燕，藏本作『醼』。」明案宋浙本亦作「醼」。燕罷，《敦煌》作「讌徹」。（P6）

按：敦煌本作「徹讌」，羅振玉誤記。魯藩本、慎校本、四庫本亦作「醼罷」。燕、醼、讌，並讀作宴。

（17）寔理勢之攸召，猶影響之相歸也

按：勢，各本同，獨宋浙本誤作「世」。響，敦煌本作「嚮」，借字。

（18）用之者神，忘之者器

王明曰：《敦煌》作「歸之乎神，忘之乎器」。（P7）

按：敦煌本作「歸之于神，忘之于器」，羅振玉誤校。

（19）乘流光，策飛景，凌六虛，貫涵溶

按：飛景，宋浙本、道藏本、魯藩本同，慎校本、四庫本作「逝景」。涵，道藏本、四庫本同，《永樂大典》卷540引亦同；敦煌本作「𣽁」，宋浙本、魯藩本作「涵」，慎校本作「浫」。「浫」、「涵」均「涵」形譌字。「𣽁」是「𣽁」俗字，其右旁「𡆥」同「罔」。不知孰正？

（20）出乎無上，入乎無下

按：《淮南子·泰族篇》：「達乎無上，至乎無下。」

（21）經乎汗漫之門

按：汗漫，各本同，獨敦煌本誤作「汙漫」。

（22）倘佯彷彿之表

按：倘佯彷彿，敦煌本作「攘佯髣髴」，宋浙本、道藏本、魯藩本作「倘佯彷彿」，慎校本、四庫本作「徜徉彷彿」，并同。

（23）俳佪茫昧，翱翔希微

按：俳佪茫昧，敦煌本、宋浙本作「俳佪芒昧」，道藏本、魯藩本作「俳佪茫昧」，慎校本、四庫本作「俳佪茫昧」。又敦煌本「希」作「晞」。

（24）履略蜿虹，踐跚旋璣

王明曰：履略，踐行。蜿，屈曲狀。虹，彩虹。踐跚旋璣，《敦煌》作「躡踐旋機」。《校勘記》：「榮案盧本『跚』作『踶』。」明案：「踐跚」似當作「踐踶」，踐踏之意。（P7）

按：①略，讀作轢，踐踶也，碾軋也。②蜿虹，又作「宛虹」，或稱作「屈虹」。③踐跚，宋浙本、道藏本、魯藩本同，慎校本作「踐踶」，四庫本作「踐踏」。《抱朴子外篇·嘉遁》：「不能淩厲九霄，騰跚玄極。」《真誥》卷 5「體象五星，行恒如跚空」，《登真隱訣》卷中「跚」同。《太上無極大道自然真一五稱符上經》卷下「子欲跚（跚）天道，當得九天圖」，敦煌寫本 P.2440《靈寶真一五稱經》「跚」作「踶」，《御覽》卷 659、《雲笈》卷 80 引同。足證「跚」非誤字。「履略」、「踐跚」同義。跚，踐也，踶也，蹈也，踏也〔註24〕。踐跚、騰跚猶言騰踐、騰踏、蹈騰。敦煌寫本中村不折 132 號「踐跚」作「躡踐」，以同義詞改之耳。

（25）知足者，則能肥遁勿用，頤光山林

王明曰：肥，優裕。遁，隱遁。一說「肥遁」作「飛遁」。肥遁勿用，謂隱遁不用於世。《易·遯卦》：「肥遯無不利。」頤，養。（P7）

按：王氏「肥」二說皆誤（訓優裕是用《易·釋文》說）。「肥」是「萉」省文，亦作「腓」。《漢書·敘傳》《幽通賦》「安惛惛而不萉兮」，顏師古注引鄧展曰：「萉，避也。」又云：「萉音扶味反，字本作腓。」《文選》李善注引曹大家說同。《詩·采薇》毛傳：「腓，辟也。」「辟」同「避」。《廣雅》：「遁、腓，避也。」「肥遯」即「腓遁」，猶言隱避。

〔註24〕此義疑「跚」是「踐」音轉，「踐跚」是王力先生所稱的「駢詞」。

（26）紆鸞龍之翼於細介之伍，養浩然之氣於蓬蓽之中

王明曰：「細介」原作「細分」，宋浙本同。孫校：「『分』當作『介』。」細分之伍，《敦煌》作「細介之位」。《曲園》云：「細，疑『鮋』字之誤；分，疑『魵』字之誤；魵即鰕也，細分即鮋鰕。」明案俞說失之鑿，「細分」當依《敦煌》作「細介」，指微小之甲蟲。《金丹篇》所謂「見巨鯨而知寸介之細也」。今據訂正。伍，《敦煌》訛作「位」。（P7～8）

按：道藏本、魯藩本、慎校本均作「細分」，四庫本作「細介」。王氏說「位」是「伍」形誤，是也。「細分」當作「細介」，但與《金丹》「寸介之細」無涉。「介」是「芥」省文，微小也。細介，猶言細微。

（27）纖縷帶索，不以貿龍章之暐曄也

按：敦煌本「纖」作「攬」，「暐」作「偉」，均音誤字。

（28）負步杖策，不以易結駟之駱驛絡繹也

按：駱驛，宋浙本、道藏本、魯藩本同，慎校本、四庫本作「絡繹」。

（29）動息知止，無往不足

王明曰：息，《敦煌》作「思」。（P8）

按：「思」是「息」形誤。《文選・雜詩》李善注引《尸子》：「晝動而夜息，天之道也。」

（30）吟嘯蒼崖之間，而萬物化為塵氛

王明曰：蒼崖，《敦煌》作「崖谷」。塵氛，《敦煌》作「埃芥」，宋浙本作「埃氛」。（P8）

按：敦煌本「蒼崖」作「嵯谷」，「塵氛」作「埃苶」。「苶（芥）」是「芬」形誤。《記纂淵海》卷51引亦作「埃氛」〔註25〕。芬、氛，並讀作坋（坌），亦塵也、埃也。「埃氛（芬）」也倒言作「氛埃」、「雰埃」，宋玉《小言賦》：「載氛埃兮乘剽塵。」《文選・西京賦》「消雰埃於中宸」，薛綜注：「雰埃，塵穢也。」「塵氛」亦作「塵粉」，S.1920《百行章》：「一言之虧，輕於塵粉。」道藏本《抱朴子外篇・交際》「同之埃芥，不加接引」，魯藩本同，亦當作「埃芬（坋）」。慎校本、四庫本均脫「化」字。

〔註25〕《記纂淵海》據宋刻本，四庫本在卷44。下同。

（31）怡顏豐柯之下，而朱戶變為繩樞

王明曰：孫校：「『怡』一本作『收』。」案《敦煌》仍作「怡」。（P8）

按：余所見各本都作「怡」，《記纂淵海》卷51引同，不知作「收」是何本？敦煌本、慎校本「豐」作「豊」，俗譌字。敦煌本「朱」作「珠」，借字。慎校本、四庫本均脫「變」字。

（32）啜蕣漱泉，而太牢同乎藜藿

王明曰：孫校：「『蕣』一本作『粟』。」案《敦煌》「蕣」作「叔」，「叔」即「菽」字。藜藿，《敦煌》作「荼蓼」，宋浙本作「藜蓼」。（P8）

按：羅振玉又云：「漱，敦煌本作『歂』，殆『飲』之訛。」宋浙本等傳世各本都作「蕣」，《記纂淵海》卷51引同，敦煌本作「𦬖」，即「叔」字。「𦬖」形誤作「舛」，復易作「蕣」。「啜（歠）菽飲水」、「含菽飲水」是古成語。漱，讀為欶，飲也，《記纂淵海》卷51引形誤作「瀨」。敦煌本「漱」作「歂」，殆「歛」形誤，亦飲也。《記纂淵海》卷51引「藜藿」作「藜蓼」，同於宋本。

（33）泰爾有餘歡於無為之場，忻然齊貴賤於不爭之地

按：忻，敦煌本作「欣」，字同。

（34）含醇守樸，無欲無憂

按：四庫本「含」誤作「合」。

（35）全真虛器，居平味澹

按：羅振玉曰：「居乎味澹，敦煌本作『居乎淡味』。」敦煌本作「居于淡味」，羅氏「于」誤校作「乎」，又「平」誤作「乎」。《記纂淵海》卷51引「器」音誤作「氣」，「味澹」作「味淡」。

（36）恢恢蕩蕩，與渾成等其自然

按：渾，敦煌本、宋浙本作「混」，《記纂淵海》卷51引同，字同。

（37）浩浩茫茫，與造化鈞其符契

按：浩浩茫茫，敦煌本作「浩茫浩茫」，宋浙本脫一「茫」字。敦煌本當乙作「浩浩茫茫」。又敦煌本「鈞」作「均」。

（38）似遲而疾，似虧而盈

　　按：宋浙本等傳世各本「虧」同，敦煌本作「虛」，羅振玉失校。二字均通，不知孰是原本？

（39）越樽俎以代無知之庖

　　按：樽，道藏本等同，敦煌本作「蹲」，宋浙本作「鐏」。「蹲」是「鐏」形誤。

（40）繩墨而助傷手之工

　　按：敦煌本「墨」音誤作「默」。

（41）不以臭鼠之細瑣

　　王明曰：瑣，宋浙本作「碎」。（P9）

　　按：敦煌本亦作「碎」，羅振玉失校。

（42）藐然不喜流俗之譽，坦爾不懼雷同之毀

　　王明曰：藐，《敦煌》作「莞」。坦，宋浙本、藏本作「怛」。（P9）

　　按：藐，敦煌本作「覓」，即「莧」字，羅振玉誤校。「貌」古字作「皃」，「莧」當是「莧」形誤，即「藐」異體字。喜，敦煌本作「憘」。坦，慎校本、四庫本同，魯藩本亦作「怛」。早期版本都作「怛」，疑是「怚」形誤，敦煌本作「怚」，即「怚」字。《淮南子·繆稱篇》「矜怚生於不足」，許慎注：「怚，驕也。」王念孫指出「怚」是「怛」形譌〔註26〕。怚爾，猶言傲然。後人不達其誼，又妄改作「坦」。

（43）常無心於眾煩，而未始與物雜也

　　王明曰：宋浙本作「雜」下有「者」字。（P9）

　　按：敦煌本「雜」下亦有「者」字，羅振玉失校。

〔註26〕王念孫《淮南子雜誌》，收入《讀書雜志》卷13，中國書店1985年版，本卷第86頁。《家語·王言解》「慘怚以補不足，禮節以損有餘」，寬永本、宗智本「慘怚」作「慘怛」，《治要》卷10引同，《大戴禮記·主言》作「慢怛」。此二字當作「慢怚」。「慢怚」者無禮，故與「禮節」對舉。國圖藏宋元遞修本《列子·黃帝篇》「怚然白熟」，《釋文》本「怚」作「怛」，《御覽》卷430引作「坦」。均二字相譌之例。

（44）舐秦痔以屬車

王明曰：秦，《敦煌》作「創」，宋浙本、藏本作「瘡」。《莊子·列禦寇篇》云：「秦王有病召醫，破癰潰痤者得車一乘，舐痔者得車五乘。所治癒下，得車愈多。」（P10）

按：秦，慎校本、四庫本同；魯藩本亦作「瘡」，《喻林》卷 23 引同。舐，底本即平津館校本作「舐」，道藏本、魯藩本、慎校本、四庫本同；宋浙本作「舐」。「舐」是俗譌字。敦煌本「舐」作「蚳」，「痔」作「庤」，均形誤字，羅振玉失校。屬，讀作贖，贖取也，換取也。《列女傳》卷 6「刑者不可復屬」，《史記·倉公傳》「屬」作「續」，《集解》引徐廣曰：「續，一作贖。」《漢紀》卷 8 作「贖」。此其聲轉之證。

（45）故至人嘿《韶》《夏》而韜藻梲

王明曰：孫校：「『梲』當作『悅』。」明案「梲」慎校本、寶顏堂本作「彩」。「嘿」同「默」。《韶》、《夏》，古樂章名。韜，包藏。藻悅，有文彩藻飾之佩巾。此句言美樂彩色皆棄而不用。（P10）

按：孫說非是。陳其榮《校勘記》：「榮案盧本『梲』作『彩』。」嘿，各本同，敦煌本作「默」。韜，各本同，敦煌本誤作「韠」。藻梲，道藏本、魯藩本同，《喻林》卷 34 引亦同；敦煌本、宋浙本作「銳藻」，四庫本、道藏輯要本亦作「藻彩」。作「銳藻」是，此詞亦見於《抱朴子外篇·行品》：「摛銳藻以立言，辭炳蔚而清允者，文人也。」又《百家》：「百家之言，雖不皆清翰銳藻，弘麗汪濊，然悉才士所寄心，一夫澄思也。」「藻」指文辭。「銳藻」謂鋒銳的文辭。《論語·公冶長》有「山節藻梲」語，後世「銳藻」遂誤倒作「藻梲」，以其不辭，復妄改作「藻彩」，愈失其本真矣。

（46）奮其六羽於五城之墟

王明曰：奮其六羽，飛翔之意。本書《地真篇》：「崑崙五城之內。」又《祛惑篇》云：「崑崙山上，一面有四百四十門，門廣四里，內有五城十二樓。」（P10）

按：五城，敦煌本同，宋浙本、道藏本、魯藩本、慎校本、四庫本、道藏輯要本都誤作「五域」，《喻林》卷 34 引誤同。楊明照校「六羽」作「六

翮」〔註 27〕，未是。《抱朴子外篇・用刑》：「乘沖飆而燎巨野，奮六羽以淩朝霞。」亦作「六羽」。

（47）翳其鱗角乎勿用之地，而不恃曲穴之備

按：敦煌本「地」誤作「位」，「穴」誤作「冗」。道藏本、魯藩本、慎校本、四庫本「穴」誤作「宂」。

（48）俯無倨鵄之呼，仰無亢極之悔

王明曰：鵄，鴟。《莊子・秋水篇》：「鴟得腐鼠，鵷鶵過之，仰而視之曰：嚇。」《釋文》云：「嚇，本亦作呼。」（P11）

按：王說是，乃據楊明照說修改〔註 28〕。敦煌本「俯」作「府」，「倨」作「踞」，「呼」作「吁」。「吁」同「呼」，本書《對俗篇》「呼吸之術」，敦煌本「呼」亦作「吁」。倨，讀作踞。《抱朴子外篇・名實》：「競腐鼠於踞鴟。」

（49）人莫之識，邈矣遼哉

按：敦煌本脫「遼」字。

卷二《論仙篇》

（1）萬物云云，何所不有

王明曰：云云，《校勘記》：「榮案盧本作『芸芸』。《道德經》『夫物芸芸』。」明案慎校本、寶顏堂本亦作「芸芸」。芸芸，眾多貌。（P23）

按：敦煌本、宋浙本、道藏本、魯藩本作「云云」，四庫本亦作「芸芸」。「云云」是其舊本。《老子》第 16 章「夫物芸芸，各復歸其根」，馬王堆帛書甲本作「雲雲」，帛書乙本作「秐秐」，郭店楚簡作「員員」，傅奕本、范應元本作「䞬䞬」，北大漢簡本、P.2255、P.2329、P.2584、P.3235V、S.798、S.6453、S.6825V《想爾注》本、BD14633、景龍碑本、遂州碑本、唐無名氏

〔註 27〕楊明照《〈抱朴子內篇校釋〉補正（上）》，《文史》第 16 輯，1982 年版，第 266 頁。

〔註 28〕楊明照《〈抱朴子內篇校釋〉補正（上）》，《文史》第 16 輯，1982 年版，第 266 頁。上文改「幽括」作「函括」，改「鱗甲」作「靈甲」，亦是據楊說修訂。

《次解》本作「云云」,《玉篇殘卷》「云」字條、《文選‧雜體詩》李善注引亦作「云云」。《莊子‧在宥》:「萬物云云,各復其根。」是莊子所見本亦作「云云」。

（2）夫有始者必有卒,有存者必有亡

王明曰:卒,《影古寫本》作「本」。(P23)

按:敦煌本作「本」,右旁改「卒」字,王氏未注意旁改字。「本」是「卒」形誤。卒,終也。下文云「夫言〔有〕始者必有終者多矣」〔註29〕,又「謂始必終」,即應此文。《法言‧君子》:「有生者必有死,有始者必有終,自然之道也。」

（3）徒聞有先霜而枯瘁,當夏而凋青,含穗而不秀,未實而萎零

按:敦煌本脫上「而」字,「當」作「春」,「青」作「清」,「萎」作「委」。「清」、「委」均借字。羅振玉失校,王明未見原卷,因亦失校。

（4）推龜鶴於別類,以死生為朝暮也

王明曰:《校勘記》:「榮案盧本『以』作『比』。」(P24)

按:慎校本、四庫本亦作「比」。「比」是「以」形誤,宋浙本、道藏本、魯藩本均作「以」。「以……為」是固定句式。

（5）鏤冰雕朽,終無必成之功

按:敦煌本「朽」作「杅」,「杅」是「朽」形誤。《鹽鐵論‧殊路》:「譬若彫朽木而礪鈆刀,飾嫫母畫土人也。」《後漢書‧皇甫嵩傳》閻忠說嵩曰:「夫既朽不雕,衰世難佐。若欲輔難佐之朝,雕朽敗之木,是猶逆阪走丸、迎風縱棹,豈云易哉?」《後漢紀》卷24略同。羅振玉失校。

（6）未若攄匡世之高策,招當年之隆祉

按:羅振玉曰:「敦煌本『策』作『位』。」王氏遺漏。

（7）華轂易步趄,鼎餗代耒耜

王明曰:易,《敦煌》作「貿」。孫校云:「趄,藏本作『趣』。」案魯藩本

〔註29〕「有」字據敦煌本、宋浙本、慎校本補,道藏本、魯藩本脫。

亦作「趣」。（P24）

　　按：敦煌本「易步趁」作「貿負步」，「粗」作「粔」，羅校未盡。宋浙本作「趁」，慎校本、四庫本亦作「趣」。「趁」是俗字。

（8）每思詩人《甫田》之刺，深惟仲尼皆死之證

　　按：下句典出《論語・子罕》子曰「歲寒，然後知松栢之後彫也」何晏《集解》：「大寒之歲，眾木皆死，然後知松栢不彫。傷平歲則眾木亦有不死者，故須歲寒而後別之。喻凡人處治世，亦能自脩整，與君子同在濁世，然後知君子之正不苟容。」

（9）夫班、狄不能削瓦石為芒鍼，歐冶不能鑄鉛錫為干將

　　王明曰：孫校：「狄，藏本作『秋』，非也。依《意林》引改。『狄』、『翟』同字，又見後《辨問篇》。」《曲園》云：「『秋』字誤。《攷古質疑》引作『班輸』。」明案《敦煌》、《影古寫本》作「狄」，與《意林》同，是矣。班，公輸班，亦稱班輸，戰國初魯人。狄，墨翟，亦魯大巧者。（P25）

　　按：《影古寫本》即敦煌本，不當重出，此乃承楊明照之誤〔註30〕。孫說是也，《意林》卷4所引，道藏本作「狄」（《永樂大典》卷10287引同），學津討原本、指海本、武英殿本、清鈔本、榕園叢書本作「翟」。楊明照指出《御覽》卷188引《抱朴子》亦作「狄」。宋浙本等各本均形近而誤作「秋」。《史記・衛康叔世家》「定公弟秋」，《十二諸侯年表》「秋」作「狄」。《韓子・十過》「荻蒿」，《御覽》卷350、《事類賦注》卷13引作「萩蒿」，均其相譌之例。又《意林》引脫「瓦」字。

（10）豈輶磕之音細而麗天之景微哉

　　按：敦煌本「磕」作「礚」，羅振玉失校。

（11）又況絃管之和音，山龍之綺粲

　　按：敦煌本無「又況」二字，「絃管」作「管弦」，「綺」作「琦」。羅振玉失校。

〔註30〕楊明照《〈抱朴子內篇校釋〉補正（上）》，《文史》第16輯，1982年版，第267頁。下同。

（12）安能賞克諧之雅韻，暐曄之鱗藻哉

王明曰：鱗，《敦煌》、《影古寫本》作「鮮」。《外篇·酒誡》云「惑目者必逸容鮮藻也」。然《至理篇》有「韜鱗掩藻」之語，似當作「鱗」。（P26）

按：宋浙本等均作「鱗藻」。楊明照引《酒誡篇》，謂當作「鮮藻」〔註31〕，是也。此與「雅韻」對舉，自當據敦煌本作「鮮藻」，謂鮮豔之文藻，與《至理篇》有「韜鱗掩藻」無涉。陸機《從軍行》：「夏條集鮮藻，寒冰結衝波。」敦煌本「暐」作「煒」，羅振玉失校。

（13）故聲聵在乎形器，則不信豐隆之與玄象矣

按：敦煌本「聵」作「盲」，「乎」作「于」，「豐隆」上有「有」字，「玄」作「懸」。羅振玉失校。例以下文「則不信有周孔於在昔矣」，此文當補「有」字。玄，讀作縣，俗作懸。上文云「豈輘磕之音細，而麗天之景微哉」，此文與之呼應。豐隆，謂大聲。「懸象」指麗天之景，「豐隆」指輘磕之音。下文「以日月曾蝕之故，而謂懸象非大明哉」，敦煌本、宋浙本、道藏本、魯藩本等各本作「玄象」。

（14）夫存亡終始，誠是大體。其異同參差，或然或否

按：敦煌本「終始」作「始終」，「其」上有「然」字。羅振玉失校。

（15）謂夏必長，而薺麥枯焉；謂冬必凋，而竹柏茂焉

王明曰：薺，《敦煌》、《影古寫本》作「蒜」。《校勘記》：「《御覽》卷22、977作『蒜麥』，卷953作『薺麥』。《微旨篇》『若以薺麥之死生』，《道意篇》『不可以薺麥之細碎』，是本書有『薺麥』之語。然卷977引在《蒜門》，似亦可據。」竹，《敦煌》、《影古寫本》作「松」。（P26）

按：楊明照曰：「敦煌本、古寫本作『蒜麥』。《抱朴子》佚文：『薺麥大蒜，仲夏而枯。』（《類聚》卷97、《御覽》卷942引）正以『麥蒜』連言，則此當依敦煌本等作『蒜麥』。今本蓋寫者據《微旨》、《道意》兩篇有『薺麥』之語改耳（《淮南子·地形篇》：『麥秋生，夏死；薺冬生，夏死。』又《修務篇》：『薺麥夏死。』是《微旨》、《道意》兩篇中『薺麥』之語，亦

〔註31〕楊明照《〈抱朴子內篇校釋〉補正（上）》，《文史》第16輯，1982年版，第267頁。

有所本。）」〔註32〕古寫本即敦煌本，不當重出。楊明照所引《抱朴子》佚文，乃出《類聚》卷82、《御覽》卷980所引，楊氏誤記其卷號，《類聚》作「薺夌大蒜，仲夏而枯」，《御覽》「夌」作「麥」，「蒜」同。「蒜」是「蒜」俗謁字。又楊氏引《淮南子》「薺冬生，夏死」，「夏」上脫「中（仲）」字。《御覽》卷22引「薺麥」作「蒜麥」，又卷977引作「蒜麥」；又卷953引作「齊麥」，「齊」是「薺」省文。《記纂淵海》卷23引脫作一字「麥」〔註33〕。道藏本、魯藩本「麥」作「菱」。「麥」俗作「麦」，「夌」、「麦」形近易謁，故「麥」誤作「菱」。《類聚》卷82引《淮南子》：「薺夌冬生而夏死。」《御覽》卷1引《詩推度灾》「雄生八月仲節，號曰太初，行三節」，宋均注：「節，猶氣也。太初者，氣之始也。必知生八月仲者，據此時薺夌生以為驗也。」《永樂大典》卷2406引「薺夌」作「薺菱」。亦均「薺麥」之誤。竹，《御覽》卷22、977、《記纂淵海》卷23引同，《御覽》卷953、《記纂淵海》卷95引作「松」〔註34〕。作「蒜麥」或「薺麥」各有依據，楊氏所引《抱朴子》佚文，既可作「薺麥」之證，亦可作「蒜麥」之證。「蒜」指小蒜，而不是胡種大蒜。《齊民要術·種蒜》引崔寔曰：「布穀鳴，收小蒜。」當出《四民月令》，亦是「蒜」仲夏而枯的證據。作「薺麥」的證據，楊氏所引《淮南子》二例就是顯證，《地形篇》高誘注：「麥，金也，金王而生，火王而死也。薺，水也，水王而生，土王而死也。」茲再補舉數證：《淮南子·天文篇》：「故五月為小刑，薺、麥、亭歷枯，冬生草木必死。」《西京雜記》卷5董仲舒《雨雹對》：「然則建巳之月為純陽，不容都無復陰也，但是陽家用事，陽氣之極耳，薺、麥枯，由陰殺也。建亥之月為純陰，不容都無復陽也，但是陰家用事，陰氣之極耳，薺、麥始生，由陽升也。」《鹽鐵論·論菑》：「大夫曰：金生於巳，刑罰小加，故薺麥夏死。」《玉燭寶典》卷5引應劭《風俗通》：「謹案《易》、《月令》，五月純陽，《姤卦》用事，齊（薺）麥始死。」此皆漢人舊說。《五行大義》卷2：「庚氣在秋，和以木氣，是以薺麥當秋而生……丙得金氣，故首夏靡草薺麥死。」庾信《謝明皇帝賜絲布等啓》：「薺麥將枯，山靈為之出雨。」亦用古說。龍谿精舍叢書本《金樓子·志怪》：「謂夏必長，而薺麥

〔註32〕楊明照《〈抱朴子內篇校釋〉補正（上）》，《文史》第16輯，1982年版，第268頁。
〔註33〕《記纂淵海》據宋刻本，四庫本在卷59。下同。
〔註34〕《記纂淵海》據四庫本，宋刻本殘缺。

枯焉；謂冬必死，而竹柏茂焉。」子書百家本同，知不足齋叢書本、四庫本作「蒜麥」。

（16）坤道至靜，而或震動而崩弛

王明曰：案藏本、魯藩本並無上「而」字。孫校云：「『弛』疑作『阤』。」明案「弛」《敦煌》、《影古寫本》作「佗」，殆系「阤」字之訛。「阤」亦作「陁」，毀也。（P26～27）

按：敦煌本作「佗」，右旁已改作「阤」，羅振玉未注意旁改字。敦煌本有上「而」字，「靜」作「靖」。羅振玉失校。

（17）水性純冷，而有溫谷之湯泉；火體宜熾，而有蕭丘之寒焰

王明曰：孫校：「性，藏本作『主』。」案《敦煌》、《影古寫本》、宋浙本亦作「主」。（P27）

按：魯藩本亦作「主」，《記纂淵海》卷23引同；慎校本、四庫本作「性」。「水性」與「火體」對舉，字當作「性」。《劉子・從化》：「水性宜冷，而有華陽溫泉，猶曰水冷，冷者多也。火性宜熱，而有蕭丘寒炎，猶曰火熱，熱者多也。」（王氏已引）《雲笈》卷90引《七部語要・連珠》「炎」作「燄」，餘同。宋浙本、道藏本、魯藩本、慎校本「焰」形誤作「熖」，《記纂淵海》卷23引誤同。《西京雜記》卷5董仲舒《雨雹對》：「水極陰而有溫泉，火至陽而有涼焰。」此本書所本（王氏失引上句）。《金樓子・志怪》：「水至寒而有溫泉之熱，火至熱而有蕭邱之寒。」「蕭丘寒焰」者，《御覽》卷869引《抱朴子》佚文：「南海之中，蕭丘之上有自生之火。火常以春起而秋滅。丘方千里，當火起之時，滿此丘上純生一種木，火起正著此木，木离爲火所著，但小燋黑。人或得以爲薪者，火著如常薪，但不成炭。炊熟則灌滅之，後復更用，如此無窮。」敦煌本「冷」作「泠」（寫卷上方標「冷」字），「焰」作「炎」。羅振玉失校。

（18）其爲不同，已有天壤之覺，冰炭之乖矣

王明曰：《敦煌》、《影古寫本》「壤」作「淵」，「覺」作「降」。寶顏堂本「壤」作「淵」，「覺」作「隔」。孫校云：「刻本『覺』作『隔』，非。『覺』即『較』字。」（P27）

按：天壤之覺，宋浙本、道藏本、魯藩本作「天性之覺」，慎校本、四庫

本亦作「天淵之隔」。孫說「覺」即「較」，是也，猶言差別。「天淵」是其舊本，「天性」、「天壤」均後人妄改。《抱朴子外篇・博喻》：「仁忍有天淵之絕，善否猶有無之覺。」降，讀作隆，猶言多也。

（19）雀之爲蛤

按：敦煌本「雀」作「鷦」，羅振玉失校。

（20）壞蟲假翼，川蛙翻飛

王明曰：壞蟲假翼，《爾雅・釋蟲》：「蠰，齧桑。」郭注云：「似天牛，長角，體有白點，喜齧桑樹作孔。」《淮南子・道應篇》：「猶黃鵠與蠰蟲也。」川蛙翻飛，《墨子・經說上》：「化，若鼃為鶉。」《淮南子・齊俗篇》云：「蝦蟆為鶉。」蝦蟆為鶉，是說川蛙翻飛也。（P28）

按：敦煌本「蛙」作「蠅」，「翻」作「飜」。羅振玉失校。《金樓子・志怪》：「蠰蟲仮翼，川鼀奮蜚。」「仮」即「假」字草書缺譌。「壞蟲」即「蠰蟲」。王氏所引《淮南》，《三國志・郤正傳》裴松之注引作「壞蟲」，《論衡・道虛》、《神仙傳》卷1同。「川」當作「水」，形近易混。

（21）楚嫗爲黿

按：敦煌本「黿」作「鼋」。「鼋」乃「黿」字俗寫「鼋」形誤。羅振玉失校。

（22）苟有其道，無以爲難也

按：敦煌本「有」作「得」，羅振玉失校。

（23）天地之間，無外之大，其中殊奇，豈遽有限

按：敦煌本末句作「豈詎限乎」。「詎」是「詎」形誤。羅振玉失校。

（24）廢僞去欲

王明曰：「欲」原作「役」。孫校云：「藏本作『欲』。」明案敦煌殘卷、《影古寫本》魯藩本、慎校本、寶顏堂本、崇文本皆作「欲」，當作「欲」，今據改。（P30）

按：宋浙本亦作「欲」。敦煌本「廢」作「癈」，羅振玉失校。

（25）豈況仙人殊趣異路

按：羅振玉曰：「敦煌本『異』作『舛』。」王氏遺漏。

（26）蹈炎飈而不灼，躡玄波而輕步

按：敦煌本「蹈」作「踰」，「飈」作「颷」。「踰」是「蹈」形譌。羅振玉失校。《黃帝九鼎神丹經訣》卷3「輕步」作「不傾」。

（27）鼓翩清塵，風駟雲軒

王明曰：《校補》云：「『清塵』當從敦煌殘卷作『清虛』。」（P30）

按：孫說是也，楊明照引《外篇・勗學篇》「奮翩於清虛」以證其說〔註35〕。《黃帝九鼎神丹經訣》卷3：「鼓翩清虛，雲軒風駟。」正作「清虛」。傳世各本均誤。

（28）仰淩紫極，俯棲崑崙

按：敦煌本「淩」作「淩」，「俯棲」作「府栖」。「淩」是「淩」俗譌字，「府」是省借字。羅振玉失校。《黃帝九鼎神丹經訣》卷3：「仰淩紫極，俯栖崑崙。」

（29）假令遊戲，或經人間，匿真隱異，外同凡庸，比肩接武，孰有能覺乎

王明曰：遊戲，《敦煌》、《影古寫本》作「遊敖」。（P30）

按：《黃帝九鼎神丹經訣》卷3：「假令或遊人間，匿真隱異，比肩接武，外若〔凡〕庸流俗人，何以察之，安能覺也？」

（30）若使皆如郊間兩瞳之正方

按：敦煌本「使」作「彼」，「瞳」作「目」。羅振玉失校。

（31）馬皇乘龍而行，子晉躬御白鶴，或鱗身蛇首，或金車羽服，乃可得知耳。自不若斯，則非洞視者安能覩其形，非徹聽者安能聞其聲哉

王明曰：「軀」原作「首」。原校：「首，或作軀。」明案當作「軀」，《敦

〔註35〕楊明照《〈抱朴子內篇校釋〉補正（上）》，《文史》第16輯，1982年版，第269頁。

煌》、《影古寫本》、宋浙本正作「軀」。後漢王延壽《魯靈光殿賦》云：「伏羲
鱗身，女媧蛇軀。」今據改。（P30）

按：宋浙本作「首」，注：「或作䮪。」道藏本、魯藩本同。王氏誤校。《黃
帝九鼎神丹經訣》卷3：「自有子晉躬御白鶴，黃帝親驚（駕）赤龍，或鱗身
蛇軀，或金車羽服，非洞視不能覿其事，非徹聽不能聞其聲。」

（32）世人既不信，又多疵毀，真人疾之，遂益潛遁

王明曰：遁，《敦煌》、《影古寫本》作「退」。（P31）

按：《黃帝九鼎神丹經訣》卷3：「俗不見聞，則多疵毀，所以真人嫉之，
益潛遁也。」疾，讀為嫉，嫌惡也。敦煌本「疾」形誤作「疢」。慎校本、四
庫本「多」上妄增「妄」字。

（33）且常人之所愛，乃上士之所憎；庸俗之所貴，乃至人之所賤也

按：《黃帝九鼎神丹經訣》卷3：「常人之所愛，上士之所憎；常人之所賤，
至人之所貴。」「貴」、「賤」二字互易。

（34）英儒偉器

按：敦煌本「偉」作「俊」。「俊」是「俊」俗譌。羅振玉失校。

（35）所謂以指測海，指極而云水盡者也

按：《黃帝九鼎神丹經訣》卷3：「猶如〔以〕蠡測海，而云水盡，惑之甚
也。」

（36）蜉蝣校巨鼇，日及料大椿

王明曰：「蜉」上《敦煌》、《影古寫本》有「猶」字。孫校：「日，藏本作
『白』，今改。」案《敦煌》、《影古寫本》亦作「日」。日及，菌類。《莊子・
逍遙遊》《釋文》云：「朝菌，天陰生糞上，見日則死，故名日及。」（P31）

按：宋浙本亦作「日及」，道藏本、魯藩本作「白及」，慎校本、四庫本、
道藏輯要本作「白芨」。此用《莊子》典故，《莊子・逍遙遊》作「朝菌」、「大
椿」，則此自當作「日及」，即「木槿」，而不是「白芨」。料、校，均訓校量。
敦煌本「蜉蝣」作「蜉蚘」，「料」作俗字「斵」。羅振玉失校。

（37）魏文帝窮覽洽聞，自呼於物無所不經，謂天下無切玉之刀，
火浣之布，及著《典論》，嘗據言此事

王明曰：《校勘記》：「榮案盧本『自呼』作『自謂』。」（P31）

按：羅振玉曰：「敦煌本『所』作『或』。」慎校本、四庫本、道藏輯要本
「自呼」亦作「自謂」，敦煌本作「自呼」。「無所」各本同，獨宋浙本作「無
或」。敦煌本「無所不經」作「無或俓」，「及著」作「乃著」，脫「不」字，
「乃」字誤。

（38）事無固必，殆為此也

按：敦煌本「固必」作「必固」。

（39）直呼愚民詐偽空言定矣

按：敦煌本「空」作「虛」。

（40）又以藥粉桑以飼蠶，蠶乃到十月不老

王明曰：《影古寫本》、慎校本、寶顏堂本、崇文本皆無下「以」字。（P32）

按：敦煌本「以飼蠶」作「食蚕」，下「蠶」作重文符號。「蚕」是「蠶」
俗字〔註36〕。《御覽》卷825引作「甘始以藥粉桑長蠶，蠶得十月不老」。粉，
讀作坋（坒），本謂揚塵而附著於物，此指以藥附著於桑葉也。《史記·貨殖列
傳》《索隱》引晉灼云：「太官常以十月作沸湯煑羊胃，以末椒薑粉之訖，暴使
燥，則謂之脯。」黃善夫本、乾道本、淳熙本「粉」作「坋」，《文選·西京賦》
李善注引晉灼說同。本書《金丹篇》：「以此丹一刀圭，粉水銀一斤，即成銀。」
《九轉流珠神仙九丹經》卷上：「言取九飛丹華一銖，以粉水銀一斤，若粉鉛
錫一斤，皆成黃金也。」《黃帝九鼎神丹經訣》卷1：「又以藥一刀圭，粉水銀
一斤，火之立成黃金。」粉亦皆讀作坒（坋），謂以藥附著於水銀也。《九轉流
珠神仙九丹經》卷上：「神藥一銖，投水銀一斤，火之即成黃金。」《太清金液
神丹經》卷上：「先以一銖神丹，投水銀一斤，合火即成黃金。」字作「投」，
足證「粉」是動詞也。

〔註36〕 P.2444《洞淵神咒經·斬鬼品》第七「田蚕不得，萬願不果」，又「官事水火，
田蚕不收」，亦作此字形。復有上部省作三撇作「蚕」者，如吐魯番文書
64TAM22：17《請奉符勑尉推覓逋亡文書》「姪蚕得前亡」。參見趙紅《吐魯
番俗字典》，上海古籍出版社2019年版，第42頁。

（41）又以住年藥食鷄雛及新生犬子，皆止不復長

王明曰：《校勘記》云：「《御覽》卷 905 作『駐年』。案本書統作『住年』，而□□篇（引者按：當是《僊藥篇》，繼昌失記篇名，未及覆檢也）又作『駐年』，蓋二文隨作也。」（P32）

按：《御覽》卷 905 引作「甘始以駐年藥餌食新生鷄犬，皆不長」。敦煌本作「住」，慎校本「住」誤作「往」。

（42）乃知天下之事，不可盡知，而以臆斷之，不可任也

按：敦煌本「臆」作「意」，羅振玉失校。

（43）不逮若人者，不信神仙，不足怪也

按：敦煌本「逮」作「遝」，俗譌字。下文「愛逮蠢蠕」，敦煌本「逮」亦作「遝」。

（44）邃古之事，何可親見

王明曰：《敦煌》、《影古寫本》「邃」作「遠」。（P32）

按：邃，宋浙本作「遂」，省借字。

（45）俗人貪榮好利

王明曰：孫校：「刻本『利』作『進』。」案《敦煌》、《影古寫本》亦作「利」。（P32）

按：宋浙本、道藏本、魯藩本亦作「利」，慎校本、四庫本、道藏輯要本作「進」。此當作「利」，後人以下句「汲汲名位」之「位」誤作「利」，避複而妄改作「進」耳。

（46）多謂劉向非聖人，其所撰錄，不可孤據

按：道藏本「聖人」誤作「得人」。

（47）學仙之法，欲得恬愉淡泊

按：敦煌本「淡泊」作「惔怕」。羅振玉失校。

（48）所以翦精損慮削乎平粹者

王明曰：削乎，《敦煌》作「割削」，《影古寫本》作「割消」。按「消」

為「削」之譌。（P35）

按：《影古寫本》即《敦煌》。敦煌本作「所以煎精損慮割削平粹者」，王明誤校古寫本。削乎，明清各本同，宋浙本作「割削乎」。蓋本有「割」字，而明清各本脫之。「乎」疑涉下字「平」誤衍。翦，各本作「剪」，宋浙本作「煎」。「剪」當作「煎」。

（49）漢武享國最為壽考，已得養性之小益矣

按：敦煌本「享」作「嚮」，「性」作「生」。羅振玉失校。

（50）眇澮之輸，不給尾閭之洩耳

按：羅振玉曰：「敦煌本『洩』作『流』。」宋浙本、道藏本、魯藩本作「泄」，同「洩」。

（51）仙法欲靜寂無為，忘其形骸

按：敦煌本「靜寂」作「家靜」。「家」、「寂」并是「宗」俗字。羅振玉失校。

（52）而人君撞千石之鐘，伐雷霆之鼓

按：敦煌本「撞」作「揰」，「霆」作「電」。「電」是音誤。羅振玉失校。

（53）砰磕嘈囐

按：羅振玉曰：「敦煌本作『硑磕嘈噏』。」敦煌本作「硑磕磆磕」，羅氏誤記下二字。

（54）百技萬變

按：技，敦煌本、宋浙本作「妓」，道藏本、魯藩本作「枝」。「枝」、「技」當是「伎」形誤。

（55）而人君有赫斯之怒，芟夷之誅，黃鉞一揮，齊斧暫授，則伏尸千里，流血滂沱

王明曰：黃鉞，金斧。齊斧，利斧。皆古代君王用以殺伐之兵器。（P35）

按：羅振玉曰：「敦煌本作『流血湧隍，伏尸千里』。」「齊斧」轉語作「資斧」，又轉作「澬斧」。「齊」取整肅、莊敬義，斧有肅殺之威，故稱作「齊斧」。

又稱作「蕭斧」，蕭亦肅也〔註37〕。滂沱，宋浙本作「霧汜」，道藏本、魯藩本作「滂汜」。敦煌本作「湧隍」，疑當作「滂湟」。

（56）煎熬勺藥

按：「勺藥」即「灼爍」、「勺爍」、「勺爍」，指湯熱沸騰。

（57）仙法欲溥愛八荒

按：敦煌本、宋浙本、道藏本、魯藩本「溥」作「博」。

（58）闢地拓疆

按：宋浙本同，敦煌本作「辟土坼壃」，道藏本、魯藩本作「闊地拓疆」。「坼」當作「拆」，俗「拓」字。「闊」是「闢」形誤。羅振玉失校。

（59）五嶺有血刃之師

按：敦煌本「嶺」作「領」。羅振玉失校。

（60）坑生煞伏

按：羅振玉曰：「敦煌本『伏』作『服』。」宋浙本亦作「服」。

（61）暴骸如莽

按：羅振玉曰：「敦煌本作『暴骨如茶』。」「茶」當是「莽」形誤。

（62）漢武使天下嗷然，戶口減半

按：敦煌本「嗷」作「敖」。羅振玉失校。

（63）吾徒匹夫，加之罄困

按：敦煌本「罄」作「磬」。「磬」是「罄」借字，空盡也。羅振玉失校。

（64）家有長卿壁立之貧

按：敦煌本「壁」作「瓦」。作「瓦」誤。羅振玉失校。

〔註37〕參見蕭旭《馬王堆帛書〈周易〉校補》。

（65）夏有儒仲環堵之暎

王明曰：「仲」原作「行」，敦煌殘卷、藏本、魯藩本皆作「仲」，今據改。《校補》云：「《後漢書・逸民傳》：『王霸字儒仲，隱居守志，茅居蓬戶。』」暎，日照，敦煌誤作「歎」。（P37）

按：宋浙本亦作「儒仲」。

（66）衆難萃其門庭

按：羅振玉曰：「敦煌本『難』作『艱』。」王明遺漏。

（67）遲遲以臻殂落，日月不覺衰老

按：羅振玉曰：「敦煌本作『日月而不覺久』。」敦煌本「日月」作「日日」，羅氏誤校；又「殂」作「俎」，羅氏失校。宋浙本、道藏本、魯藩本均作「日日」。敦煌本當脫「衰老」二字，「久」屬下句。

（68）況乎內棄婉孌之寵，外捐赫奕之尊

按：敦煌本「孌」作「戀」，羅氏失校。捐，敦煌本同，宋浙本、道藏本、魯藩本誤作「損」。

（69）求神仙於幽漠

按：敦煌本「仙」作「明」，羅氏失校。

（70）饑渴榮貴，冒干貨賄

王明曰：疑「干」當作「于」。冒于貨賄，語見《左傳・文公十八年》，並見本書《外篇・百里篇》。（P37）

按：敦煌本「干」正作「于」，又「榮貴」作「榮華富貴」，「賄」作「賂」。羅氏並失校。

（71）昔句踐式怒鼃，戎卒爭蹈火

按：宋浙本、道藏本、魯藩本「式」作「軾」，敦煌本誤作「試」。鼃，敦煌本、宋浙本同，道藏本、魯藩本誤作「蠅」。敦煌本「火」作「水」。

（72）毀歿者比屋

按：敦煌本「歿」作「沒」。

（73）致令斯輩，敢爲虛誕耳

　　按：羅振玉曰：「敦煌本『誕』作『欺』。」王明遺漏。下文羅氏已校，而王氏遺漏者，不再出。

（74）見印綬如縲絰

　　按：敦煌本「縲」作「衰」。羅氏失校。

（75）視金玉如土糞

　　王明曰：土糞，《敦煌》、《影古寫本》作「糞土」。（P38）
　　按：土糞，道藏本、魯藩本、慎校本同，宋浙本作「蕃壤」。又敦煌本、宋浙本作「視」作「觀」，當是，與上文「視爵位如湯鑊」避複。

（76）受不訾之賜

　　按：敦煌本「訾」作「貲」。羅氏失校。

（77）耽淪勢利，不知止足

　　按：耽，道藏本、魯藩本同，敦煌本作「沉」，宋浙本作「躭」。「躭（耽）淪」不辭，當作「沉（沈）淪」。羅氏失校。本書《金丹》「躭淪綺紈」，亦誤。《抱朴子外篇·崇教》：「富貴者沈淪於逸樂。」

（78）少君有不死之方，而家貧無以市其藥物

　　按：敦煌本「其」誤作「具」。本書《黃白篇》：「豈肯費見財以市其藥物？」羅氏失校。

（79）相如因鼓琴以竊文君，不可謂雅樂主於淫佚也

　　按：敦煌本「謂」作「以」，「佚」作「泆」；宋浙本亦作「泆」。羅氏失校。

（80）燒死者不可怒燧人之鑽火，覆溺者不可怨帝軒之造舟

　　王明曰：宋浙本「怨」作「罪」。（P38）
　　按：道藏本、魯藩本、慎校本、四庫本「怨」作「怒」。敦煌本二句均作「怨」。

（81）或云見鬼者，在男爲覡，在女爲巫

　　按：說與《國語・楚語上》、《說文》「覡」字條合。敦煌本「覡」、「巫」二字互易，則說與《玉篇》合。

（82）又令武帝見竈神，此史籍之明文也

　　按：敦煌本「竈神」作「⿱穴黽鬼」，「⿱穴黽」是「竈」俗寫。羅氏失校。

（83）夫方術既令鬼見其形，又令本不見鬼者見鬼

　　王明曰：「既」下宋浙本有「能」字。（P40）

　　按：敦煌本亦有「能」字。

（84）登遐遂往，不返於世

　　按：敦煌本「往」誤作「住」。

（85）而儒墨之家知此不可以訓，故終不言其有焉

　　按：敦煌本「墨」誤作「默」，又「言」上有「信」字。

（86）鬼神之事，著於竹帛，昭昭如此

　　按：敦煌本「昭昭」作「照照」。

（87）此所謂以分寸之瑕，棄盈尺之夜光；以蟻鼻之缺，捐無價之
　　　淳鈞

　　按：捐，敦煌本、慎校本、四庫本同，宋浙本、道藏本、魯藩本、道藏輯要本誤作「損」，《記纂淵海》卷15引誤同〔註38〕。道藏本、指海本、四庫本《意林》卷4引不誤，學津討原本、武英殿本、清鈔本、榕園叢書本、廣雅書局刻聚珍本、同文書局叢書本均誤作「損」（《永樂大典》卷10287引誤同）。缺，宋浙本、道藏本、魯藩本同，《意林》卷4、《記纂淵海》卷15引亦同，敦煌本作「歃」；四庫本、道藏輯要本作「劍」，慎校本作「釰」。「歃」同「缺」，「釰」是「缺」形誤。作「劍」字蓋後人妄改。俞樾所據本作「劍」，俞氏校云：「『劍』疑『刓』字之誤。《說文》：『刓，缺也。』」〔註39〕「劍」、「刓」

〔註38〕《記纂淵海》據宋刻本，四庫本在卷57。下同。

〔註39〕俞樾《讀〈抱朴子〉》，收入《諸子平議補錄》卷11（李天根輯），中華書局1956年版，第83頁。

形聲俱遠。敦煌本「價」省作「賈」，「鈞」誤作「釣」。

（88）非荊和之遠識，風胡之賞真也

按：敦煌本「胡」作「湖」。

（89）斯朱公所以鬱悒，薛燭所以永歎矣

按：鬱悒，敦煌本作「鬱邑」，《意林》卷4引同。又敦煌本「永」作「詠」。

（90）偶偏見此書，便謂其意盡在紙上

王明曰：《敦煌》「意」下有「當」字。（P44）

按：敦煌本「謂」作「呼」，「紙」作「㸌」，羅氏失校，王氏因亦不知也。

（91）外國作水精椀

按：敦煌本「椀」作「琬」。羅氏失校。

（92）俗人殊不肯信，乃云水精本自然之物

王明曰：本，《敦煌》作「是」，《影古寫本》同。（P45）

按：《御覽》卷760引「本」作「本是」。道藏本、魯藩本「物」誤作「法」。

（93）又不信騾及駏驉，是驢馬所生

王明曰：駏驉，寶顏堂本、慎校本作「胙騷」。《廣韻》：「駏驉，畜似騾也。」（P45）

按：慎校本、四庫本、道藏輯要本作「駏騷」，王氏誤記。余未見寶顏堂本，無從覆核。敦煌本、宋浙本作「駏驉」，道藏本、魯藩本誤作「駏驉」。《御覽》卷901引刪「及駏驉」三字。作「駏騷」也有據，《慧琳音義》卷78引《考聲》：「駏驉，似騾而小，面短而折，俗云牛驢為牝牝（牡）所生，一名犰狛。」蔣斧印本《唐韻殘卷》：「犰，犰狛。」又「狛，犰狛，驢父牛母，亦作駏駎。」P.5531《大唐刊謬補闕切韻》：「駎，〔駎〕駎。」又「犰，犰狛。」S.617《俗務要名林》：「騎駇：上丁革反，下音麥。」「駇」當從脉省聲，同「驀」，字亦作「驀」。《集韻》：「駎，駎駎，獸名，驢父牛母。或作駏、犰、貀。」又「駎、狛：獸名，《說文》：『駎駎，一說似騾而小。』或作貊。」〔註40〕又「驀，騎

〔註40〕今本《說文》佚此字。

騤，驥屬。」又「驕，驕騤，驥屬。」「駓騷」即「犿猰」、「駝駞」、「騏駃（騤）」轉語，皆取義於騰躍，舟謂之「舴艋」，蝗謂之「蚱蜢」、「蚍蛑」、「蚍蜢」，驥謂之「駓騷」，其義一也。驥又謂之「騰驚」，《御覽》卷 901 引崔豹《古今注》：「驢為牡，馬為牝，即生驥。馬為牡，驢為牝，即生騰驚。」〔註41〕「驚」是「驁」借音字，正取騰躍義也〔註42〕。

卷三 《對俗篇》

（1）人中之有老、彭，猶木中之有松栢，稟之自然，何可學得乎

王明曰：「稟」下慎校本、寶顏堂本有「賦」字。（P54）

按：道藏輯要本、四庫本亦有「賦」字，乃衍文，敦煌本、宋浙本、道藏本、魯藩本均無。《晉書・嵇康傳》《養生論》：「稟之自然，非積學所得。」

（2）夫陶冶造化，莫靈於人

按：羅振玉曰：「敦煌本『陶冶』作『大陶』。」王明遺漏。下文羅氏已校，而王氏遺漏者，不再出。

（3）知上藥之延年，故服其藥以求仙

王明曰：年，《敦煌》作「命」。（P54）

按：敦煌本下「藥」字作「物」，羅氏失校。楊明照校作「藥物」〔註43〕。

（4）消玉為粕，潰金為漿

王明曰：潰，《敦煌》、《影古寫本》作「漬」，慎校本、寶顏堂本亦作「漬」。按當作「漬」。（P55）

按：宋浙本、道藏本、魯藩本均作「漬」，《紺珠集》卷 3 引同；四庫本、道藏輯要本亦作「漬」。楊明照亦謂當作「漬」〔註44〕，是也。《黃帝九鼎神

〔註41〕今本《古今注》卷中脫「騰」字。

〔註42〕參見蕭旭《「蝗蟲」名義考》，收入《群書校補（續）》，花木蘭文化出版社 2014 年版，第 2191 頁。

〔註43〕楊明照《〈抱朴子內篇校釋〉補正（上）》，《文史》第 16 輯，1982 年版，第 274 頁。

〔註44〕楊明照《〈抱朴子內篇校釋〉補正（上）》，《文史》第 16 輯，1982 年版，第 275 頁。

丹經訣》卷 17：「……百日成，名太一華池。華池成，便可漬金液，餌八石也。」粆，慎校本形誤作「粨」，道藏輯要本形誤作「稲」。《雲笈》卷 56《元氣論》：「清玉為醴，鍊金為漿。」

（5）入淵不沾，蹴刃不傷

王明曰：孫校：「沾，《意林》作『溺』。」明案慎校本、寶顏堂本、崇文本皆作「沒」。《敦煌》、《影古寫本》仍作「沾」。《校勘記》：「蹴，盧本作『就』。」明案慎校本、寶顏堂本亦作「就」。（P55）

按：二字敦煌本、宋浙本、道藏本、魯藩本作「沾」、「蹴」，四庫本、道藏輯要本亦作「沒」、「就」。「就」是「蹴」省文，踐踏也。《意林》卷 4 引仍作「蹴」。《古文苑》卷 12 班固《車騎將軍竇北征頌》：「籍庭蹈就。」就亦讀為蹴。S.1380《應機抄》引《神仙傳》：「入淵不濕，踐刃不傷者，道術之士也。」

（6）幻化之事，九百有餘

按：敦煌本「幻」誤作「鈞」。

（7）誑誤將來

按：敦煌本「誑」省作「訨」，羅氏失校。誑，欺也。誤亦欺也。《史記·齊太公世家》「桓公之中鉤，詳死以誤管仲」，《樂毅列傳》「左右誤寡人」，「誤」亦同。字或作虞，《廣雅》：「虞，欺也。」字亦作愄，《集韻》：「愄，欺也，疑也。」

（8）《玉策記》曰：「千歲之龜，五色具焉，其額上兩骨起似角，解人之言，浮於蓮葉之上，或在叢蓍之下，其上時有白雲蟠蛇。」

王明曰：解人之言，慎校本、寶顏堂本、崇文本並無此四字。寶顏堂本、崇文本「蛇」並作「旋」。（P55）

按：《御覽》卷 931、《廣記》卷 472 引「其額上」作「其雄額上」，本書卷 11《仙藥》亦有「雄」字，當據補「雄」字，《類聚》卷 96、《初學記》卷 30 引亦脫。宋浙本、道藏本、魯藩本並有「解人之言」四字；敦煌本有「解人言」三字，《類聚》卷 96、《御覽》卷 931、《事類賦注》卷 28 引同（楊明

照已引《類聚》、《御覽》〔註45〕）；四庫本、道藏輯要本亦無此四字，《初學記》卷30引同，脫文也。《類聚》卷96引《說苑》佚文：「龜千歲能與人言。」《初學記》卷30引郭璞《玄中記》：「千歲之龜能與人語。」《搜神記》卷12：「千歲龜黿能與人語。」蟠蛇，道藏本、魯藩本、慎校本同，《初學記》卷30引亦同，敦煌本、宋浙本作「蟠虵」，四庫本、道藏輯要本亦作「蟠旋」，《御覽》卷8引無此二字。作「旋」乃後人妄改。

（9）千歲之鶴，隨時而鳴，能登於木，其未千載者，終不集於樹上也，色純白而腦盡成丹

王明曰：《校勘記》：「鶴，《御覽》卷916作『鵠』，引在《鵠門》。」按當作「鵠」。（P56）

按：《史記‧司馬相如列傳》《正義》引亦作「鵠」。各本「丹」同，敦煌本作「骨」，《御覽》卷916引亦作「骨」，不知孰是？

（10）云千歲松樹，四邊枝起，上杪不長，望而視之，有如偃蓋

王明曰：「披越」原作「枝起」，宋浙本同。《校補》云：「『枝』當作『披』，『起』當作『越』，並字之誤。四邊披越與如偃蓋之義正合。《廣記》卷407引正作『披越』。」明案《校補》之說是，今訂正。（P56）

按：各傳世本均作「枝起」，《御覽》卷953引同；敦煌本作「枝起」，亦同。《初學記》卷28引《玉策記》作「披起」。「枝起」不誤。《南史‧齊本紀》：「（齊太祖）舊宅在武進縣，宅南有一桑樹，擢本三丈，橫生四枝，狀似華蓋。」《類聚》卷88引《齊書》作「橫出四枝，如車蓋」。其事相類，「四邊枝起」即橫出四枝也。

（11）狐狸豺狼，皆壽八百歲

王明曰：孫校：「豺，藏本作『狸』，疑作『貙』。」《校勘記》云：「《初學記》卷29、《御覽》卷909作『狐及狸狼』，則藏本上『狸』字誤耳，下『狸』字不誤；群書無言貙壽八百歲者，校語疑作『貙』，未知何據？」明案《敦煌》、《影古寫本》正作「狐及狸狼」，是。（P57～58）

〔註45〕楊明照《〈抱朴子內篇校釋〉補正（上）》，《文史》第16輯，1982年版，第275頁。

按：宋浙本亦作「狐及狸狼」，道藏本、魯藩本作「狐狸狸狼」。上「狸」當作「及」，上文「虎及鹿兔」，文例同。

（12）鼠壽三百歲，滿百歲則色白，善憑人而卜，名曰仲，能知一年中吉凶及千里外事

王明曰：《校勘記》云：「《白孔六帖》卷 98 作『仲能能知』，《御覽》卷 911 作『仲骨能知』，未知孰是？『仲』下脫一字無疑。」明案影宋本《御覽》卷 911 作「名曰仲，仲能一年之中，吉凶及千里外之事皆知也」，並無「仲骨能知」字。（P58）

按：《校勘記》說誤，其所引《白孔六帖》卷 98，《白氏六帖事類集》在卷 29，「仲」下衍一「能」字。敦煌本同今本，《初學記》卷 29、《類聚》卷 95 引亦同。

（13）洽聞者理無所惑耳

按：羅振玉曰：「敦煌本作『洽聞之士於理無所惑耳』。」敦煌本「惑」作古字「或」，羅氏誤記。

（14）則園中草木，田池禽獸

按：敦煌本「園」作「薗」，「獸」作「狩」。羅氏失校。

（15）仙經象龜之息，豈不有以乎

按：敦煌本「以」誤作「似」，又「乎」例作「于」。

（16）故太丘長穎川陳仲弓，篤論士也，撰《異聞記》云：「其郡人張廣定者，遭亂常避地，有一女年四歲，不能步涉……」

王明曰：明胡應麟《少室山房筆叢》卷 36 云：「《異聞記》一書，《廣記》及《御覽》俱不載，蓋其亡已久。然仲弓之言，或當不妄云。」（P58）

按：敦煌本「常」作「當」，「四歲」作「十四歲」。「常」讀作「當」。羅氏失校。張廣定事，《廣記》卷 472 引《獨異志》亦引作陳仲弓《異聞記》。又《北戶錄》卷 1 引陳仲弓《異聞記》「東城池有王餘魚」事，是《異聞記》一書唐代猶存。

（17）上巔先有穿穴

王明曰：《敦煌》無「有」字「穴」字，《影古寫本》同。（P58）

按：敦煌本「穿」作俗譌字「穿」。

（18）衣服不敗，故不寒凍

按：敦煌本「凍」作「涷」，借字。羅氏失校。

（19）女出食穀，初小腹痛嘔逆，久許乃習

王明曰：穀，《敦煌》、《影古寫本》作「飲」。（P58）

按：《意林》卷4引亦作「食飲」。敦煌本「痛」作「應」。

（20）覩一隅則可以悟之矣

按：敦煌本「隅」作「䚡」，「悟」作「窨」，「之矣」作「于（乎）」。「䚡」當作「崳」，讀為隅。「窨」當作「寤」，即「寤」；下文「斯可悟矣」，敦煌本亦作「窨」。羅氏失校。

（21）夫得道者，上能竦身於雲霄，下能潛泳於川海

按：敦煌本「霄」作「霓」。羅氏失校。

（22）琴高乘朱鯉於深淵

王明曰：《敦煌》、《影古寫本》「深」作「重」。（P60）

按：敦煌本「琴」作「岑」。羅氏失校。

（23）莫得其法

王明曰：《敦煌》、《影古寫本》「莫」上有「而」字，「法」下有「耳」字。（P60）

按：下句「且夫一致之善者」，敦煌本無「且」字，「且」即「耳」形誤。

（24）金天據九鳸以正時

王明曰：「鳸」原作「鴈」。孫校：「『鴈』當作『鳸』。」明案《敦煌》、《影古寫本》正作「鳸」，孫校是矣，今據改。金天氏，即少昊，名摯，黃帝之子。《左傳・昭公十七年》云：鳳鳥氏歷正也，九扈為九農正云。孔穎達疏：「諸扈別春夏秋冬四時之名。」「扈」通作「鳸」。鳸，音戶，鳥名。（P60）

按：九鴈，道藏本《意林》卷4引同（《永樂大典》卷10287引《意林》同）；別本《意林》作「九屆」，《金樓子·志怪》同。

（25）帝軒俟鳳鳴以調律

王明曰：孫校：「刻本『俟』作『候』。」《校勘記》：「《初學記》卷1、《御覽》卷4並作『候』。」明案《敦煌》、《影古寫本》作「俟」。容成子善知音律，初為黃帝造律曆，造笙以象鳳鳴。（P60）

按：宋浙本、道藏本、魯藩本作「俟」，慎校本、四庫本作「候」。《路史》卷14羅苹注、《紺珠集》卷3引亦作「候」，《金樓子·志怪》同。

（26）歸終知往，乾鵠知來

王明曰：「歸終」原作「終歸」。《校補》曰：「敦煌作『歸終』是也。今據改。《譏惑篇》云：『干（引者按：原文是「于」字，孫氏引誤）獝識往，歸終知來。』《類聚》卷95引《淮南萬畢術》云：『歸終知來，猩猩知往。』注云：『歸終，神獸。』並其證。至《淮南》以為知來，《抱朴》以為知往，蓋古人傳聞互異也。」乾鵠知來，《校補》曰：「乾鵠，敦煌作『乾吉』，皆非。『鵠』乃『鵲』字之誤，『吉』乃『告』字之殘。《淮南子·氾論篇》『乾鵲知來而不知往』（鄭注《大射儀》引作『鳱鵲』），高注：『乾鵲，鵲也。人將有來事憂喜之徵則鳴，皆（引者按：孫氏原文是「此」字）知來也。知歲多風，多巢於下（引者按：孫氏原文是「木」字）枝，人皆探（引者按：孫氏原文「探」下有「其」字）卵，故曰不知往也。乾讀乾燥之乾，鵲讀告退之告。』《易林·小畜之漸》云『餌吉知來』，『餌吉』即『乾告』之訛。《列女傳·晉羊叔姬傳》云『南方有鳥名曰乾吉』，『吉』亦『告』字之誤。《論衡·龍虛》、《是應》二篇，亦並誤作『乾鵠』。」（P61）

按：敦煌本「往」誤作「住」。宋浙本等傳世各本皆作「乾鵲」。孫氏乙作「歸終」，校敦煌本「乾吉」作「乾告」，均是也；但謂「乾鵲」當作「乾鵠」，則非是〔註46〕。孫氏所引《易林·小畜之漸》『餌吉知來』，原文是「鳴鳩飛來，告我無憂」，孫氏誤其出處。元刊本《晉之艮》「餌吉知來，告我無咎」，道藏本作「神馬來見，告我無憂」，《家人之大畜》「神馬」作「神鳥」；「餌吉」或是「神鳥」之誤，不能必是「乾告」。又孫氏所引《列女傳》，原文是「南方

〔註46〕參見蕭旭《「乾鵠」名義考》。

有鳥名曰乾吉，食其子，不擇肉，子常不遂」，此食子之鳥，非知來之鳥，孫氏校作「乾告（鵠）」，無據也。

（27）乘除一算，以究鬼神之情狀；錯綜六情，而處無端之善否

王明曰：下「情」，《敦煌》、《影古寫本》作「肴」，殆「爻」字之訛。（P62）

按：乘除一算，敦煌本作「一筭乘除」，宋浙本作「一筭乘除」。「筭」是「筭」形誤，「筭」是「筭」俗字。羅氏失校。下文「紀算難盡」，敦煌本「算」亦作「筭」；又「小過奪算」，敦煌本「算」作「筭」，《玉燭寶典》卷12引作「筭」，亦均是「筭」形誤。

（28）徒銳思於糟粕

按：敦煌本「粕」作「魄」，借字。羅氏失校。

（29）夫鑿枘之麤伎，而輪扁有不傳之妙；掇蜩之薄術，而傴僂有入神之巧

按：羅振玉曰：「鑿枘，敦煌本作『造鑿』。」王明失引。枘，宋浙本、道藏本、魯藩本、道藏輯要本誤作「柄」。

（30）皆自其命

按：敦煌本「皆」作「此」。羅氏失校。

（31）吾保流珠之可飛也，黃白之可求也

按：敦煌本「求」誤作「水」。羅氏失校。

（32）故老子有言，以狸頭之治鼠漏，以啄木之護齲齒，此亦可以類求者也

王明曰：《淮南子·說山篇》云：「狸頭愈鼠，啄木愈齲。」案鼠即瘻字，漏創也。啄木，食齲蟲也。（P63）

按：敦煌本「齲」作「蝸」，借字。羅氏失校。四庫本、道藏輯要本「齲」誤作「齲」。《玉燭寶典》卷5引「齲」作「齼」。「齼」即「缺」易旁俗字。《釋名》：「齲，朽也。蟲齧之，齒缺朽也。」《寶典》以訓詁字「缺」易之耳。《淮南子·說山篇》：「斲木愈齲。」《御覽》卷740引作「啄木愈齲」。

（33）則未免於愚也

王明曰：「則」下《敦煌》有「亦」字，《影古寫本》同。（P63）

按：敦煌本「免」作「勉」，借字。羅氏失校。

（34）若子言不恃他物，則宜擣肉冶骨，以為金瘡之藥

按：冶，敦煌本及傳世各本均作「冶」，獨平津館本誤刻作「冶」，王明失校。敦煌本「肉」作俗字「宍」，「瘡」作「創」。

（35）煎皮熬髮

按：敦煌本「熬」作省文「敖」。四庫本「煎」誤作「剪」。

（36）川蟹不歸而蛣敗

王明曰：川，《敦煌》、《影古寫本》作「小」。晉郭璞《江賦》：「璅蛣腹蟹。」《文選》注引《南越志》曰：「璅蛣，長寸餘，腹中有蟹子如榆莢，合體共生，俱為蛣取食。」此謂蛣依蟹而生，故蟹去而蛣敗。（P63）

按：楊明照引顧廣圻曰：「川，當作『小』。」〔註47〕其說是也。「蛣」是「鮚」俗字。《說文》：「鮚，蚌也。」《漢書·地理志》「鮚埼亭」，顏師古注：「鮚音結，蚌也，長一寸，廣二分，有一小蟹在其腹中。埼，曲岸也，其中多鮚，故以名亭。」《述異記》卷下：「璅珸似小蚌，有一小蟹在腹中，珸出求食，故淮海之人呼為蟹奴。」「珸」是「蛣」形誤，涉「璅」而誤其偏旁。《御覽》卷942引《博物志》佚文：「南海有水蟲，名蒯，蛤之類也，其中有小蟹，大如揄（榆）莢，蒯開甲食，則蟹亦出食。蒯合甲，蟹亦還入。為蒯取以歸，始終死不相離。」〔註48〕《北戶錄》卷1引「蒯」同，《述異記》卷下作「筋」。「蒯」、「蒯」都是「薊」形誤。「筋」是「筋」形誤，「筋」、「薊」音轉，《集韻》「薊」、「鮚」同音吉屑切。

（37）桑樹見斷而蠹殄

按：羅振玉曰：「敦煌本作『架樹見斷而蠹殄』。」敦煌本「蠹」作「蠹」，從蟲，羅氏所記從二虫，誤也。敦煌本、宋浙本「殄」作俗譌字「殄」。桑，

〔註47〕楊明照《〈抱朴子內篇校釋〉補正（上）》，《文史》第16輯，1982年版，第276頁。

〔註48〕范寧《博物志校證·佚文》失輯此條，中華書局1980年版，第133頁。

宋浙本作「■」，道藏本作「桒」，魯藩本作「桒」；「■」是「桑」俗字，後二字加艸頭作「桒」，是「桑」增旁俗字；道藏輯要本形誤作「棄」。敦煌本作「架樹」者，《玉篇》、《集韻》並云「架，木名」，不知所本。「架樹」文獻無考，當亦是「桑樹」，古音「如」、「叒（若）」一聲之轉〔註49〕，因作異文。「■」會意民蟲，當是「蠶」俗字。《魏書·術藝列傳》江式上表說「蠶」俗字「神虫爲蠶」作「蛋」〔註50〕，亦是會意俗字。桑樹見斷，蠶無所食，故曰蠶殄也。「蝨」則是「蚊」古字，其義顯然不合。宋浙本、道藏本、魯藩本作「蠱」者，蓋誤認「■」作「蝨」，「蝨」俗字作「蟲」，復形近誤作「蠱」耳。

（38）金玉在九竅，則死人為之不朽

王明曰：《御覽》卷811引《漢東園祕記》曰：「亡人以黃金塞九竅，則尸終不朽。」（P64）

按：王說乃本於楊明照說〔註51〕。朽，敦煌本誤作「杅」。金玉，敦煌本、道藏輯要本、四庫本同，宋浙本、道藏本、魯藩本作「金木」，《本草綱目》卷9「水銀」條引作「金汞」。「木」蓋「汞」脫誤。

（39）鹽滷沾於肌髓，則脯腊為之不爛

王明曰：《敦煌》、《影古寫本》作「鹽熏沾肌理」。宋浙本「髓」亦作「理」。（P64）

按：滷，敦煌本、宋浙本、道藏本、魯藩本都作「鹽鹵」，《永樂大典》卷10877引同。「鹽熏」不辭，當是「鹽鹵」形誤。《大典》引「肌髓」誤作「飢髓」。敦煌本「爛」作「爤」，正字。

（40）龍魚瀺灂於盤盂

王明曰：瀺灂，魚浮沉貌。（P65）

按：龍魚，宋浙本、道藏本、魯藩本同，敦煌本、四庫本、道藏輯要本作「魚龍」。盤盂，敦煌本作「槃醢」。羅氏失校。瀺灂，激水聲也，轉音則作

〔註49〕「桑」本是會意字，改從「如」者，蓋誤作形聲字。

〔註50〕「蛋」字見於 S.388《正名要錄》、《玉篇》。

〔註51〕楊明照《〈抱朴子內篇校釋〉補正（上）》，《文史》第16輯，1982年版，第276頁。

「涔灂」、「瀺泎」〔註52〕。

（41）按《漢書》欒太初見武帝，試令鬪棋，棋自相觸

按：敦煌本重「武帝」二字，無「試」字，「觸」作俗字「觕」。

（42）其非妄作可知矣

按：敦煌本「妄」下有「造」字，當據補。此對應上文「將必好事者妄所造作」（敦煌本「妄所造作」誤倒作「妄作所造」）。

（43）審其神仙可以學政

按：政，底本作「致」，敦煌本、宋浙本等同。

（44）餐朝霞之沆瀣

按：敦煌本「餐」作「湌」，「沆瀣」作「霑霈」。「霈」是「灜」省譌。「霑灜」是「沆瀣」增旁俗字。羅氏失校。

（45）膳可以咀茹華瓊

王明曰：宋浙本、藏本、魯藩本、慎校本「華璚」皆作「華瓊」。「璚」同「瓊」。（P66）

按：敦煌本字作「瑻」，亦是「瓊」字。

（46）或棄神州而宅蓬瀛

王明曰：孫校：「『或』字疑衍。」明案《敦煌》、《影古寫本》有「或」字，非衍。「蓬瀛」《敦煌》、《影古寫本》作「瀛萊」。（P65）

按：宋浙本、道藏本、魯藩本、慎校本亦有「或」字。敦煌本作「瀛萊」，羅振玉誤記，王氏承其誤。

（47）故不足役役於登天

王明曰：孫校：「役役，一本作『汲汲』。」《校勘記》云：「《御覽》卷663作『故不切（當復有『切』字）於升騰』。按下文言『本不汲汲於昇虛以飛騰』，則一本是。」《敦煌》、《影古寫本》作「故不促促於登騰」。《校補》云：「『促

〔註52〕參見蕭旭《史記校補》，花木蘭文化出版社2021年版，第404～405頁。

促』與『汲汲』義同，今本有『足』字者，蓋即『促』字壞而衍也。《御覽》引亦無『足』字。」（P67）

　　按：孫氏《校補》說是也。役役，道藏本、魯藩本同。宋浙本「役」作「很」，字形與「促」更近。本書《明本》「是以真人徐徐於民間，不促促於登遐耳」，尤其確證。慎校本作「故不足役於天」，脫誤尤甚。《古文苑》卷20魏文帝《曹蒼舒誄》「役役百年」，章樵注：「役役，一作『促促』。」亦其相譌之例。

（48）處官秩

　　按：秩，《神仙傳》卷1同，敦煌本誤作「族」。本書《金丹篇》：「居官秩。」

（49）骨節堅強

　　按：羅振玉曰：「敦煌本『節』作『體』。」《神仙傳》卷1作「節」。

（50）顏色悅懌

　　王明曰：悅懌，《敦煌》作「和澤」，《影古寫本》同。（P67）

　　按：悅懌，《神仙傳》卷1亦作「和澤」。

（51）寒溫風濕不能傷，鬼神眾精不能犯

　　按：敦煌本「濕」作「澡」，下「能」作「敢」。「澡」是「濕」俗譌字〔註53〕。羅氏失校。

（52）若委棄妻子

　　按：敦煌本「委」作借字「萎」。羅氏失校。

（53）按《玉鈐經中篇》云

　　按：敦煌本「鈐」誤作「鈴」。

（54）為道者以救人危使免禍

　　王明曰：《敦煌》「危」下有「急」字，《影古寫本》同。（P68）

　　按：敦煌本「免」作借字「勉」。羅氏失校。

〔註53〕相譌之例甚多，參見蕭旭《〈爾雅〉「蟄，靜也」疏證》舉證。

（55）欲求仙者，要當以忠孝和順仁信爲本

按：敦煌本「順」作古字「愼」。羅氏失校。

（56）則盡失前善，乃當復更起善數耳

按：敦煌本「善數」作「數善」，則「數」是計算義。

（57）亦可無卒死之禍

王明曰：宋浙本作「故可以無卒死之禍」。（P68）

按：宋浙本「禍」下有「矣」字，敦煌本同，唯「禍」作俗字「禍」。

卷四《金丹篇》

（1）余考覽養性之書，鳩集久視之方

王明曰：孫校：「《御覽》卷 985 引『性』作『生』。」《校勘記》：「《御覽》卷 670 亦作『生』。」明案《雲笈》卷 67 亦作「生」。《金汋經》作「性」。（P87）

按：《金木萬靈論》、《黃庭內景玉經》卷下梁丘子註、《雲笈》卷 12「性」亦作「生」。《御覽》卷 985 引「鳩」作「究」，借字。

（2）莫不皆以還丹金液為大要者焉

王明曰：《校補》云：「『皆』字衍文，《金汋經》、《御覽》卷 985 引並無『皆』字。」明案《簽》卷 67 有「皆」字。（P87）

按：《金木萬靈論》、《黃庭內景玉經》卷下梁丘子註、《御覽》卷 670、《雲笈》卷 12 引無「皆」。孫說「皆」衍文，非是，「莫不」與「皆」同義連文，「莫不皆」是漢魏六朝習語。本書《雜應》：「夫長生得道者，莫不皆由服藥吞氣。」《黃帝九鼎神丹經訣》卷 10：「原始要終，莫不皆以丹鉛二物為主也。」均其例也，例多不勝枚舉。

（3）（王）圖了不知大藥，正欲以行氣入室求仙

王明曰：《簽》卷 67「正」作「止」。明案當作為「止」。（P88）

按：王氏改字，非是，「正」是舊本。正，猶止也，惟也，但也。《金汋經》卷中亦作「正」，《金木萬靈論》作「只」。

（4）作此道機，謂道畢於此，此復是誤人之甚者也

　　按：誤，《金木萬靈論》作「悞」，字同，猶欺也。

（5）或有得方外說，不得其真經

　　王明曰：《籤》卷 67（上）「得」下有「丹」字。（P89）

　　按：《金汋經》卷中亦作「得丹方外說」，當據補「丹」字。

（6）而家貧無用買藥

　　王明曰：《籤》卷 67「用」作「資」。（P89）

　　按：《金汋經》卷中作「無用置藥」。置亦買也。無用，猶言無以、無法。

（7）乃於馬迹山中立壇盟受之

　　按：壇，《御覽》卷 670 引同，又卷 985 引作「墠」，借字。

（8）資無擔石

　　按：擔，《金木萬靈論》、《雲笈》卷 67 同，《金汋經》卷中作「甔」。《史記·貨殖列傳》「漿千甔」，《索隱》：「甔，音都甘反，《漢書》作『儋』。孟康曰：『儋，石罌。』石罌受一石，故云儋石。」

（9）就令聞之，亦萬無一信

　　按：《金汋經》卷中、《雲笈》卷 67 同，《金木萬靈論》「就」作「縱」。就，猶縱也，推拓之詞。

（10）夫飲玉粕則知漿荇之薄味，覘崑崙則覺丘垤之至卑

　　王明曰：《籤》卷 67「飲」作「歃」，「荇」作「茆」。按：茆，蓴菜，其葉與荇相似。（P90）

　　按：《金汋經》卷中同，《金木萬靈論》「飲」作「啜」，「知」、「覺」作「去」，「垤」作「墟」，「至」作「下」。

（11）然大藥難卒得辦，當須且將御小者，以自支持耳

　　王明曰：按《微旨》、《雜應》、《地真》三篇俱有「不可卒辦」語，「卒辦」連文，本篇疑當作「難得卒辦」。（P90）

按：王氏乃本於楊明照說〔註54〕。《雲笈》卷 67 同此文，《金汋經》卷中作「然大藥卒難得辦」，《金木萬靈論》作「然不可卒得辦為之者」。各文俱通，各從本文，不煩改易。

（12）故老子之訣言云，子不得還丹金液，虛自苦耳。

王明曰：《籤》卷 67「虛」作「徒」。（P90）

按：《金木萬靈論》亦作「徒」，《金汋經》卷中作「虛」。《黃帝九鼎神丹經訣》卷 1：「玄女告黃帝曰：『凡欲長生，而不得神丹金液，徒自苦耳。』」「徒」、「虛」義同，副詞。

（13）銅青塗腳，入水不腐，此是借銅之勁以扞其肉也

按：《金汋經》卷中、《雲笈》卷 67 同，《金木萬靈論》「勁」作「功」，「扞」作「銲」。「銲」是「扞」借字。

（14）沾洽榮衛

按：沾洽，《金汋經》卷中同，《金木萬靈論》誤作「活固」，《雲笈》卷 67 誤作「沾治」。

（15）余今略鈔金丹之都較，以示後之同志好之者

按：《金汋經》卷中、《雲笈》卷 67 同。「都較」複語，猶言大略。

（16）求之不可守淺近之方

按：淺近，《金汋經》卷中、《雲笈》卷 67 同，《金木萬靈論》作「褻近」。「褻」是「褻」俗譌。

（17）必自知出潢污而浮滄海

王明曰：「潢」原作「黃」。《金汋經》、《籤》卷 67 並作「潢」，今據訂正。潢污，《籤》卷 67 作「潢潦」，積死水。（P90）

按：宋浙本作「潢洿」，道藏本、魯藩本、四庫本作「潢汙」，慎校本作「潢汗（汙）」。各本都作「潢」不誤，底本平津館本偶誤耳。「洿」同「汙」。

〔註54〕楊明照《〈抱朴子內篇校釋〉補正（上）》，《文史》第 16 輯，1982 年版，第 277 頁。

（18）背螢燭而向日月

按：螢燭，《雲笈》卷 67 同，《金汋經》卷中作「螢燐」。

（19）聞雷霆而覺布鼓之陋

王明曰：孫校：「『霆』當作『靈』，後《明本篇》有『雷靈』可證。」明
案雷霆之聲急而大，布鼓之聲滯而小，以喻大小相差甚遠，不必拘泥於雷靈。
布鼓，以布為鼓。（P90～91）

按：王說是也，《金汋經》卷中亦作「雷霆」。《雲笈》卷 67 作「雷電」，
「電」是「霆」聲誤。

（20）見巨鯨而知寸介之細也

按：寸介，《雲笈》卷 67 同，《金汋經》卷中作「寸魰」。「介」是「魪」
省文。

（21）欲以弊藥必規昇騰者，何異策蹇驢而追迅風，棹藍舟而濟大川乎

王明曰：而追迅風，《校勘記》：「《御覽》卷 137、769 作『而欲尋遺風』。」
案《金汋經》作「而欲尋迅風」，《笈》卷 67 作「而欲追迅風」。棹藍舟而濟
大川，《金汋經》、《笈》卷 67、《御覽》卷 769「而」下並有「欲」字。藍，藏
本、魯藩本作「籃」，《金汋經》作「艦」。（P91）

按：《御覽》卷 137 未引此文，當是《書鈔》卷 137，繼昌誤記。《記纂淵
海》卷 82 引同今本作「而追迅風」〔註55〕；《書鈔》卷 137 引亦作「而欲尋
遺風」，下「而」下脫「欲」字；《類聚》卷 71 引作「而欲尋追風」，下「而」
字下亦有「欲」字。尋，追而躡其後也。弊，各書同，獨《書鈔》引音誤作
「備」。藍，《類聚》、《雲笈》卷 67 同；宋浙本亦作「籃」，《書鈔》、《御覽》
卷 769、《記纂淵海》引同。楊明照曰：「『藍』字當依宋本等改作『籃』，《書
鈔》卷 137 引亦作『籃』。」〔註56〕楊說是也，籃舟謂以竹籃作舟也。棹，宋
浙本作「掉」，《記纂淵海》引同；《金汋經》卷中、《書鈔》、《類聚》、《御覽》
作「櫂」。「掉」當作「棹」，「棹」同「櫂」。

〔註55〕《記纂淵海》據宋刻本，四庫本在卷 51。下同。
〔註56〕楊明照《〈抱朴子內篇校釋〉補正（上）》，《文史》第 16 輯，1982 年版，第
277 頁。

（22）猶一酘之酒，不可以方九醞之醇耳

王明曰：孫校：「酘，一本作『宿』。」案：酘，音豆。一酘之酒，再釀之酒。（P91）

按：《金汋經》卷中、《雲笈》卷67同，《金木萬靈論》「酘」誤作「尼」，「方」誤作「妨」。方，猶比也。未見作「一宿」之本，不知孫說何據？

（23）其去俗人，亦何緬邈之無限乎

按：亦何，《金汋經》卷中、《金木萬靈論》、《雲笈》卷67作「一何」。「亦」是「一」音誤。無限，《雲笈》同，《金汋經》誤作「無垠」。《金木萬靈論》「緬邈」誤作「歸懇」。

（24）世人少所識，多所怪

按：怪，《金木萬靈論》作「惑」。

（25）其聞仙道，大而笑之，不亦宜乎

王明曰：「大而」原作「而大」。孫校：「『而大』當作『大而』，誤倒；『大而笑之』又見後《微旨篇》。」今據訂正。（P91）

按：《雲笈》卷67作「大而笑之」。《金汋經》卷中、《金木萬靈論》亦作「而大笑之」。二者俱通，孫說未能必也。本書《塞難》「若夫聞而大笑者，則悠悠皆是矣」，又《釋滯》「雖大笑不可止」，此作「而大笑」之證也。

（26）委曲欲使其脫死亡之禍耳

按：脫，《金汋經》卷中作「免」。

（27）真人所以知此者，誠不可以庸近思求也

王明曰：《金汋經》「庸」作「庸夫」。《笈》卷67「庸」作為「膚」。（P92）

按：《金木萬靈論》作「真人可以知此，不可以庸夫淺近思求耳」。作「庸近」是，六朝人成語。

（28）余少好方術，負步請問，不憚險遠

按：負步請問，《雲笈》卷67作「負步諸門」，《金汋經》卷中作「負涉請問」，《金木萬靈論》作「苦心請問」。作「負步請問」是，「負步」是抱朴成語，謂負荷而步走也。本書《暢玄》「負步杖策」，《抱朴子外篇·仁明》「役舟

楫以濟不通，服牛馬以息負步」，均其例也。

（29）雖見毀笑，不以為戚

王明曰：《金汋經》「戚」作「惡」。（P92）

按：《雲笈》卷 67 作「雖見毀笑，不以為慼」，《金木萬靈論》作「縱被毀棄，不敢為憾」。「憾」是「慼」形譌。

（30）農夫得彤弓以驅鳥，南夷得衰衣以負薪

王明曰：孫校：「鳥，《意林》作『烏』。夷，《意林》作『域』。」（P92）

按：道藏本、四庫本《意林》卷 4 引分別作「驅鳥」、「南城」（《永樂大典》卷 10287 引同），清鈔本、指海本、學津討原本、聚珍本、榕園叢書本、同文書局叢書本作「驅烏」、「南夷」，無作「域」字者，當是孫氏誤記。《金汋經》卷中、《雲笈》卷 67 作「驅鳥」、「南夷」，《金木萬靈論》作「驅鳥」、「夷人」，《御覽》卷 347、《記纂淵海》卷 93 引本書作「驅鳥」、「南成」〔註57〕。「烏」是「鳥」形誤。「夷」形誤作「成」，復易作「城」。

（31）或留連盃觴以羹沸

按：留連，《金汋經》卷中作「流連」。

（32）自欲割削之，煎熬之，憔悴之，漉汔之

王明曰：漉汔，音鹿迄，枯竭之意。（P93）

按：王說是也。《玉篇》：「漉，竭也，涸也。」字亦作盝、盠，《爾雅》：「盝，竭也。」《方言》卷 12：「盝，涸也。」《廣雅》：「盝，盡也。」「汔」是「汽」俗字。《說文》：「汽，水涸也。」

（33）世人之常言，咸以長生若可得者，古人之富貴者，已當得之，而無得之者，是無此道也

王明曰：孫校：「『古』下藏本有『之聖』二字，衍。」（P93）

按：①孫說非是。宋浙本、道藏本、魯藩本並作「古之聖人之富貴者」，謂聖人中之富貴者。《金汋經》卷中作「古之聖人以之富貴者」，衍「以」字；《雲笈》卷 67 省作「古之聖人富貴」，均有「聖人」二字。慎校本、四庫本、

〔註57〕《記纂淵海》據宋刻本，四庫本在卷 53，作「驅鳥」、「南戚」。

道藏輯要本作「古人之富貴者」，刪去「之聖」二字，則泛指一切富貴者，非其誼也。下文引《黃帝九鼎神丹經》「黃帝服之，遂以昇仙」，又引黃帝誡玄子曰：「此道至重，必以授賢，苟非其人，雖積玉如山，勿以此道告之也。」則得仙者當是賢者，非積玉如山之富貴者所能求也。②底本「己」作「巳」，宋浙本、道藏本、魯藩本、四庫本並同。當作「已」為正字，道藏輯要本作「已」不誤。《雲笈》卷67作「以當得之」，「以」同「已」，是為明證。句謂若可得長生，則聖人中之富貴者已經得之。

（34）若正以世人皆不信之，便謂為無，則世人之智者，又何太多乎

按：正，猶必也。

（35）今若有識道意而猶修求之者，詎必便是至愚，而皆不及世人耶

王明曰：《金汋經》「猶」作「獨」。（P93）

按：孫人和曰：「『猶』字於義無取，《神仙金汋經》作『獨』，是也。『猶』、『獨』形誤而誤。」〔註58〕孫說是也，不知王氏何故不取其說？《雲笈》卷67亦誤。

（36）若心所斷，萬有一失

王明曰：若心，《金汋經》作「若己心」。（P93）

按：《金汋經》作「若**己**心所斷」，作「已」字，非「己」字，王氏誤記。《雲笈》卷67作「若所忌斷」。當作「若忌所斷」，《雲笈》誤倒作「所忌」，《金汋經》「忌」字誤分作「已心」二字，本書復脫誤作「心」字。「若忌所斷萬有一失」八字作一句讀。

（37）日月有所不能周照，人心安足孤信哉

王明曰：《金汋經》、《笈》卷67「人心」下並有「亦」字。（P93）

按：《金汋經》卷中「人心」下有「以」字，王氏誤記。「以」是「亦」音誤。

〔註58〕孫人和《抱朴子校補》，民國鉛印本，第10頁。

（38）黃帝以傳玄子

王明曰：玄子即元君，云合服九鼎神丹得道，著經九卷，見《洞仙傳》。
（P93）

按：玄子，《黃帝九鼎神丹經訣》卷 2 注引同，《黃帝九鼎神丹經訣》卷
1 亦同，《金汋經》卷中作「涓子」，蓋音誤。

（39）雖積玉如山

王明曰：《金汋經》、《籤》卷 67「玉」作「金」。（P93）
按：宋浙本作「金」。

（40）勿近穢汙，及與人往來

王明曰：《籤》卷 67「穢汙」作「污穢」。（P94）
按：《金汋經》卷中作「勿經穢汙」，《黃帝九鼎神丹經訣》卷 1 同。

（41）九丹者，長生之要，非凡人所當見聞也

按：《金汋經》卷下「當」作「能」。

（42）以缺盆汁和服之

按：《金汋經》卷下、《雲笈》卷 67「汁」作「汗」，當據此文校正。

（43）奄忽終歿之徒

按：《金汋經》卷下同，《雲笈》卷 67 作「盡命奄歿之徒」。

（44）知此道者，何用王侯？為神丹既成，不但長生，又可以作黃金

按：《雲笈》卷 67 同，《金汋經》卷下「為」下有「乎」字，「王侯」作
「侯王」。則「為」字當屬上句。

（45）長生之道，不在祭祀事鬼神也，不在道引與屈伸也，昇仙之
要，在神丹也

按：《雲笈》卷 67 同，《金汋經》卷下「要」上有「道」字，當據補。讀
作「昇仙之道，要在神丹也」。《雲笈》卷 106《陰真君自敘》「不死之道，要
在神丹」，《上清金匱玉鏡修真指玄妙經》「養炁之道，要在慎言節食（下略）」，
文例皆同。

（46）合之當先作華池赤鹽艮雲玄白飛符三五神水

按：艮雲，各本均作「艮雪」，王明本誤。

（47）須臾翕然俱起，煌煌煇煇，神光五色，即化為還丹

王明曰：孫校：「藏本作『煌煇煌煇』。」按宋浙本、魯藩本與藏本同。（P98）

按：宋浙本、道藏本、魯藩本作「煌煇煌煇」，作「煇」字，孫、王校記不準確。當據《金汋經》卷下乙作「煌煌煇煇」。

（48）道士張蓋蹹精思於岷山石室中

按：張蓋蹹，《金汋經》卷下作「張盍蹋」，古字通。

（49）或有五色琅玕，取理而服之，亦令人長生

王明曰：《金汋經》、《籤》卷67「理」作「治」。藏本、魯藩本、慎校本「理」作「埋」。（P100）

按：宋浙本作「理」。「埋」是「理」形誤。

（50）菟絲是初生之根，其形似菟，掘取尅其血，以和此丹

按：掘取尅其血，《類聚》卷81引作「掘取剖其血」，《御覽》卷993引作「掘取刻其血」，《圖經衍義本草》卷7、《爾雅翼》卷2引作「掘取割其血」，《證類本草》卷6引作「握取割其血」，《本草綱目》卷18引作「握故割其血」，《金汋經》卷下作「掘取刻其汁」。「握」是「掘」形誤〔註59〕。「尅」是「刻」借字，下文云「刻之汁流如血」。「刻」、「割」一音之轉。「剖」是「割」形誤。

（51）服之立變化，任意所作也

按：慎校本、四庫本、道藏輯要本作「任意」，《類聚》卷81引同；宋浙本、道藏本、魯藩本作「在意」，《御覽》卷993、《雲笈》卷67引同，《金汋經》卷下亦同。作「在意」是其舊本，猶言隨意、任意。本書《遐覽》「飛沈

〔註59〕《抱朴子外篇·刺驕》「舖糟握泥」，一本「握」作「掘」。《雲笈》卷48「四季之月無握土」，《太上明鑑真經》「握」作「掘」。《經律異相》卷31引《須大挐經》「掘廗」，宋、元、明、宮本「掘」作「握」。《史記·酈生陸賈列傳》「掘燒王先人冢」，石山寺藏六朝寫本「掘」誤作「握」。S.1380《應機抄》「掘之以禮士」，「掘」當作「握」。

在意」，亦其例。

（52）又和以朱草，一服之，能乘虛而行云

王明曰：《籤》卷67「和」在「草」下，「一」作「一刀圭」，「云」作「之」。
孫校：「『云』疑作『雲』。」（P100）

按：孫說非是。「云」是「之」形誤。《金汋經》卷下亦誤。

（53）喜生名山巖石之下

王明曰：《籤》卷67「喜」作「多」。（P101）

按：喜，各本同，宋浙本誤作「善」。

（54）則可步行水上，長居淵中矣

按：淵，《金汋經》卷下同，《御覽》卷985引作「水」。

（55）又赤松子丹法，取千歲藁汁及礜桃汁淹丹，著不津器中，練蜜蓋其口

王明曰：「汁」原作「汗」。原校：「汗，一作『汁』。」明案《金汋經》、
慎校本、寶顏堂本、崇文本皆作「汁」，當作「汁」，今據改。（P101）

按：練蜜，宋浙本、道藏本、魯藩本作「練密」，慎校本、四庫本作「煉
蜜」，道藏輯要本作「鍊蜜」。《金汋經》卷下「淹」作「溲」，「練蜜」作「縑
密」。「溲」是「浚」轉語，字亦「溲」，猶言浸泡。「蜜」是「密」音誤，《神
仙服餌丹石行藥法》：「納銅器中，以白蜜和泥，密蓋其口。」

（56）令人面目鬢髮皆赤

按：《金汋經》卷下「鬢」作「鬚」，是也。下文「昔中黃仙人有赤須子
者，豈非服此乎」，與此對應，宋浙本、道藏本「須」亦作「鬚」。

（57）長於起卒死三日以還者，折齒內一丸，與硫黃丸，俱以水送之，令入喉即活

王明曰：「折齒」原作「折死者口」。孫校：「折死，藏本作『折師』。」
《校勘記》：「《御覽》卷886作『折齒』，無『死者』二字，亦無『師』字。」
《校補》云：「今本固非，藏本亦未是。《御覽》引作『折齒內一丸』是也。折
齒內一丸，言人死之後，飲水難入，欲納此丸，須折其一齒，即以丸自無齒

孔中投進之，則其人活矣。《金汋經》亦作『折齒內一丸』，與《御覽》所引正合。」今據改。（P102）

按：《校補》說是也，宋浙本正作「折齒內一丸」。魯藩本誤同道藏本。《葛仙翁肘後備急方》卷1：「口噤者，折齒下之。」《上清太上帝君九真中經》卷下：「已死人未三日，服一丸如大豆，立活。當發口折齒，送之以水。」《太上洞玄靈寶素靈真符》卷中：「病人已死……噤不開者，當折齒納符。」

（58）又綺里丹法

王明曰：「里」下《金汋經》有「季」字。（P103）

按：當據補「季」字。仙人「綺里季」亦見本書《至理篇》及《無上祕要》卷84。

（59）研合服之

按：《金汋經》卷下「合」誤作「令」。

（60）取金液及水銀一味合煮之，三十日，出，以黃土甌盛，以六一泥封，置猛火炊之，六十時，皆化為丹

王明曰：《校勘記》云：「置猛火，《御覽》卷759、985作『置之猛火上』。」按《金汋經》同。《金汋經》、《籤》卷67「六十時」並作「卒時」，「卒時」文義不當，疑「卒」乃「六十」字併合之訛。（P104～105）

按：《御覽》卷985引亦作「卒時皆化為丹」。《類聚》卷73引亦作「置之猛火上」，「甌」作「堀」。《類聚》及《御覽》卷759無「炊之」、「卒時」四字。王說非是，「六十時」不知何謂，當作「卒時」，猶言立即、登即，六朝隋唐俗語詞。《太上洞玄靈寶五符序》卷中：「以麥蘗一斗細鑄，納中釀之，如作糖狀，卒時擠去糟，煎之三分餘一分，更置銅器中，浮湯上釜中猛火，無令沸絕。」《神仙服餌丹石行藥法》：「以五斗酒，漬大小椒各一升，卒時去滓，以汁和流珠，令如湯狀。」《太清經斷穀法》：「加麥蘗屑一升，釀作糖，卒時淋汁煎之，三分餘一。」皆其例。

（61）以此丹一刀圭粉，水銀一斤，即成銀

王明曰：孫校：「『粉』下《御覽》卷985引有『和』字。」（P105）

按：《金汋經》卷下、《雲笈》卷67同。「粉」屬下句，《九轉流珠神仙九

丹經》卷上：「言取九飛丹華一銖，以粉水銀一斤，若粉鉛錫一斤，皆成黃金也。」是其證也。粉，讀作坌（坋），另詳《論仙篇》校補。《御覽》補「和」字，殊無必要。

（62）飲血為誓

王明曰：《籤》卷67「飲」作「歃」。（P105）

按：「飲」是「歃」形誤，《金汋經》卷下誤同。

（63）天神鑒人甚近，人不知耳

按：下文「皆來鑒省」，《金汋經》卷下「鑒」並作「監」。

（64）或有可引為巾，或立令成水服之

按：《金汋經》卷下「為巾」作「如布」。

（65）銀及蚌中大珠，皆可化為水服之。然須長服不可缺，故皆不及金液也

王明曰：「缺」原作「供」。《校勘記》云：「『供』字誤，藏本、盧本作『缺』，天一閣本作『斷』。」明案慎校本、寶顏堂本亦作「缺」，今據改。（P106）

按：宋浙本、道藏本、魯藩本作「供」，《金汋經》卷下同；四庫本、道藏輯要本作「缺」。繼昌所見藏本，非正統道藏本，或是其誤記。「供」字不誤，「不可供」三字句。

（66）道士須當以術辟身，及將從弟子，然或能壞人藥也

按：《金汋經》卷下「須」作「雖」。須，讀為雖。

（67）可以避大兵大難

王明曰：《校勘記》：「大難，《御覽》卷670作『大水』。」（P107）

按：《金汋經》卷下亦作「大水」。

（68）徐州之莘莒洲

王明曰：孫校：「莘，藏本作『羊』。」（P108）

按：宋浙本、魯藩本、慎校本、四庫本亦作「羊」，《金汋經》卷下同。

（69）然疇類之好

　　按：《金汋經》卷下「疇」作「儔」。

（70）所捐棄者

　　按：《金汋經》卷下誤作「所有指棄者」。

（71）旦服如麻子許十丸

　　按：《金汋經》卷下「旦」作「日一」二字，并通，不知孰正。

（72）服此二物，能居名山石室中者，一年即輕舉矣。止人間服亦
　　　地仙，勿妄傳也

　　按：《金汋經》卷下「人間」下無「服」字，此衍文，當據刪。

卷五 《至理篇》

（1）夫道之妙者，不可盡書，而其近者，又不足說

　　王明曰：孫校：「『足』下藏本有『可』字，非。」明案「足」下宋浙本有
「何」字，亦非。（P116）

　　按：宋浙本「足」下亦是「可」字，王氏誤記。魯藩本、慎校本亦有「可」字。

（2）昔庚桑胼胝

　　按：胝，宋浙本作「胘」，道藏本、魯藩本作「胘」。「胘」是「胝」俗字，
「胘」則是形誤字。

（3）諒有以也

　　按：宋浙本、道藏本、魯藩本同，慎校本、四庫本、道藏輯要本「諒」作
「良」。諒，讀作良，後人易作正字耳。

（4）素顏玉膚惑其目

　　按：宋浙本「玉」作「紅」，《意林》卷4引同。

（5）故譬之於堤，堤壞則水不留矣

　　按：宋浙本「留」作「流」，借字。《雲笈》卷92作「存」。

（6）方之於燭，燭糜則火不居矣

按：糜，宋浙本、道藏本、魯藩本、慎校本作「齋」，《雲笈》卷 92 作「靡」。齋、靡，並讀為糜。

（7）內視而後見無朕

按：宋浙本「朕」作「眹」。

（8）乃呿吸寶華，浴神太清

按：上句末「爾」字當屬此句，「爾乃」連文，王氏失其讀。

（9）燕和飲平

王明曰：燕，宋浙本作「咽」。（P117）

按：「燕」是「嚥」脫文。「嚥」是「咽」俗字，吞也。

（10）龍泉以不割常利

王明曰：孫校：「利，《意林》作『新』。」按：龍泉，《意林》引作「龍淵」。（P117）

按：各本「不」作「靡」。道藏本《意林》卷 4 引「割」誤作「豁」（《永樂大典》卷 10287 引誤同），清鈔本、指海本、榕園叢書本、聚珍本已訂正。

（11）凡卉以偏覆越冬

按：偏，各本同，獨道藏本作「徧」。「徧」是正字。

（12）文摯愆期以瘳危困

王明曰：「愆」原誤作「衍」。《初學記》卷 20 引「衍」作「愆」，按當作「愆」，今據改。愆期，不如期。（P119）

按：《初學記》卷 20 引「期」誤作「筋」，又「瘳」作「療」。

（13）夫人所以死者，諸欲所損也，老也，百病所害也，毒惡所中也，邪氣所傷也，風冷所犯也

王明曰：「諸欲所損也」原作「損也」。《校勘記》云：「損也，藏本、盧本作『諸欲所損也』，此脫三字。」今據補。（P119）

按：《校勘記》說非是。宋浙本、道藏本、魯藩本均無「諸欲所」三字，

慎校本、四庫本、道藏輯要本則有，是後人所妄加。繼昌所稱藏本，非正統道藏本也。《黃帝九鼎神丹經訣》卷7：「夫人所以死者，其害有六也。一者損也，二者老也，三者百病所加，四者毒惡所中，五者邪氣所傷，六者風冷所犯。」尤其確證。

（14）蘆如、益熱之護眾創

王明曰：孫校：「未詳。」明案蘆如即桔梗，《山海經·西山經》：「其本如桔梗。」郝懿行《義疏》：「案《廣雅》云：『梨如，桔梗也。』《本草》作『利如』。《御覽》引吳普《本草》云：『一名蘆如。』」（P120）

按：蘆如，宋浙本作「蓎如」。《御覽》卷993引吳氏《本草經》：「桔梗……一名蘆茹。」郝懿行引「蘆茹」誤作「蘆如」。孫星衍謂「未詳」者，指未詳「益熱」。

（15）智慮所及

按：宋浙本「慮」脫誤作「思」。

（16）坐呂后逼蹴

按：宋浙本「坐」上有「但」字。

（17）良本師四皓，用里先生綺里季之徒

王明曰：「師」下宋浙本有「事」字。（P120）

按：宋浙本「用」作「祿」。

（18）又於茅屋上然火，煮食食之，而茅屋不焦

按：宋浙本「然」作「燃」，「焦」作「燋」，復有校語云：「一本作『燃火煮雞，雞熟而茅不焦。』」孫星衍刻本脫之。

（19）賀將軍長智有才思

按：長智有才思，《三國志·賀齊傳》裴松之注、《白帖》卷15引作「長情有思」。

（20）乃多作勁木白棒，選異力精卒五千人為先登，盡捉棓彼山賊，賊恃其善禁者，了不能備

王明曰：棓，宋浙本作「捔」。「棓」通「捔」，擊也。明案「山賊」下原無「賊」字，文意未完，查慎校本、寶顏堂本、崇文本皆有，今據補。《吳志·賀齊傳》注「其」下有「有」字。《校補》云：「此脫『有』。」了不能備，孫校：「能，一本作『為』。」《校補》云：「『能』字於義未安，《吳志》注引作『嚴』。」（P121）

按：道藏本「棓」亦作「捔」。王說非是，宋浙本、道藏本、魯藩本「賊」字均不重，《三國志·賀齊傳》裴松之注引同。發甫（楊明照）已指出王說之誤〔註60〕，而王氏增訂本未採其說。《校補》於「其」下補「有」字是也，《白帖》卷15引作「賊恃有禁」。當「盡捉棓」句，「彼山賊恃其〔有〕善禁者」句。「棓」與「棒」是一字，裴松之注及《白帖》引「棒」作「棓」。盡捉棓者，言五千精卒全部手握勁木白棒也。

卷六《微旨篇》

（1）余聞歸同契合者，則不言而信著；途殊別務者，雖忠告而見疑

按：務，道藏本誤作「孤」。

（2）夫尋常咫尺之近理，人間取舍之細事

按：宋浙本有校語云：「間，一作『聞』。」道藏本、魯藩本作「聞」，《永樂大典》卷10116引同。「聞」是形譌。

（3）蹴埃塵以遣累，凌大遐以高躋

王明曰：「遣」原作「遺」。《校補》云：「『遺』當作『遣』，遣累猶言去累。《道意篇》云『遣害真之累』，是其義矣。《御覽》卷672引正作『遣』。」今據改。宋浙本、《御覽》卷672引「大」作「太」，「大」通「太」。太遐，猶言太空。（P129～130）

按：孫氏校「遺」作「遣」，是也。「遣累」是六朝成語。《抱朴子外篇·

〔註60〕發甫《王明〈抱朴子內篇校釋〉舉正》，《中華文史論叢》第21輯（1982年第1輯），第314頁。

交際》「外無計數之諍，內遺心競之累」，「遺」亦當作「遣」。大退，猶言大遠。王氏以「太退」為正字，非是。蹶，跳踏也，高躍也。

（4）念有志於將來，愍信者之無文

按：楊明照曰：「文，《御覽》卷672引作『聞』。按『聞』字是，『文』其音誤也。」〔註61〕「文」指典籍，下文「方法」、「不死之法」即「文」所載者。「聞」是其音誤。

（5）知飲食過度之畜疾病，而不能節肥甘於其口也

王明曰：宋浙本、藏本、魯藩本、慎校本、寶顏堂本「畜」並作「速」，《御覽》卷672引亦作「速」。明案「速」字於義為長。「畜」字亦通。（P130）

按：《永樂大典》卷10116引亦作「速」。「畜」是孫氏誤刻，無據。宋浙本「速疾病」下衍「殺身」二字。

（6）知極情恣欲之致枯損，而不知割懷於所欲也

按：宋浙本「損」作「殞」，《御覽》卷672、《永樂大典》卷10116引同。

（7）子體無參午達理，奇毛通骨

按：《類聚》卷78引《神仙傳》：「老子黃色美眉，廣顙長耳，大目疏齒，方口厚唇，額有參牛達理，日角月庭，鼻骨雙柱，耳有三門。」其中「參牛」，《初學記》卷23引《高上老子內傳》同，《史記·老子列傳》《正義》、《廣記》卷1引作「三五」，《御覽》卷363引作「參午」。「參牛」當作「參午」，同「三五」，亦作「參伍」、「參五」，猶言交錯。S.1857《老子化胡經》序：「（老子）額有參午，龍顏犀文。」唐·王懸河《三洞珠囊》卷8：「額有三理，參午上達。」「參午達理」謂額上有交錯通達之紋理，本書《雜應》云老君「額有三理上下徹」是也。徹亦達也，一音之轉。

（8）夫衣無蔽膚之具，資無謀夕之儲

按：具，道藏本、魯藩本、慎校本、四庫本同；宋浙本作「兒」，《永樂大典》卷10116引作「貌」。「具」形誤作「兒」，復易作「貌」。

〔註61〕楊明照《〈抱朴子內篇校釋〉補正（上）》，《文史》第16輯，1982年版，第279頁。

（9）夫寸鮹汎迹濫水之中，則謂天下無四海之廣也

王明曰：孫校：「鮹，《意林》引作『蛸』。按『鮹』、『蛸』皆非也，當作『蜎』。蜎，井中小蟲也。又『迹濫』二字誤倒，《意林》引作『濫迹』為是。『迹水』又見後《明本篇》。」《校勘記》云：「道藏本《意林》、官本《意林》皆作『蛸』，校語以為作『蛸』，未知何據？《御覽》卷936作『鮹』，引在《鮹門》。鮹、蛸皆從有，可與《意林》互證。又《御覽》卷936作『汎濫龍水之中』，『龍』字當誤，『汎濫』連文，與《意林》同。」《札迻》：「《金汋經》云『見巨鯨而知寸魦之細也』，此『寸鮹』亦即『寸魦』之誤。《後漢書·馬融傳》李注：『魦，或作鯊。』郭義恭《廣志》云『吹沙魚，大如指，沙中行。』《爾雅·釋魚》『鯊鮀』，郭注亦以為吹沙小魚，是也。孫校改為『蜎』，未塙。《意林》引作『蛸』，《御覽》引作『鮹』，尤繆。」明案「寸鮹」即「寸魦」之訛，「氾迹濫水」當作「氾濫迹水」，殆可無疑。（P130～131）

按：①孫星衍、繼昌校「汎迹濫水」作「汎濫迹水」，是也。迹水，《意林》卷4引同；《御覽》卷936引作「啼水」，繼昌引作「龍水」，不知所據何本？「啼」是「蹄」缺誤。《淮南子·俶真篇》「夫牛蹄之涔，無〔徑〕尺之鯉」〔註62〕，高誘注：「涔，潦水也。」又《氾論篇》「夫牛蹄之涔，不能生鱣鮪」，高誘注：「涔，雨水也。滿牛蹄跡中，言其小也，故不能生鱣鮪也。」《御覽》卷936引「蹄」作「蹄」，字同。「迹水」指牛蹄迹中之小雨水，故《御覽》引作「蹄水」。本書《勤求》「漉牛迹之中（水），索吞舟之鱗」〔註63〕，《抱朴子外篇·刺驕》「寸鮐游牛迹之水，不貴橫海之巨鱗」，亦同。②鮹，孫詒讓校作「魦（鯊）」，指沙中的吹沙小魚，亦是也。《意林》、《御覽》引作「蛸（鮹）」者，因誤解《淮南子》「夫牛蹄之涔，不能生鱣鮪」而然。鮪魚是海魚，非迹水所有。

（10）芒蝎宛轉果核之內，則謂八極之界盡於茲也

按：宋浙本、道藏本、魯藩本作「蝎」，《意林》卷4、《永樂大典》卷10116引同。《御覽》卷936引「蝎」誤作「蝪」，「核」誤作「核」。慎校本、四庫本、道藏輯要本「蝎」誤作「蠋」。

〔註62〕「徑」字據《御覽》卷38引補。
〔註63〕「中」當作「水」。《金樓子·立言篇下》：「搜尋仞之隴，求干天之木；望牛迹之水，求吞舟之魚，未可得也。」

（11）志誠堅果，無所不濟

按：宋浙本「無所」作「無往」。

（12）凡養生者，欲令多聞而體要，博見而善擇

王明曰：《校勘記》：「《御覽》卷 720『體要』作『貴要』，『善擇』作『擇善』。」（P131）

按：《黃帝九鼎神丹經訣》卷 5（下文省稱作《經訣》）同《御覽》，當據訂正。宋浙本「善擇」同，「體要」作「賞要」。「賞」是「貴」形譌。道藏本「體」誤作「体」，魯藩本「博」誤作「傳」。「擇善」是，本書《釋滯》「雖欲博涉，然宜詳擇其善者」，可證。

（13）偏修一事，不足必賴也

按：《御覽》卷 720 引同，《經訣》卷 5「偏」誤作「編」。

（14）又患好事之徒，各仗其所長

王明曰：「好事」原作「好生」。《校補》云：「『好生』當作『好事』，此涉上文『養生』而誤，本書《對俗》、《釋滯》、《勤求》等篇每稱『好事者』，《御覽》卷 720 引正作『好事』。」今據改。（P131）

按：孫說是也，宋浙本正作「好事」。《經訣》卷 5 亦作「好事」。《經訣》「仗」作「從」，《御覽》卷 720 引形誤作「伏」。

（15）學道之不成就，由乎偏枯之若此也

按：《經訣》卷 5「偏枯」作「偏恃」。「枯」當是「恬」形誤，《說文》：「恬，恃也。」《詩・蓼莪》《釋文》引《韓詩》：「恬，賴也。」「偏恬」即上文「偏修一事，不足必賴」之反筆。各本均誤，《御覽》卷 720、《永樂大典》卷 10116 引誤同。本書《塞難篇》「皆病於頗有聰明，而偏枯拘擊，以小黠自累，不肯為純在乎極暗，而了不別菽麥者也」（據宋本、道藏本，慎懋官校本作「偏祜」），亦當作「偏恬」。又《御覽》引「不」下有「能」字。

（16）以消工棄日

按：宋浙本「工」作「功」。

（17）便強入名山，履冒毒螫，屢被中傷，恥復求還

按：宋浙本「求」作「來」。「來」字是，其他各本均誤。

（18）不亦愚哉

按：宋浙本「亦」音誤作「益」。

（19）師所聞素狹，又不盡情以教之

按：宋浙本、道藏本、魯藩本「不盡情」誤倒作「情不盡」。

（20）譬猶作家，云不事用他物者

按：宋浙本「他」作「多」。

（21）禁忌之至急，在不傷不損而已

按：宋浙本「在」形誤作「至」。

（22）三尸之為物，雖無形而實魂靈鬼神之屬也

王明曰：孫校：「魂，藏本作『魄』。」（P132）

按：宋浙本亦作「魄」。

（23）是以每到庚申之日，輒上天白司命，道人所為過失

按：宋浙本「所為」作「所施行」。

（24）見人之得如己之得，見人之失如己之失

按：宋浙本「見人」下二「之」字作「有」。

（25）不佞諂陰賊

按：宋浙本、道藏本「諂」形誤作「謟」。

（26）反戾直正

按：宋浙本「直」形誤作「真」。

（27）壞人佳事

按：宋浙本「佳」作「家」，有校語云：「一作家。」

（28）擄掠致富

　　按：宋浙本「擄」作「虜」。

（29）淫佚傾邪

　　按：宋浙本作「淫泆傾斜」，道藏本、魯藩本、慎校本作「淫佚傾斜」。

（30）拾遺取施

　　王明曰：孫校：「拾，藏本作『捨』。」（P133）

　　按：宋浙本、慎校本、四庫本、道藏輯要本作「拾」，《永樂大典》卷 10116 引同；魯藩本亦作「捨」。《要修科儀戒律鈔》卷 4 有「拾遺取施」語，《無上祕要》卷 46、《太上靈寶十方應號天尊懺》卷 2 有「捨遺取施」語。「捨」是「拾」形誤。《太上洞玄靈寶宣戒首悔眾罪保護經》卷中云「以貪利、諛諂、盜竊、拾遺為過」。拾遺取施，謂拾遺物、取施與也。

（31）及遺失器物

　　王明曰：孫校：「藏本作『及行求遺器物』。」（P133）

　　按：魯藩本同道藏本。宋浙本作「及行求遺亡器物」。

（32）或遇縣官疾病

　　按：宋浙本、道藏本、魯藩本「或」作「若」。

（33）故道家言枉煞人者，是以兵刃而更相殺

　　按：宋浙本「兵刃」作「刀兵」，《永樂大典》卷 10116 引作「兵刀」。

（34）譬若以漏脯救飢，鴆酒解渴

　　王明曰：漏脯，腐臭乾肉。（P133）

　　按：宋浙本「解」作「止」，《意林》卷 4、《太上感應篇》卷 30 引同。是唐、宋舊本作「止」也。本書《至理》「治飢止渴，百痾不萌」，《抱朴子外篇・嘉遯》「咀漏脯以充飢，酣鴆酒以止渴」，亦作「止」字。王氏解「漏脯」乃臆說。《肘後備急方》卷 7：「茅屋汁霑脯為漏脯，有毒。」《備急千金要方》卷 72 引張文仲曰：「茅室諸水迷（沾）脯為漏脯。」《巢氏諸病源候總論》卷 26「食漏脯中毒候」條云：「凡諸肉脯，若為久故茅草屋漏所濕，則有大毒。食之三日乃成暴癥，不可治，亦有即殺人者。」《外臺祕要方》卷 31：「茅屋溜

下沾脯為漏脯，有大毒。」

（35）若以薺麥之生死，而疑陰陽之大氣

　　按：宋浙本、道藏本、魯藩本「麥」誤作「菱」，《永樂大典》卷 10116 引誤同。本書《道意》「不可以薺麥之細碎，疑陰陽之大氣」（宋浙本），道藏本、魯藩本亦誤作「菱」。

（36）如此，一車之中，亦有生地，況一房乎

　　王明曰：孫校：「『生地』下藏本有『亦有死地』四字。」明案魯藩本亦有。（P134）

　　按：宋浙本、慎校本、四庫本均有「亦有死地」四字，《永樂大典》卷 10116 引同。

（37）願垂告悟，以祛其惑

　　按：宋浙本「惑」作「蔽」。

（38）絕險緜邈

　　王明曰：宋浙本、藏本、魯藩本、慎校本、寶顏堂本「緜」皆作「緬」。案「緬」字於義為長。（P134）

　　按：楊明照指出《御覽》卷 720 引亦作「緬邈」，又引本書「緬邈」四例，謂「緬」字是〔註64〕。「緬邈」即「緜邈」，猶言長遠。「緜」是本字。

（39）和氣絪縕

　　按：絪縕，道藏本、魯藩本、慎校本同，宋浙本作「氤氳」，《御覽》卷 720 引作「烟熅」。

（40）神意並遊

　　王明曰：《校勘記》：「神意，《御覽》卷 720 作『神仙』。」按影宋本《御覽》作「神童」。（P134）

　　按：《上清道寶經》（下文省稱作《道寶經》）卷 2 作「神真是遊」。疑「神

〔註64〕楊明照《〈抱朴子內篇校釋〉補正（上）》，《文史》第 16 輯，1982 年版，第 280 頁。

真」是。作「神意」不通。

（41）玉井泓邃

王明曰：《御覽》卷 720「邃」作「窈」。（P134）

按：《道寶經》卷 2「邃」作「澄」。

（42）灌溉匪休

王明曰：《校勘記》：「《御覽》卷 720『匪休』作『延休』。」（P134）

按：《御覽》誤也。《道寶經》卷 2 作「靡休」，與此義同。

（43）百二十官，曹府相由

王明曰：慎校本、寶顏堂本「由」作「留」。（P134）

按：道藏輯要本亦作「留」。宋浙本、道藏本、魯藩本均同底本，《御覽》卷 720、《永樂大典》卷 10116 引亦同。慎本等改「由」作「留」，無據。然「相由」無義，疑「由」是「連」脫誤。《道寶經》卷 2 作「百二十宮（官），天府相通」，通亦連也。

（44）絳樹特生，其寶皆殊

王明曰：其寶皆殊，孫校：「《御覽》卷 720 引作『其實如珠』。」（P134）

按：《道寶經》卷 2 作「其實皆珠」。「寶」是「實」形誤，「殊」是「珠」音誤。

（45）長谷之山，杳杳巍巍，玄氣飄飄，玉液霏霏，金池紫房，在乎其隈

王明曰：孫校：「《御覽》卷 720 引『氣』作『靈』。」明案宋浙本作「雲」。（P134）

按：「靈」是「雲」之譌。金池紫房，《御覽》卷 720 引作「金紫之房」。《道寶經》卷 2：「玉女所登，紫雲飄飄，甘露霏霏，金地（池）玉房，在乎其中。」

（46）愚人妄往，至皆死歸，有道之士，登之不衰

王明曰：《校勘記》：「《御覽》卷 720『妄往』作『競往』。」（P134）

按：妄，道藏本、魯藩本、慎校本同，宋浙本作「意」。「意」是「竟」形誤，「竟」借為「競」。

卷七《塞難篇》

（1）甕罌之邪正

按：甕罌，宋浙本作「甖瓮」，道藏本、魯藩本、慎校本作「罌甕」。「甖」同「罌」，「瓮」同「甕」。

（2）而云人生各有所值，非彼昊蒼所能匠成

按：有，道藏本、魯藩本、慎校本、四庫本同，宋浙本作「在」。「有」當作「在」，形近而誤。下文云「仙與不仙，決在所值也」（據宋本），字正作「在」。上文云「命之脩短，實由所值」，由亦在也。《小爾雅》：「匠，治也。」下文「非彼四物所創匠也」，其誼亦同；《御覽》卷 945 引「創匠」作「創造」，乃臆改。

（3）萬物感氣，並亦自然

按：宋浙本「自然」作「自生」。

（4）且夫腹背雖包圍五臟，而五臟非腹背之所作也

按：宋浙本二「臟」作「藏」。

（5）譬猶草木之因山林以萌秀，而山林非有事焉

按：宋浙本二「林」作「陵」。道藏本、魯藩本作上「林」下「陵」。「林」均是「陵」音誤。

（6）夫蚤生於我，豈我之所作

王明曰：《校勘記》曰：「榮案『蚤』俗字，《說文》及《玉篇》並作『蚤』。」（P142）

按：宋浙本、道藏本、魯藩本、慎校本、四庫本均作「蚤」，下同；獨孫刻本作俗字「蚤」。

（7）蟻蠓之育於醯醋

按：《御覽》卷 945 引作「蠓蜹之育於醯酢」。「醋」同「酢」。醯亦醋也。「蠓蜹」不辭，《御覽》入「蟻蠓」條，當是「蟻蠓」誤刻。

（8）蛣蜣之滋於汙淤

王明曰：蛣蜣，即蠍，見《爾雅‧釋蟲》。（P142）

按：蛣蜣，《御覽》卷 945 引同，《爾雅翼》卷 30 引作「蛣蟩」。「蛣蟩」是井中小赤蟲，亦作「孑孓」，與「蛣蜣」非一物。又《御覽》引「汙淤」作「洿游」，「洿」同「汙」，「游」是「淤」形誤。《可洪音義》卷 23：「游泥：上於去反，正作淤。」亦其相誤之例。

（9）翠蘿之秀於松枝

按：宋浙本有校語云：「松枝，或作『老松』。」《爾雅翼》卷 30 引同今本，《御覽》卷 945 引「秀」誤作「老」。「翠蘿」疑即「女蘿」，《詩‧頍弁》：「蔦與女蘿，施于松柏。」

（10）況遠況近，以此推彼

王明曰：宋浙本作「以近況遠」。案上下文意，當作「以近況遠」。（P142）

按：底本作「以遠況近」，道藏本、魯藩本、慎校本、四庫本並同。王氏誤「以」作「況」。

（11）或聾盲頑囂，或枝離刢蹇

王明曰：「枝」通「支」，枝離謂支體坼裂。刢蹇，勞苦跛行。（P143）

按：王氏「刢蹇」分作二義，非是。刢，讀為拘，拘攣也；專字作跔，足不能屈伸也。道藏本《易林‧泰之比》：「望驥不來，拘蹇為憂。」一本誤作「駒蹇」。也作「拘攣」，《太上洞玄靈寶飛行三界通微內思妙經》：「拘攣屈伸，暗痾盲聾。」「枝」亦不謂支體，「枝離」即「支離」，猶言分離，指肢體不全也。《集韻》：「憿，支憿，多端也，一曰思也。或作懲。」「支憿」謂思緒多端，乃「支離」分別字。

（12）而項楊無春彫之悲矣

王明曰：「項」原作「頃」。明案藏本、魯藩本、慎校本、寶顏堂本「頃」

皆作「項」……是項、楊謂項托、楊烏，可無疑矣。今訂正。楊一作揚。（P143）

　　按：宋浙本正作「項揚」。

（13）益知所禀之有自然，非天地所剖分也

　　按：各本「剖分」同，當據宋浙本校作「部分」。部分，猶言安排。下文云「天之無為」，指天無作為，任之自然。

（14）天若能以至德與之，而使之所知不全，功業不建，位不霸王，壽不盈百，此非天有為之驗也

　　王明曰：孫校：「『所知不全』當作『所如不合』。」明案慎校本、寶顏堂本、崇文本「知」作「欲」。（P144）

　　按：宋浙本、道藏本、魯藩本均作「所知不全」。慎本等「知」作「欲」，四庫本、道藏輯要本從之，係妄改無據。孫氏尤為臆說。「所知不全」不誤，謂知識淺近不完備。《抱朴子外篇·自敍》「且人之未易知也，雖父兄不必盡子弟也。同於我者，遽是乎？異於我者，遽非乎？或有始無卒，唐堯、公旦、仲尼、季札皆有不全得之恨。」此謂知人不全，亦所知不全之一而已。

（15）伯牛廢疾

　　王明曰：慎校本、寶顏堂本、崇文本「廢疾」作「有疾」。《論語·雍也篇》云：「伯牛有疾。」廢通癈，固疾。（P144）

　　按：楊明照已指出宋浙本「廢」作「癈」〔註65〕。

（16）仲尼知老氏玄妙貴異，而不能挹酌清虛，本源大宗

　　按：挹，宋浙本、道藏本、魯藩本、慎校本作「揖」。作「揖」是舊本，後人妄改作正字「挹」，殊無必要。又宋本「本源」倒作「源本」。

（17）仲尼雖聖於世事，而非能沉靜玄默，自守無為者也

　　王明曰：孫校：「藏本無『自』字。」（P145）

　　按：宋浙本、魯藩本亦無「自」字。

〔註65〕楊明照《〈抱朴子內篇校釋〉補正（上）》，《文史》第 16 輯，1982 年版，第 281 頁。

（18）夫栖栖遑遑，務在匡時

王明曰：孫校：「栖栖，藏本作『恓恓』。」按「恓」與「栖」通。栖栖遑遑，不安定貌。（P145）

按：宋浙本、魯藩本、慎校本、四庫本、道藏輯要本亦作「恓恓」。又慎校本、四庫本、道藏輯要本「遑遑」作「惶惶」。

（19）恬愉靜退，獨善守己

按：宋浙本「靜」作「靖」，「守」作「于」。「靖」同「靜」，「于」是「守」形誤。

（20）出無慶弔之望，入無瞻視之責

按：宋浙本「瞻視」誤作「施瞻」。

（21）師則循比屋而可求，書則因解注以釋疑

王明曰：孫校：「藏本無『循』字。求，藏本作『封』。」（P146）

按：魯藩本同道藏本。宋浙本亦無「循」字，「求」作「得」。「封」字誤。

（22）德行積於衡巷，忠貞盡於事君

按：「衡巷」即「橫巷」。《意林》卷5引魏文帝《典論》：「桓靈之際，閹寺專命於上，布衣橫議於下。干祿者殫貨以奉貴，要名者傾身以事勢。位成乎私門，名定乎橫巷。」

（23）先生明不能並日月，思不能出萬夫，而據長生之道，未之敢信也

王明曰：據，慎校本、寶顏堂本、崇文本作「據談」。疑「據」為「劇」字之誤，當作「劇談長生之道」。（P146）

按：王氏說本楊明照〔註66〕。宋浙本、道藏本、魯藩本均作「據」。據，援引也。慎本不足信，四庫本改作「遽談」，亦誤。

〔註66〕楊明照《〈抱朴子內篇校釋〉補正（上）》，《文史》第16輯，1982年版，第281頁。

（24）是我與萬物之情，無不盡矣

　　按：各本「與」同，當據宋浙本校作「於」。

（25）妍媸有定矣，而憎愛異情

　　王明曰：孫校：「媸，藏本作『蚩』。」（P146）

　　按：宋浙本、魯藩本、慎校本、四庫本亦作「蚩」。

（26）此三者乖殊，炳然可知

　　王明曰：慎校本、寶顏堂本、崇文本「炳然」作「昭然」。（P146）

　　按：宋浙本、道藏本、魯藩本作「炳然」。慎本改作「昭然」，四庫本、道藏輯要本從之，非其舊也。

（27）至理之未易明，神仙之不見信，其來久矣，豈獨今哉

　　王明曰：慎校本、寶顏堂本、崇文本「久」作「尚」。（P146）

　　按：宋浙本、道藏本、魯藩本作「久」。慎本改作「尚」，四庫本、道藏輯要本從之，非其舊也。

（28）章甫不售於蠻越，赤舄不用於跣夷

　　王明曰：慎校本、寶顏堂本「跣」作「戎」。（P147）

　　按：宋浙本、道藏本、魯藩本作「跣」。慎本改作「戎」，四庫本、道藏輯要本從之，非其舊也。

卷八 《釋滯篇》

（1）自持才力，不能並成，則棄置人間，專修道德者，亦其次也

　　王明曰：慎校本、寶顏堂本「持」作「恃」。孫校：「置，藏本作『智』。」（P156）

　　按：宋浙本、道藏本、魯藩本均作「持」、「智」，是其舊本。慎校本、四庫本易作「恃」是正字，易作「智」是音誤。「棄智」語出《老子》第19章。

（2）彭祖為大夫八百年

　　按：宋浙本「年」上有「許」字。又宋浙本、道藏本、魯藩本、慎校本

「大夫」誤作「才夫」。《神仙傳》卷1：「彭祖者……殷王聞之，拜為大夫，常稱疾閒居，不與政事。」

（3）何必修於山林，盡廢生民之事，然後乃成乎

王明曰：孫校：「藏本無『山林』二字。」案魯藩本亦無。（P157）

按：宋浙本作「何必須於盡廢生民之事」，是也。道藏本、魯藩本「須」誤作「修」。慎校本、四庫本見其不通，復增「山林」二字。

（4）以縱逸為歡，以榮任為戚者

按：宋浙本「戚」作「慼」，《黃帝九鼎神丹經訣》（下文省稱作《經訣》）卷2作「滯」。

（5）帶索藍縷

按：各本同，《經訣》卷2作「蕭索繾縷」。本書《暢玄》：「繾縷帶索。」《抱朴子外篇·刺驕》：「藍縷帶索。」「藍縷」亦作「繾縷」、「襤褸」、「襤縷」等形，指衣服破敗。《經訣》「蕭索」當據本書作「帶索」。

（6）茹草操耟

按：道藏本、魯藩本、慎校本作「耟」，《經訣》卷2同。宋浙本「耟」形誤作「耟」。蔣斧印本《唐韻殘卷》「畟」字條引《詩》：「畟畟良耟。」獅谷蓮社刻本《慧琳音義》卷56引《考工記》：「耟廣五寸，二耟為耦。」二書「耟」亦「耟」形誤。《字彙補》：「耟，其舉切，音巨。《管子》：『耟耒耩懷銚銍。』」《重訂直音篇》：「耟，音巨。」音巨乃據誤字臆說耳。所引《管子》見《輕重己篇》，宋刊本作「耟」，明劉績本、光緒十九年鴻文書局石印本誤作「耟」，丁士涵已指出《管子》「耟」為「耟」形誤〔註67〕。

（7）不營苟生，不憚速死

按：道藏本、魯藩本、慎校本同，《經訣》卷2作「不憚速死，不營苟生」。宋浙本「營」作借字「榮」。

〔註67〕郭沫若等《管子集校》引丁說，科學出版社1956年版，第1310頁。

（8）辭千金之聘，忽卿相之貴者

按：道藏本、魯藩本、慎校本同，宋浙本「貴」下有「位」字。《經訣》卷 2 作「辭千金之重聘，忽卿相之貴位」。宋本「聘」脫「重」字，明刻本則復刪「貴」字，以就對文。

（9）莫不謂之為宏恩重施矣

按：宏，宋浙本等各本作「弘」。

（10）黃老之德，固無量矣，而莫之克識，謂為妄誕之言，可歎者也

按：宋浙本「謂」上有「及」字，當是「反」形誤。道藏本等各本均刪之。

（11）至要者在於寶精行炁，服一大藥便足

按：道藏本等各本同，《上洞心丹經訣》卷上亦同。宋浙本「寶」作借字「保」。《枕中記》：「凡欲求仙，大法有三：一曰保精，二曰行氣，三曰服餌也。」亦用借字。

（12）皆不欲令己耳聞其炁出入之聲

王明曰：孫校：「己，藏本作『自』。」（P157）

按：宋浙本、魯藩本亦作「自」。

（13）夫行炁當以生炁之時，勿以死炁之時也

按：宋浙本「當」上有「必」字。

（14）善用炁者，噓水，水為之逆流數步；噓火，火為之滅

按：《枕中記》：「夫善用氣者，噓水，水為之逆流；噓火，火為之滅炎。」疑此文脫「炎（焰）」字。

（15）但人性多躁，少能安靜以修其道耳

按：躁，《枕中記》同；宋浙本、道藏本、魯藩本作「懆」。「躁」或作「懆」，形近而誤作「懆」。

（16）或以增年延壽

按：增年延壽，宋浙本作「延年增壽」。

（17）陰陽不交，則坐致壅閼之病

按：坐，宋浙本、道藏本、魯藩本作「生」，是也。《千金要方》卷83：
「傷絕精脈，生致百病。」

（18）故幽閉怨曠，多病而不壽也

按：閉，宋浙本作「闓」。

（19）一塗之道士，或欲專守交接之術，以規神仙

按：宋浙本「規」誤作「視」。

（20）皆闕所要而難解，解之又不深遠

按：宋浙本、道藏本、魯藩本「闕」同，宋浙本有校語云：「闕所，一作
『亦不』。」慎校本、道藏輯要本「闕」作「祕」，四庫本作「秘」，乃後人所
妄改。又「深」各本同，宋浙本作「淵」。淵，深也。

（21）是探燕巢而求鳳卵，搜井底而捕鱓魚，雖加至勤，非其所有也

王明曰：孫校云：「『鱓』當作『鱣』，假借為鱣鮪之『鱣』。鱣，鯉也。」
案宋浙本「鱓」作「鱣」，是。（P158）

按：楊明照曰：「孫說是，宋本及《御覽》卷936引正作『鱣』，當據改。」
〔註68〕《御覽》卷936「鱣」條引「巢」作「窠」，亦當出校。抱朴此語亦有
所本，S.1380《應機抄》引《燕丹子》：「探鷰窠而求鳳卵，披井底而覓鯨魚，
雖加至勤，無由可得。」作「鱣」固宋人舊本，道藏本等始誤改作「鱓」字。
「鱣」是龍形的大魚，不是鯉魚，孫說非是。賈誼《弔屈原文》「橫江湖之鱣
鯨兮，固將制於螻蟻」，隋‧王通《中說‧禮樂》「江湖鱣鯨，非溝瀆所容也」，
「鱣」、「鯨」連文，當是一類，均是大魚。故《燕丹子》作「鯨魚」，而《抱
朴子》易作「鱣魚」也。窠，鳥巢。

（22）至於文子莊子關令尹喜之徒，其屬文筆，雖祖述黃老，憲章
玄虛，但演其大旨，永無至言

王明曰：孫校：「筆，藏本作『華』。」案宋浙本亦作「華」，非。（P158）

〔註68〕楊明照《〈抱朴子內篇校釋〉補正（上）》，《文史》第16輯，1982年版，第
282頁。

按：魯藩本、慎校本、四庫本、道藏輯要本均作「華」，獨孫刻本改作「筆」字。「文華」不誤，謂文子等人的文字華彩。

（23）……得以老莊為窟藪，不亦惜乎

按：宋浙本、道藏本、魯藩本、慎校本、四庫本「乎」均作「哉」。獨孫刻本改作「乎」，雖無關文義，但足見其不符舊本也。又宋浙本「老莊」倒作「莊老」。

（24）姬武翦商，而夷齊不食於西山

按：宋浙本「夷齊」作「夷叔」，都是「伯夷叔齊」之省稱。「夷叔」是其舊本，正漢魏六朝人語。《文選·辨命論》「夷叔斃淑媛之言」，李善注引後漢崔瑗《七蠲》：「三王行化，夷叔隱已。」《晉書·羊祜傳》帝詔曰：「此夷叔所以稱賢，季子所以全節也。」後人改作更為常見的「夷齊」。

（25）四老鳳戢於商洛，而不妨大漢之多士也

王明曰：多士，慎校本、寶顏堂本並作「事功」。（P159）

按：宋浙本、道藏本、魯藩本都作「多士」，《經訣》卷 2 同。慎校本、四庫本、道藏輯要本妄改作「事功」，不足信。道藏本、魯藩本「鳳」誤作「風」。

（26）周黨麟跱於林藪，而無損光武之刑厝也

王明曰：「光武」原作「孝文」。「孝文」下孫校云「當有誤」。《校勘記》：「周黨與孝文不相值。」明案《後漢書·逸民傳》云：「周黨，建武中，再被徵，見光武帝……。」本篇所謂「孝文」，時代不合，當作「光武」。今據訂正。（P159）

按：《經訣》卷 2：「周黨驎（麟）跱於林藪，而無虧于孝文之刑措也。」是抱朴自作「孝文」。至於時代不合，則是抱朴偶誤，不得據史實代抱朴改原文。

（27）方今九有同宅，而幽荒來仕

按：宋浙本有校語云：「仕，一作伏。」

（28）不逼不禁，以崇光大

王明曰：禁，宋浙本作「奪」。（P160）

按：宋本是也，道藏本、魯藩本作「集」。「集」是「奪」脫誤。上文云「匹夫之志，有不可移故也」，「奪」即「移」字之誼。本書《微旨》「大者奪紀，小者奪算」，《玉燭寶典》卷 12 引「奪」作「桒」，故脫誤即成「集」字。慎校本、四庫本、道藏輯要本臆改作「禁」，非其舊本。

（29）撮壤土不足以減其峻，挹勺水不足以削其廣

王明曰：孫校：「挹，藏本作『升』。」（P161）

按：孫校未盡。宋浙本、道藏本、魯藩本「挹勺水」作「升勺出」。

（30）雖大笑不可止，局情難卒開

王明曰：孫校：「開，藏本作『闓』。」案宋浙本亦作「闓」。（P161）

按：魯藩本亦作「闓」。《說文》：「闓，開也。」慎校本、四庫本、道藏輯要本作「開」，以訓詁字易之，非其舊本。宋浙本「局」作俗字「局」。

（31）日月遲疾，九道所乘

王明曰：孫校：「乘，藏本作『剩』。」明案宋浙本、魯藩本、寶顏堂本亦作「剩」。九道，月所行之道。（P161）

按：慎校本、四庫本、道藏輯要本亦作「剩」。作「剩」是。剩，餘也。九道所剩，謂月行南北九道的軌道差異。

（32）四七淩犯

按：四七，蓋謂二十八宿也。四七淩犯，蓋謂熒惑星犯二十八宿也。

（33）馬閒狗蹄

王明曰：孫校：「馬閒，一本作『鳥爪』。」（P163）

按：宋浙本、道藏本、魯藩本、慎校本、四庫本、道藏輯要本均作「馬間」，不知何本作「鳥爪」。《路史》卷 5 有「馬首狗蹏」，他書無考，不知孰是？

（34）貳負抱桎

王明曰：孫校：「貳，舊誤作『二』，今校正。桎，舊誤作『柱』，今校正。」明按《山海經・海內西經》：「貳負之臣曰危危，與貳負殺窫窳，帝乃桎之疏屬之山，桎其右足。」（P165）

按：宋浙本作「貳負抱柱」，「貳」字不誤。

（35）委甲步肉

按：宋浙本、道藏本、魯藩本同；慎校本、四庫本、道藏輯要本「肉」作「內」，《廣博物志》卷 49、《古微書》卷 23 引同。不知孰是？

（36）昌蜀之禽

按：楊明照曰：「『昌蜀之禽』未審即指杜鵑否？」〔註69〕「昌蜀」疑即「鶛鸀」，指廣鶛、鸀瑀二種神鳥。

（37）鹽神嬰來而蟲飛

王明曰：孫校：「來，當作『采』。」按《後漢書・南蠻傳》：「巴郡南郡蠻君長廩君乘土船至鹽陽，鹽水有神女謂廩君曰：『此地廣大，魚鹽所出，願留共居。』廩君不許。鹽神暮輒來取宿，旦即化為蟲，與諸蟲群飛。」李賢注引《世本》曰：「廩君使人操青縷以遺鹽神曰：『嬰此即相宜，與女俱生。』鹽神受縷而嬰之。」（P167）

按：宋浙本、道藏本、魯藩本同作「嬰來」，慎校本、四庫本、道藏輯要本作「娶來」，《古微書》卷 23 引作「娶米」。「嬰來」不誤，即「嬰縷」轉語。「來」、「縷」來母雙聲，之、侯旁轉。

（38）《正機平衡》，割乎文石之中

王明曰：孫校：「文，當作『合』。」本書《辨問篇》云：「《靈寶經》有《正機平衡》《飛龜》《授袟》凡三篇，皆仙術也。吳王伐石以治宮室，而於合石之中，得紫文金簡之書。」（P168）

按：《辨問篇》「合石」，《玉燭寶典》卷 10、《御覽》卷 922、《事類賦注》卷 19 引同，《黃帝九鼎神丹經訣》卷 2 亦同。「割」當作「剖」。

（39）公輸飛木鳶之翩翩

王明曰：《墨子・魯問篇》：「公輸子削竹木以為鵲，成而飛之，三日不下。」又《淮南子・齊俗篇》云：「魯般墨子以木為鳶而飛之，三日不

集。」（P168）

　　按：底本「鶒」作「鴠」，宋浙本、道藏本、魯藩本同；慎校本、四庫本、道藏輯要本作「鶒」。「鶒」同「鳶」，「鴠」則是「鷗」俗字，判然二字。「鶒」字是，宋本等誤也。漢魏叢書本《拾遺記》卷8：「雖棘刺、木猴、雲梯、飛鶒，無過此麗也。」子書百家本「鶒」同，古今逸史本、四庫本作「鷗」，《廣記》卷225引作「鳶」。「鷗」亦是「鶒」之誤，「雲梯飛鶒」用墨子典，與此文同。

（40）越人揣鍼以蘇死

　　按：揣，讀作梢，刺也。《說文》：「梢，一曰剟也。」梢、剟也是一聲之轉。

卷九《道意篇》

（1）論其無，則影響猶為有焉；論其有，則萬物尚為無焉

　　按：尚，宋浙本、魯藩本、慎校本、四庫本亦作「猶」。道藏本「尚」作「梢」，是「猶」形誤；道藏輯要本作「有」，是「猶」音誤。

（2）猧豨狋豬疾走，不能迹其兆朕乎宇宙之外

　　王明曰：猧豨狋豬，孫校：「四字據刻本如此，疑傳寫誤也，藏本『狋豬』作『涉褚』。」案：猧，疑係「獨」字之訛，《廣雅》：「獨，大也。」「豨」音希，本作「豨」。《廣雅》：「豨，豕也。」（P177～178）

　　按：宋浙本作「猧犴狋豬」，有校語云：「犴，一作豨。」道藏本作「猧豨涉褚」（孫氏誤「褚」作「褚」），魯藩本、四庫本、道藏輯要本作「猧豨狋豬」。「獨」訓大、多，指眾多，不指形體大，王氏疑「猧」是「獨」誤，非是。豨亦豬也，「豨」重出無義，當據宋本作「犴」，字亦作「豻」，野狗。「猧」、「狋」字書無考。疑「猧」即「猧」異體字，字亦作「蝸」，玃猴類獸名。「狋」不詳。

（3）況復乃千割百判，億分萬析

　　王明曰：復乃，宋浙本、藏本、魯藩本作「乃復」。（P178）

　　按：析，魯藩本、慎校本、四庫本、道藏輯要本同，宋浙本誤作「拆」，道藏本誤作「折」。析亦分也。「割」當作「剖」，剖亦判也、分也。又底本「復

乃」當據宋本等乙作「乃復」，慎校本、四庫本、道藏輯要本亦不誤。

（4）使其姓號至於無垠，去道遼遼，不亦遠哉

按：道藏本、魯藩本同，宋浙本、慎校本、四庫本、道藏輯要本「姓」誤作「性」。

（5）則不請福而福來，不禳禍而禍去矣

按：宋浙本「禳」作借字「穰」。道藏本等都易作正字「禳」。宋本《史記·滑稽列傳》「見道傍有穰田者」，宋刊《新序·雜事四》「齊有彗星，齊侯使祝穰之」，均作借字。下文云「禍非禋祀所禳也」，亦作正字。

（6）命在其中，不擊於外；道存乎此，無俟於彼也

按：宋浙本「俟」作「事」。「俟」音誤作「事」。

（7）患乎凡夫不能守真，無杜遏之檢括，愛嗜好之搖奪，馳騁流遁，有迷無反

王明曰：孫校：「奪，藏本作『筴』。」（P178）

按：宋浙本、魯藩本、慎校本、四庫本、道藏輯要本亦作「筴」。作「搖筴」是，「筴」同「策」，指馬筮。搖筴者，猶今言揮鞭，以御馬為喻，故下文云「馳騁流遁」。

（8）情感物而外起，智接事而旁溢

按：宋浙本「旁」作「傍」。

（9）心受制於奢玩，情濁亂於波蕩

王明曰：情，宋浙本、藏本、魯藩本作「神」。（P178）

按：慎校本、四庫本、道藏輯要本亦作「神」，底本誤也。

（10）沃酹醪醴

按：酹，宋浙本同，道藏本、魯藩本、慎校本、四庫本誤作「酹」，道藏輯要本誤作「酬」。「酹」是俗「酹」字，乃「酹」形誤。沃，澆也。酹，以酒澆地祭祀。《後漢書·橋玄傳》：「不以斗酒隻雞過相沃酹。」《書鈔》卷67引韋昭《辯釋名》：「祭酒者，謂祭六神，以酒沃酹之也。」《類聚》卷46、《御

覽》卷 236 引「沃酹」作「醊」，醊亦謂以酒澆地祭祀。

（11）蕞爾之體，自貽茲患

按：道藏本「貽」誤作「怡」。

（12）皂隸之巷，不能紆金根之軒，布衣之門，不能動六蠻之駕

王明曰：孫校：「根，藏本作『銀』，非。」明案：金根，車名，以金為飾，貴者之車。（P178）

按：宋浙本、魯藩本、慎校本、四庫本、道藏輯要本亦作「銀」。「金銀」不誤，孫氏改作「金根」殊誤。金銀之軒者，謂飾以金銀的有幡蓋之車。《後漢書·輿服志》劉昭注引《新論·离事》桓譚謂揚雄曰：「君之為黃門郎，居殿中，數見輿輦、玉蚤、華芝及鳳皇、三蓋之屬，皆玄黃五色，飾以金玉、翠羽、珠絡、錦繡、茵席者也。」《後漢紀》卷 20：「冀與壽共乘輦，張羽蓋，飾以金銀，遊戲第中。」《後漢書·梁冀傳》略同。《宋書·王鎮惡傳》：「（姚泓）輦飾以金銀。」均其明證也。

（13）孫主貴待華饗，封以王爵，而不能延命盡之期

王明曰：孫主，吳主孫權。權信臨海羅陽縣妖神王表，以輔國將軍羅陽王印綬迎表請福。後表亡去，權亦死。見《吳志·孫權傳》。（P179）

按：王氏於「華饗」旁標示人名專名線，非是。「華饗」非人之姓名。饗，讀作饗。華饗，謂盛宴接待。

（14）魏武禁淫祀之俗，而洪慶來假

按：假，音格，至也，本字作徦，字亦作格、佫。

（15）前事不忘，將來之鑒也

王明曰：「忘」原作「妄」，孫校云：「妄，當作『忘』。」明案孫校是，今據改。（P180）

按：宋浙本正作「忘」。

（16）祈禱無已，問卜不倦

按：宋浙本「問卜」作「卜問」。

（17）富室竭其財儲，貧人假舉倍息

　　按：宋浙本「財」作「資」。假舉，猶言借貸。倍，讀作負，猶言承擔、償還。俗「賠」字，字亦作「陪」，音轉則作「備」，猶言償還。

（18）或偶有自差，便謂受神之賜

　　按：宋浙本「賜」作「恩」。

（19）或什物盡於祭祀之費耗，穀帛淪於貪濁之師巫

　　按：底本「穀」作「榖」，宋浙本、道藏本、魯藩本、四庫本、道藏輯要本同，慎校本作「穀」。「穀」同「穀」。王本誤矣。

（20）愚民之蔽，乃至於此哉

　　按：宋浙本「蔽」作「敝」。

（21）購募巫祝不肯止者，刑之無赦

　　按：募，慎校本、四庫本、道藏輯要本同，宋浙本、道藏本、魯藩本作「慕」。「慕」乃借字。

（22）錢帛山積，富踰王公

　　按：踰，慎校本、四庫本、道藏輯要本同，宋浙本、道藏本、魯藩本作「喻」。喻，方也，比也。《史記・鄒陽列傳》「富比乎陶、衛」，《論衡・知實》「富比陶朱」，是其比也。後世臆改作「踰」。

（23）令人扼腕發憤者也

　　王明曰：孫校：「扼，舊誤作『振』，今校正。」（P181）

　　按：道藏本、魯藩本誤作「振」，宋浙本、慎校本、四庫本、道藏輯要本正作「扼」。

（24）子孫蕃昌

　　按：宋浙本「蕃」作「繁」。

（25）曾所遊歷水陸萬里

　　按：宋浙本「遊」作借字「由」。

（26）而往返徑遊，一無所過

王明曰：《校勘記》：「榮案盧本『徑遊』作『經遊』。」明案藏本、魯藩本、慎校本亦作「經遊」，作「經游」於義為長。（P181）

按：宋浙本、四庫本、道藏輯要本亦作「經遊」，各本均同。底本誤作「徑」耳。

（27）復未純為清省也

按：宋浙本「純」誤作「成」。

（28）號為八百歲公

按：《御覽》卷666引「公」作「翁」。

（29）皆云寬衰老羸悴，起止咳噫，目瞑耳聾，齒墮髮白

按：宋浙本「寬」下有「轉」字，「瞑」作「冥」。慎校本「墮」作「隨」。咳，讀作欬。

（30）吳曾有大疫，死者過半

按：宋浙本「過」作「太」。

（31）天下非無仙道也，寬但非其人耳

按：宋浙本「寬但」作「但寬」，是也，當據乙正。

（32）昔汝南有人於田中設繩罥以捕麞而得者

按：罥，《廣記》卷315引作「罝」。

（33）有行人見之，因竊取麞而去。猶念取之不事。其上有鮑魚者，乃以一頭置罥中而去

按：《廣記》卷315引作「……猶念取之不俟其主，有鮑魚，乃以一頭置罝中而去」，《風俗通·怪神》作「商車十餘乘經澤中行，望見此麞著繩，因持去，念其不事，持一鮑魚置其處」。「事」音誤作「俟」，「主」形誤作「上」。竊麞者即是鮑魚持有者，下文云「鮑魚主」，是其證。謂竊麞者以自己的鮑魚置一頭於罝中也。

（34）又南頓人張助者，耕白田，有一李栽，應在耕次，助惜之，
欲持歸，乃掘取之，未得即去，以濕土封其根，以置空桑中

按：栽，《御覽》卷968、《記纂淵海》卷92引同。栽之言才也，指樹苗。
《風俗通·怪神》、《搜神記》卷5作「核」（《廣記》卷315引同）。

（35）便言此樹能令盲者得見

按：宋浙本「見」作「視」，《御覽》卷968、《記纂淵海》卷92引同，《風
俗通·怪神》、《搜神記》卷5亦同。下文「能令盲者登視」，亦是「視」字。

（36）遠近翕然，同來請福

按：宋浙本「翕」作「噏」，「同」作「共」。《御覽》卷968引作「遠近
噏然，牙來請福」，《記纂淵海》卷92引作「互來祈福」，《風俗通·怪神》、
《搜神記》卷5作「遠近翕赫」（《廣記》卷315引《風俗通》作「遠近翕然，
互來請福」）。「互」俗字作「𠃊」，形近誤作「牙」。「噏」是「翕」借字。

（37）常車馬填溢，酒肉滂沱

王明曰：「常」上宋浙本有「其下」二字。（P182）
按：沱，宋浙本、道藏本、魯藩本、慎校本、四庫本作「沲」。《太平廣
記》卷315引《風俗通》：「其下常車馬填溢。」《說文》：「填，塞也。」填溢，
猶言填塞、填滿。亦作「闐溢」、「闐噎」、「填噎」、「填闉」、「闐闉」，《韓詩外
傳》卷1：「精氣闐溢。」《文選·西都賦》：「闐城溢郭。」李善注：「鄭玄《禮
記》註曰：『填，滿也。』與『闐』同。」《文選·吳都賦》：「冠蓋雲蔭，閭閻
闐噎。」劉逵注：「閭閻闐噎，言人物遍滿之貌。」《抱朴子外篇·疾謬》：「車
騎填噎於閭巷。」《生經》卷2：「人馬車馳填噎塞路。」《廣弘明集》卷17《舍
利感應記》：「大眾圍繞，填闉沙門。」《音釋》：「填闉：填，音田。闉，於結
切。填闉，滿塞也。」《續高僧傳》卷25：「遠近聞之，屯赴闐闉。」《慧琳音
義》卷88：「闐噎：上音田，下煙結反，傳作闉，非也。」又卷91：「闐闉：
上音田。下音噎，煙結反，滿也，塞也。」慧琳以「闉」為誤字，改作「噎」，
非是。又音轉作「填咽」，《類聚》卷71梁戴暠《車馬詩》：「鞏洛風塵處，冠
蓋相填咽。」《新序·雜事五》：「雲霞充咽，則奪日月之明。」章太炎曰：

「『咽』與『噎』聲義同。」〔註70〕朱季海曰：「『咽』讀與『壹』同。充咽，猶充壹也。」〔註71〕石光瑛曰：「『咽』與『益』、『溢』同，滿也。」〔註72〕是其音轉之例。

（38）田家老母到市買數片餅以歸

按：《廣記》卷315、《廣博物志》卷14引「餅」作「餌」，《風俗通·怪神》同。《御覽》卷860引《風俗通》亦作「餌」，又卷741引則作「餅」。《說文》：「餌，粉餅也。」

（39）或人云，此石人有神，能治病，愈者以餅來謝之。

按：楊明照曰：「『或人』下，《廣記》引有『調』字。有『調』字是，《廣雅》：『調，欺也。』詁此正合。《風俗通義·怪神篇》作『客聊調之』，亦可證此文之原有『調』字也。」〔註73〕楊說是也，《廣博物志》卷14引「云」上亦有「調」字。調，欺也，戲也，字亦作嘲，音轉亦作嘲、謿。

（40）而往買者又常祭廟中，酒肉不絕

按：楊明照曰：「常，宋本作『當』，《廣記》引同。『當』字於義為長。」〔註74〕道藏本、魯藩本、慎校本、四庫本、道藏輯要本作「常」。「當」於義不長，讀作常。

（41）其遠道人不能往者，皆因行便或持器遺信買之

王明曰：孫校「便，藏本作『使』。『遺』當作『遣』。」案宋浙本「便」亦作「使」。（P183）

按：「便」是「使」形誤，魯藩本、慎校本、四庫本、道藏輯要本亦作「使」，《廣記》卷315引同。孫說「遺」當作「遣」，非是。各本均作「遺」，《廣記》引同。《廣雅》：「遺，與也。」謂或因行使自己買水，或持器與使者代為買水。

〔註70〕章太炎《膏蘭室札記》，收入《章太炎全集》，上海人民出版社2014年版，第99頁。

〔註71〕朱季海《新序校理》，中華書局2011年版，第228頁。

〔註72〕石光瑛《新序校釋》，中華書局2001年版，第780頁。

〔註73〕楊明照《〈抱朴子內篇校釋〉補正（下）》，《文史》第17輯，1983年版，第243頁。

〔註74〕楊明照《〈抱朴子內篇校釋〉補正（下）》，《文史》第17輯，1983年版，第243頁。

（42）人或言無神，官申禁止，遂填塞之，乃絕

按：底本「官申」誤，各本均作「官中」。《廣記》卷315引作「官家」。

（43）於是四方雲集，趨之如市

按：宋浙本、道藏本、魯藩本、慎校本、四庫本「趨」作俗字「趂」，《廣記》卷288引作「赴」。

（44）而錢帛固已山積矣

王明曰：孫校：「『山積』二字舊誤倒，今校正。」（P183）

按：《廣記》卷288引正作「山積」。

（45）凡人多以小黠而大愚，聞延年長生之法，皆為虛誕

王明曰：孫校：「『為』當作『謂』。」（P183）

按：宋浙本「誕」作「妄」。

（46）譬猶田獵所經，而有遺禽脫獸；大火既過，時餘不燼草木也

按：宋浙本「猶」作借字「由」，又「燼」作「燔」，「燔」下有「之」字。

（47）要於防身卻害，當修守形之防禁，佩天文之符劍耳

按：劍，宋浙本作「刎」，道藏本、魯藩本作「劒」。「刎」是「劒」形誤。本書《遐覽》：「符劍可以卻鬼辟邪而已。」

（48）夫儲甲冑，蓄蓑笠者，蓋以為兵為雨也

按：宋浙本「蓄」作「稸」，道藏本、魯藩本「蓑」作「簑」。

（49）若矢石霧合，飛鋒煙交，則知裸體者之困矣。洪雨河傾，素雪彌天，則覺露立者之劇矣

按：露，宋浙本等各本均作借字「路」。

卷十《明本篇》

（1）蓋博通乎古今

按：古今，宋浙本等各本作「今古」。

（2）何必修長生之法，慕松喬之武者哉

　　王明曰：孫校：「武，藏本作『式』。」案宋浙本、魯藩本、慎校本亦作「式」。（P190）

　　按：「武」是「式」形誤，式亦法也。

（3）故藜藋彌原，而芝英不世；枳棘被野，而尋木間秀

　　按：四庫本、道藏輯要本同。宋浙本、道藏本、魯藩本「藋」作「藜藋」，「世」作「泄」。慎校本「藋」字殘，「世」亦作「泄」。作「藜藋」是，藋亦藜類植物。蔣斧印本《唐韻殘卷》：「藋，藜藋，徒弔反。」群書中「藜藋」字多誤為「藜藋」〔註75〕，此亦其例。「世」當作「泄」。泄亦作洩，舒散也。

（4）虺蝎盈藪，而虬龍希覿

　　按：蝎，宋浙本作「蚖」。「蚖」是「蜥」俗字。《詩・正月》「胡為虺蜴」，《釋文》：「蜴，字又作蜥。」《說文》「虺」字條引「蜴」作「蜥」。單言曰「蜥」，亦曰「蝎」，雙音詞則曰「蜥蝎」、「蜥易」、「易蝎」、「易蜥」。

（5）班生多黨，固其宜也

　　按：宋浙本「固其宜也」作「宜其然也」。

（6）或流血漂櫓

　　按：宋浙本等各本「漂」作借字「飄」。

（7）析骸易子

　　按：析，宋浙本作「扸」，慎校本作「折」。「扸」是俗「析」字，「折」誤。

（8）爨火猛而小鮮糜於鼎也

　　王明曰：孫校：「糜，藏本作『糵』。」（P191）

　　按：宋浙本、魯藩本亦作「糵」，《記纂淵海》卷54引同〔註76〕，並讀為麋，爛也。

〔註75〕參見王念孫《史記雜志》，收入《讀書雜志》卷2，中國書店1985年版，本卷第82～83頁。

〔註76〕《記纂淵海》據宋刻本，四庫本在卷45，字作「糜」。

（9）其不信者，則嘿然而已

按：宋浙本「嘿」作「默」。

（10）玄淡之化廢，而邪俗之黨繁

按：宋浙本「邪俗」作「俗邪」。

（11）夜不待旦，覬幾而作

按：宋浙本「幾」作「機」。

（12）醴酒不設，而穆生星行

按：宋浙本「穆」作「繆」。

（13）夫淵竭池漉，則蛟龍不遊；巢傾卵拾，則鳳凰不集

王明曰：拾，宋浙本作「捨」，又云一作「拾」。（P192）

按：道藏本、魯藩本、慎校本、四庫本均作「拾」，《喻林》卷 38 引同。宋浙本「鳳凰」作「鸞鳳」。本篇下文云「凡卉春翦，而芝蓂不秀」，《黃帝九鼎神丹經訣》卷 2「臣聞凡草春剪，芝蓂不秀；傾巢覆卵，鸞鳳不集耳」，本於此文。「拾」或「捨」當作「摌」，謂覆取。宋本作「鸞鳳」是其舊本。

（14）而合金丹之大藥，鍊八石之飛精者

王明曰：《校勘記》：「《御覽》卷 670『精』作『英』。」（P192）

按：繼昌所校未盡。《御覽》卷 670 引「飛精」作「氣英」。《抱朴子外篇‧嘉遁》：「漱流霞之澄液，茹八石之精英。」

（15）尤忌利口之愚人，凡俗之聞見

王明曰：孫校：「『人』下藏本有『忌』字，非。」宋浙本「凡」上有「諱」字。（P192）

按：道藏本、魯藩本「凡」上有「忌」字。下句有「忌」或「諱」字是對文，無則承上句省，均可。

（16）明靈為之不降，仙藥為之不成

按：宋浙本「藥」作「物」，《御覽》卷 670 引同。

（17）莫若幽隱一切，免於如此之臭鼠矣

　　按：宋浙本「免」上有「得」字。

（18）而下士未及於此，故止山林耳

　　按：《御覽》卷 670 引「止」誤作「上」。

（19）攻守進趣之術，輕身重義之節……儒者之所務也

　　王明曰：孫校：「義，藏本作『命』。」案魯藩本亦作「命」。（P193）

　　按：宋浙本亦作「命」，誤。

（20）不恤乎窮，不榮乎達

　　按：宋浙本「榮」作「營」，借字。

（21）夫道者……其靜也，善居慎而無悶

　　王明曰：孫校：「慎，當作『真』。」或疑作「貞」。（P193）

　　按：或疑作「貞」者，乃楊明照說。宋浙本等各本均作「慎」，其字不誤。《爾雅》：「慎，靜也。」又宋浙本「靜」作「靖」。

（22）誣詰道家

　　按：宋浙本「詰」誤作「誥」。

（23）以涉昫猿之峻

　　王明曰：原校：「昫，一作『日』。」孫校：「『昫』當作『眴』。」按孫校是。「昫」與「眩」古字通。《淮南子‧俶真篇》：「臨蝯眩之岸。」蝯或作猨。（P194）

　　按：王說乃本於楊明照〔註 77〕。宋浙本原校：「昫，一作『旬』。」道藏本、魯藩本、慎校本、四庫本、道藏輯要本「旬」誤作「日」。孫星衍校語原文「昫」作「眴」，王氏亦誤鈔。「旬」當是「旬」形誤，「旬」同「眴」，目搖也，目眩也。「涉」當作「陟」，登也。《類聚》卷 59 引後漢崔駰《大將軍西征賦》「陟隴阻之峻城」，文例同。本書《極言》「陟王屋而受丹經」，《黃帝九

〔註77〕楊明照《〈抱朴子內篇校釋〉補正（下）》，《文史》第 17 輯，1983 年版，第 245 頁。

鼎神丹經訣》卷 5「陟」亦誤作「涉」。

（24）聰不經曠，明不徹離

王明曰：曠，師曠，耳聰能善辨音。離，離朱，古之明目者。（P194）

按：徹，讀作達。經亦到達之誼。謂聰明達不到師曠、離朱。《抱朴子外篇・名實》「由乎聰不經妙，而明不逮奇也」，經亦逮也，達也。

（25）而欲企踵以包三光，鼓腹以奮雷靈

王明曰：孫校：「奮，當作『奪』。」案宋浙本「靈」作「震」。「靈」下宋浙本有「拘桎不移」四字。（P194）

按：宋浙本「震」下有「拘挃不移」四字，王氏「挃」誤作「桎」，楊明照誤同〔註78〕。各本「奮」字同。雷靈，宋本作「雷震」，道藏本、魯藩本、慎校本、四庫本、道藏輯要本作「電靈」。當據宋本作「奮雷震」為是。雷震，猶言雷鳴。

（26）覩大明之麗天，乃知鷦金之可陋

王明曰：明，宋浙本作「鵬」，「麗」作「彌」。大明，指日月。宋浙本「鷦金」作「鷦鷯」。鷦金，疑謂鷦明鳥羽上之金光。（P194）

按：楊明照曰：「宋本『明』作『鵬』，『麗』作『彌』，『知』作『覺』，『金』作『鷯』。宋本是。《外篇・刺驕篇》『而笑彌天之大鵬』，可證。」〔註79〕楊說未盡是。「鷦金」不辭，宋本作「大鵬」、「鷦鷯」是也。「鵬」省作「朋」，形誤作「明」。「鷯」脫作「尞」，形誤作「金」。麗，讀作戾，至也，即《詩・小宛》「翰飛戾天」之「戾」。

卷十一 《仙藥篇》

（1）神農四經曰，上藥令人身安命延，昇為天神，遨遊上下

王明曰：孫校：「藏本無『為』字，《御覽》引『神』下有『仙』字。」按

〔註78〕楊明照《〈抱朴子內篇校釋〉補正（下）》，《文史》第 17 輯，1983 年版，第 245 頁。
〔註79〕楊明照《〈抱朴子內篇校釋〉補正（下）》，《文史》第 17 輯，1983 年版，第 245 頁。

魯藩本亦無「為」字。（P211）

　　按：宋浙本亦無「為」字。當據《御覽》卷984引作「昇天神仙」，謂昇天而成神仙。宋本等脫「仙」字。慎校本、四庫本、道藏輯要本等以「昇天神」不辭，臆補「為」字。

（2）能令毒蟲不加，猛獸不犯，惡氣不行，眾妖併辟

　　按：《御覽》卷984引「犯」作「死」，又「併辟」作「辟屏」。「死」是「犯」形誤。併、屏，均讀作姘，去除也。

（3）木巨勝

　　按：《御覽》卷984引作「术、巨勝」。「木」是「术」形誤，各本均誤。「术」亦作「荒」，與「巨勝」是二物。

（4）楮實

　　按：《御覽》卷984引作「柠石」，「柠」同「楮」。「石」是「實」同音借字。

（5）象柴，一名托盧是也……或名苟杞也

　　王明曰：孫校：「《御覽》、《大觀本草》引『象』作『家』。」「托」原作「純」。孫校：「《御覽》、《大觀本草》引『純』作『托』。」《校補》云：「作『托盧』是也。『純』乃『托』字形近之訛。《說文》云：『宅櫨木出宏農山。』《列仙傳》云：『陸通好養生，食橐盧木〔實〕（引者按：孫氏引脫『實』字）及蕪青子。』《周禮·掌染草》注云：『染草茅搜橐盧豕首之屬。』托與宅、橐，盧與蘆、櫨，並聲同相通。」今據改。（P211～212）

　　按：①象柴，《證類本草》卷12引亦作「家柴」，《御覽》卷984、《古微書》卷29引作「家紫」。考《證類本草》卷12引《圖經》言枸杞「春生，苗葉如石榴葉而軟薄，堪食，俗呼為甜菜」，以其嫩葉可食，疑「家柴」當作「家菜」。「象」是「家」形誤，各本均誤。②孫人和謂當作「托盧」，是也，《證類本草》卷12引亦作「托盧」。③宋浙本「苟杞」作「枸杞」，《御覽》卷984、《證類本草》卷12引同。

（6）天門冬……或名顛棘

　　按：顛棘，宋浙本、道藏本、魯藩本、慎校本作「巔棘」，《證類本草》卷

6、《圖經衍義本草》卷 7 引同；《類聚》卷 81 引作「顛棘」。「棘」當是「棘」形誤。「顛棘」亦作「顛蕀」，「蕀」乃增旁俗字。《爾雅》：「髦，顛棘。」郭璞注：「細葉，有刺，蔓生，一名商蕀。」《御覽》卷 989 引《博物志》：「天門冬，莖間有刺而葉滑者曰郄休，一名顛棘。」《爾雅翼》卷 7、《證類本草》卷 6 引「顛棘」作「顛棘」。「天」與「顛（巔）」古音通，以其有棘刺，故天門冬又稱作天棘（《本草綱目》卷 18 引《綱目》），或名顛棘也。「顛棘」又音轉作「顛勒」，見母字「棘」轉作來母字「勒」。《類聚》卷 81 引《本草經》：「天門冬，一名顛勒。」

（7）然喜令人下氣，為益尤遲也

按：各本「尤」作「又」，底本誤，王氏失校也。《證類本草》卷 6 引「喜」作「善」，是也。

（8）服之百日，皆丁壯倍駛於术及黃精也

王明曰：孫校：「駛，舊誤作『駃』，今校正。」明按：駛，音試，馬疾行，此喻成效快速。（P212）

按：各本均作「駃」。《證類本草》卷 6、《圖經衍義本草》卷 7、《本草綱目》卷 18 引亦作「駃」，又「倍」上有「兼」字。「駃」字不誤，即俗字「快」，孫氏改「駛」無據。

（9）以服散尤佳

按：宋浙本、道藏本、魯藩本「佳」作「甚」。

（10）黃精一名兔竹，一名救窮，一名垂珠

王明曰：孫校：「救窮，《御覽》卷 989 引作『雞格』。垂，《御覽》引作『岳』。」（P212）

按：《太上洞玄靈寶五符序》卷中：「一名馬箭，一名菟（兔）竹，一名葳蕤，一名可沮，一名羊括，一名仙人餘糧，一名苟格，一名垂珠。其葉名雞格。根一名黃精，一名白芨，三月採根，可餌也。」《證類本草》卷 6：「黃精，一名重樓，一名菟竹，一名雞格，一名救窮，一名鹿竹。」疑本書有「一名雞格」，故《御覽》引之，非「救窮」一作「雞格」也。《御覽》引作「岳珠」者，「岳」是「垂」形譌，《證類本草》卷 6、《永樂大典》卷 8526 引不誤。

（11）得其生花十斛，乾之纔可得五六斗耳

王明曰：孫校：「斗，《御覽》引作『升』。」（P212）

按：纔，《證類本草》卷6、《永樂大典》卷8526、《本草綱目》卷12引同，宋浙本誤作「絕」。《御覽》卷989引作「則」，亦「纔」音轉。《證類本草》、《永樂大典》、《本草綱目》引均作「斗」，《御覽》誤作「升」。

（12）（黃精）凶年可以與老小休糧

王明曰：孫校：「休，《大觀本草》引作『代』。」（P212）

按：《圖經衍義本草》卷7、《永樂大典》卷8526引均作「休」。「代」字誤。「休糧」即上文「斷穀」之誼。《太上洞玄靈寶五符序》卷中言黃精「一名救窮乏粮，凶年可與老小休粮而食之」。

（13）七明九光芝，皆石也，生臨水之高山石崖之間，狀如盤椀，不過徑尺以還，有莖蔕連綴之

按：盤椀，《御覽》卷985引同，宋浙本誤作「盤蜿」。《類聚》卷98引作「盤梡」，「梡」是「椀」同音借字。蔕，宋浙本作俗字「蒂」，《御覽》卷985引誤作「葉」。

（14）入口則翕然身熱

按：《御覽》卷985引「翕」作「噏」。

（15）石蜜芝，生少室石戶中，戶中便有深谷，不可得過

王明曰：一本「便」作「更」。（P213）

按：《御覽》卷985引作「便」。作「更」字是，猶言又也、復也。

（16）去戶外十餘丈有石柱，柱上有偃蓋石，高度徑可一丈許，望見蜜芝從石戶上隨入偃蓋中

王明曰：「墮」原作「隨」。孫校云：「《御覽》卷985引『隨』作『墮』。」明案當作「墮」，今據訂正。（P213）

按：不煩改字。隨，讀作墮，此常見通借字。《御覽》卷985引「高度」誤作「南度」。

（17）諸道士共思惟其處，不可得往，唯當以椀器著勁竹木端以承取之

按：《御覽》卷985引「惟」誤作「推」。又「處」下逗號當刪，十二字作一句讀。

（18）打其石有數十重，乃得之

按：《御覽》卷985、《圖經衍義本草》卷2引重「石」字，則讀作「打其石，石有數十重」。

（19）如鷄子之在其殼中也

按：宋浙本無「其」字，《御覽》卷985、《圖經衍義本草》卷2引同。

（20）即當飲之，不飲則堅凝成石，不復中服也

按：《御覽》卷985引「堅凝」上有「漸」字。

（21）法正當及未堅時飲之，既凝則應末服也

按：《御覽》卷985引「飲」作「歠」，「應末服」作「不得服」。末服謂研成粉末而服食，《御覽》誤也。下文說石硫丹「其濡濕者可丸服，其已堅者可散服」，「末服」即是「散服」。道藏本、魯藩本「末」誤作「未」。

（22）但欲多服，唯患難得耳

按：《御覽》卷985引同，宋浙本「患」作「慮」。

（23）及夫木芝者，松柏脂淪入地千歲，化為茯苓

王明曰：孫校：「刻本無『柏』字，非。」明案《翻譯名義集》卷3注引無「柏」字，是。（P214）

按：「千歲」屬下句。王說是也。《翻譯名義集》卷3注乃引《博物志》文，今本《博物志》卷7引《神仙傳》「松柏脂淪入地中，千年化為茯苓」，亦衍「柏」字，《後漢書·西南夷列傳》李賢注、《法苑珠林》卷43、《御覽》卷808引《博物志》無「柏」字。慎校本、四庫本無「柏」字，《類聚》卷98引同；宋浙本、道藏本、魯藩本均衍「柏」字，《御覽》卷985、《廣記》卷413、《證類本草》卷6、《圖經衍義本草》卷9、《離騷草木疏》卷1引同。《上清道寶經》卷4：「木芝，松脂千歲化生。」《類聚》卷88引《玄中記》「松脂淪

入地中，千歲為茯苓」，《初學記》卷28、《廣韻》「松」字條、《御覽》卷953、《事類賦注》卷24引同。《金樓子·志怪》：「松脂千歲為茯苓。」

（24）持之甚滑，燒之不然

王明曰：孫校：「《御覽》卷985、《大觀本草》引『然』作『焦』。」（P214）

按：宋浙本「然」作「燃」，景宋本《御覽》卷985、《類聚》卷98、《廣記》卷413引作「燋」，《證類本草》卷6、《圖經衍義本草》卷9引作「焦」。

（25）千歲之栝木，其下根如坐人，長七寸，刻之有血

王明曰：孫校：「栝木，《御覽》卷992引作『射干』，按所引為藥部《射干門》，當不誤也。」《校勘記》曰：「《御覽》卷986作『括木』，校語宜先舉出。」（P214～215）

按：道藏本、魯藩本作「栝木」，宋浙本作「括木」，慎校本、四庫本、道藏輯要本作「栢木」，景宋本《御覽》卷986、《本草綱目》卷28引作「枯木」，繼昌所據本誤也。疑「枯木」是，《御覽》卷992引作「射干」，形聲俱不近，不知何據？《御覽》卷986引「坐」、「刻」同，《上清道寶經》卷4亦同，《御覽》卷992引「坐」作「生」，「刻」作「刺」。「生」是「坐」形誤。

（26）假令左足有疾，則刮塗人之左足也

王明曰：「塗」原作「射」。孫校：「『射』下當有『干』字。」……明案當依影宋本《御覽》卷986作「則刮塗人左足也」。今據訂正。（P215）

按：王說近是，宋浙本作「刮附」。

（27）其皮中有聚脂，狀如龍形，名曰飛節芝

王明曰：「曰」下原有「日」字。孫校：「《御覽》卷953、986引皆無『日』字。」《校補》云：「『日』即『曰』之訛衍。」明案當無「日」字，今據刪。（P215）

按：《初學記》卷28、《事類賦注》卷24、《會稽志》卷17、《記纂淵海》卷95引亦無「日」字。《上清道寶經》卷4作「名氣節芝」，「氣」是「飛」形誤，《雲笈》卷82作「蜚節芝」。

（28）以立夏之候伺之

王明曰：孫校：「立夏，《御覽》引作『夏至』。」（P215）

按：孫校未盡。《御覽》卷 986 引作「以夏至後伺之」。疑「候」是「後」音誤。

（29）扣之枝葉，如金石之音

按：《御覽》卷 986 引同，宋浙本「金石」作「金玉」。

（30）建木芝實生於都廣，其皮如纓蛇，其實如鸞鳥

王明曰：上「實」字，一本作「止」。下「實」字，孫校：「實，《御覽》引作『文』。」《山海經·海內南經》：「有木其狀如牛，引之有皮，若纓、黃蛇，其葉如羅，其實如欒，其名曰建木。」（P215）

按：二「實」字，《御覽》卷 986 引均同，孫氏所據本誤也。「纓蛇」當讀作「纓、蛇」，是二物。王氏引《山海經》云云，說本楊明照。楊氏又引郭注「欒，木名……生雲雨山」及《大荒南經》「有木名曰欒」，云：「此作『鸞鳥』，疑字有誤。」〔註80〕《上清道寶經》卷 4：「建實芝，建木之實生都廣，皮如纓、虵，實如鸞。」據此，《山海經》之「欒」當是「鸞」借字。郭璞注：「欒，木名，黃本，赤枝，青葉，生雲雨山。或作卵，或作麻，音欒。」楊慎曰：「欒即卵也，古字丸、卵、欒皆通。」〔註81〕郝懿行、袁珂並引《大荒南經》「有木名曰欒」以證郭說，袁氏又引楊說〔註82〕。均未得也。

（31）得末而服之

按：當乙作「得而未服之」，上文即有此語。

（32）獨搖芝……其根有大魁如斗，有細者如鷄子十二枚，周繞大根之四方，如十二辰也

按：大魁如斗，《上清道寶經》卷 4 作「大如魁升」。「升」是「斗」形誤。此文「魁」當乙在「斗」上，「大」下脫「者」字。當作「有大者如魁斗」，與「有細者如鷄子」對文。《文選·南都賦》李善注引《博物志》說榖玉「大者如魁斗，小者如雞子」，文例正同，亦其明證。

〔註80〕楊明照《〈抱朴子內篇校釋〉補正（下）》，《文史》第 17 輯，1983 年版，第 246 頁。

〔註81〕楊慎《丹鉛總錄》卷 4，收入景印文淵閣《四庫全書》第 855 冊，臺灣商務印書館 1986 年初版，第 375 頁。

〔註82〕郝懿行《山海經箋疏》，中華書局 2019 年版，第 281 頁。袁珂《山海經校注》卷 5，巴蜀書社 1993 年版，第 329 頁。

（33）紫珠芝，其花黃，其葉赤，其實如李而紫色，二十四枝輒
　　　相連，而垂如貫珠也

　　王明曰：「珠」上原無「紫」字。《校勘記》云：「珠芝，《類聚》卷98作
『紫朱芝』。此脫『紫』字。作『朱』者，彼誤也。據下文『如李而紫色，垂
如貫珠』，明當作『紫珠芝』。」明案《校勘記》之說是矣，《御覽》卷986引
正作「紫珠芝」，今據補。（P216）

　　按：「紫」字可不必補，珠芝自可紫色。《上清道寶經》卷4云「珠芝，莖
黃葉赤，實如李，紫色，二十四如貫珠」，亦是稱作「珠芝」。又「二十四枝」，
道藏本、魯藩本同，當據宋浙本、慎校本、四庫本、道藏輯要本作「二十四枚」，
《類聚》卷98、《御覽》卷986引亦作「枚」字。相連者是其果實，量詞當作
「枚」，不能作「枝」。下文「龍銜芝，常以仲春對生，三節十二枝，下根如
坐人」，亦當據《御覽》卷986引「枝」作「枚」，《上清道寶經》卷4同。

（34）肉芝者，謂萬歲蟾蜍，頭上有角，頷下有丹書八字再重

　　王明曰：「再」字原作「體」。《校勘記》云：「《類聚》卷98、《御覽》卷
31、949『體重』作『再重』。按再重，謂『八』字作『八八』也。」明案當作
「再」，今據改。（P216）

　　按：《玉燭寶典》卷5、《類聚》卷4、《事類賦注》卷4、《廣記》卷473
引亦作「再重」。

（35）風生獸似貂，青色，大如狸，生於南海大林中

　　王明曰：《校勘記》：「《御覽》卷908『風生獸』作『風母獸』，引在《風
母門》，當不誤也。」按「貂」字慎校本、寶顏堂本、崇文本及《御覽》卷908
引皆作「豹」。《十洲記》炎洲上有風生獸似豹。此當作「豹」。（P216）

　　按：①景宋本《御覽》卷908引仍作「風生獸」，繼昌所據本誤也。《御
覽》卷908引雖在《風母門》，不妨獸自名「風生」，「風生」即是「風母」也。
「風母獸」見於《御覽》卷908引《南州異物記》，《初學記》卷29引劉欣《廣
州記》作「貜母」，《玉篇》、《集韻》作「貜𤞞」（俞樾已引《篇》、《韻》）。②
王氏校「貂」作「豹」，說本楊明照〔註83〕。其說是也，四庫本、道藏輯要本

―――――――――――
〔註83〕楊明照《〈抱朴子內篇校釋〉補正（下）》，《文史》第17輯，1983年版，第
　　　246頁。

亦作「豹」，《五嶽真形圖序論》亦誤作「貂」。③《御覽》卷908引「狸」作「猩猩」，又引《十洲記》「炎州有風生獸，似豹，青色，大如猩猩」，又下文云云，與本書全合。「狸」誤作「猩」，復誤作重文「猩猩」也。道藏本《十洲記》作「炎洲……上有風生獸，似豹，青色，大如貍」，《述異記》卷上、《雲笈》卷22同，《上清外國放品青童內文》「貍」作「狸」，字同；《類聚》卷1引《十洲記》作「有風生獸，似豹，青色，狀（大）如狸」，又卷80引作「有〔風〕生獸，似豹，青色，大如狸」，《書鈔》卷151引作「有風生獸，似豹」，《御覽》卷9引作「有風生獸，形似猗（豹），青色，狀（大）如狸」，又卷868引作「有風生獸，似豹，青色，大如鯉（狸）」。《御覽》卷908引《嶺南異物志》「風猩如猿猴而小」，「風猩」亦當作「風狸」，即「風生獸」也。④宋浙本「生於」誤作「坐於」。

（36）又千歲鶩，其窠戶北向，其色多白而尾掘

王明曰：孫校：「《御覽》卷988引『尾』下有『曲』字。」《校勘記》云：「而尾掘，《御覽》卷922作『而尾屈』，卷986作『而尾毛堀』，一本作『而尾毛掘』。『堀』、『掘』皆與『屈』相當，卷988不引，校語所謂有『曲』字者，未審何據？」（P217）

按：尾掘，道藏本、魯藩本、慎校本同；宋浙本作「尾屈」，《御覽》卷922引同，《本草綱目》卷48引陶弘景說亦同；景宋本《御覽》卷986引作「尾毛掘」。孫氏所據《御覽》誤也。掘，讀作屈，短尾也。

（37）欲求芝草，入名山，必以三月九月，此山開出神藥之月也，勿以山恨日

王明曰：勿以山恨日，此句未詳。《校補》云：「『恨』字於義無取，『恨』當作『浪』，言當三月九月山出神藥，既入名山，不可流連山之風景而費日也，《御覽》卷986引作『浪』。」按此可聊備一說。（P217）

按：孫人和說非是。「恨」字不誤，乃「很」俗字，猶言背戾。「山恨日」謂不是三月九月山開之日。《紫庭內秘訣修行法》引作「山痕之日」，雖無義可說，但足證其字從艮得聲，「浪」是誤字。

（38）執吳唐草一把以入山

王明曰：原校：「草，或作花。」（P217）

按：《御覽》卷 986 引作「草」，又「把」誤作「抱」。

（39）但凡庸道士，心不專精，行穢德薄

按：專精，宋浙本作「精專」，《御覽》卷 986 引作「精志」。

（40）五色並具而多青者名雲英

按：具，《圖經衍義本草》卷 1、《證類本草》卷 3 引同，《雲笈》卷 75 誤作「見」。下同。

（41）或以蜜搜為酪

王明曰：崇文本「搜」作「溲」。（P217）

按：《圖經衍義本草》卷 1、《證類本草》卷 3、《養生類纂》卷 22、《本草綱目》卷 8 引作「溲」。搜，讀作溲，猶言浸泡。

（42）服五雲之法……韋囊挻以為粉

王明曰：挻，音膻，揉也。（P217）

按：挻，《證類本草》卷 3 引同；宋浙本作「挺」，《圖經衍義本草》卷 1、《本草綱目》卷 8 引同。「挺」是「挻」形誤。《雲笈》卷 74「治雲母法」說：「雲母麋，勿篩，內重布囊中，挼挻之，水汏鹽味盡，內絹囊中，懸令乾即成粉。一法：以鹽湯煮之，盡解如泥狀，挻之為粉。」又《雲笈》卷 75 作「以韋囊盛，〔挻〕之爲粉」，必脫「挻」字。

（43）服之一年，則百病除

王明曰：孫校：「除，藏本作『愈』。」（P217）

按：宋浙本、魯藩本、慎校本、四庫本亦作「愈」，《圖經衍義本草》卷 1 引作「除」。又下文孫校所引道藏本異文，亦與宋浙本合，不再出。

（44）淳漆不沾者，服之令人通神長生

按：道藏本、魯藩本、慎校本亦作「沾」；宋浙本作「枯」，《證類本草》卷 12、《養生類纂》卷 22、《普濟方》卷 264 引同。《永樂大典》卷 2949 引溫革《瑣碎錄》：「浮漆不沾者，服之令人通神。」當出本書，「浮」是「淳」形誤，「沾」是「枯」形誤。

（45）昔道士梁須，年七十乃服之

王明曰：孫校：「《大觀本草》引『須』作『頓』。」《校補》：「《廣記》卷414引作『頓』。」明案《御覽》卷394引仍作「須」。（P219）

按：《三洞群仙錄》卷16、《養生類纂》卷22引亦仍作「梁須」，《證類本草》卷12、《圖經衍義本草》卷20引作「梁頓」，不知孰是？

（46）未央丸

王明曰：孫校：「夬，疑作『央』。」明案崇文本作「央」。（P219）

按：魯藩本「未夬丸」同，宋浙本作「天夬丸」，道藏本、四庫本、道藏輯要本作「未央丸」，慎校本作「十六丸」。疑均誤，當作「朱英丸」。《神仙傳》卷7：「靈壽光……七十時得朱英丸方合服之。」《仙苑編珠》卷下引「朱英丸」同，《御覽》卷669引誤作「未央丸」，道藏本《雲笈》卷86誤作「未英丸」（四部叢刊本復誤作「石英丸」）。《神仙傳》卷4言神人授墨子素書朱英丸方（《類說》卷3引誤作「未央丸」），又卷7言劉政服朱英丸（《寓簡》卷4誤作「未央丸」），劉京從張君受餌朱英丸方（《漢武帝外傳》同）。又《清經天師口訣》有「作太真未央丸法」，疑亦誤。

（47）顏色豐悅，肌膚玉澤

按：《御覽》卷670、《廣記》卷414引同，《神仙傳》卷7亦同；宋浙本「澤」作「潤」，《肘後備急方》卷5、《證類本草》卷12、《圖經衍義本草》卷20引同。

（48）夜臥，忽見屋間有光大如鏡者

按：《廣記》卷414引同，《神仙傳》卷7「屋」作「臺」，二字形近，不知孰是？

（49）于時聞瞿服松脂如此，於是競服

按：慎校本、四庫本、道藏輯要本亦作「競」，《廣記》卷414引同；宋浙本作「覓」，道藏本、魯藩本作「竟」。「覓」同「覓」，疑是舊本。

（50）而其人踰坑越谷，有如飛騰，不可逮及

按：《廣記》卷59引「逮」作「追」。《太上洞玄靈寶宣戒首悔眾罪保護

經》卷中有「投坑越谷」語，「投」是「踰」音轉。《山海經‧北山經》：「獄法之山……有獸焉，其狀如犬而人面，善投，見人則笑，其名山渾，其行如風。」郭璞注：「渾，音暉。其行如風，言疾。」投亦讀作踰，跳也，越也。

（51）南陽文氏，說其先祖，漢末大亂，逃去山中

王明曰：去，《廣記》卷414、《證類本草》卷6引作「壺」，是。（P220）

按：楊明照曰：「去，《類聚》卷81引作『華』，《廣記》卷414、《大觀本草》卷6引作『壺』。壺山在南陽境內……作『壺山』是。」〔註84〕《御覽》卷670、《醫說》卷8、《飲膳正要》卷2、《本草綱目》卷12引亦作「壺山」。

（52）有一人教之食术，遂不能飢

王明曰：《校補》：「《類聚》卷81、《廣記》卷414、《御覽》卷989引並無『能』字，疑是衍文。」（P221）

按：楊明照曰：「『能』字衍。按宋本、舊鈔本及《大觀本草》引，亦並無『能』字。」〔註85〕《御覽》卷670、《醫說》卷8、《飲膳正要》卷2、《本草綱目》卷12引亦無「能」字。

（53）楚文子服地黃八年，夜視有光，手上車弩也

王明曰：孫校：「『車』當作『連』。」《校勘記》云：「《御覽》卷989亦作『車弩』，未定是『連』之誤。據《御覽》卷348引趙公王琚《教射經》，有絞車弩中七百步。」又《校補》云：「『上』乃『止』之壞字。此言楚文子服地黃八年，雖車弩之迅疾而能以手止之。《御覽》卷989引正作『止』。」明案《校補》之說雖近是，然影宋本《御覽》仍作「上」。「上」為動詞用，蓋車弩非力弱者所能上，言其手勁大，能上車弩也。（P221～222）

按：王說是也。手上車弩，《御覽》卷989、《廣記》卷414、《圖經衍義本草》卷7、《飲膳正要》卷2引同，《證類本草》卷6引作「于（手）上車弩」，宋浙本作「手上卓（車）弩」。

〔註84〕楊明照《〈抱朴子內篇校釋〉補正（下）》，《文史》第17輯，1983年版，第248頁。
〔註85〕楊明照《〈抱朴子內篇校釋〉補正（下）》，《文史》第17輯，1983年版，第248頁。

（54）灸瘢皆滅

按：灸，底本作「灸」，道藏本同，《證類本草》卷12、《本草綱目》卷37引亦同；魯藩本、慎校本作「灸」，明刊本《廣記》卷414、《圖經衍義本草》卷20引同（四庫本《廣記》作「灸」）；宋浙本作「大」，四庫本、道藏輯要本作「灸」。「灸」乃「灸」俗訛字。「灸」、「灸」既是「灸」俗訛字，又是「灸」俗訛字〔註86〕。當作「灸瘢」，指燒傷之痕。《太上洞玄靈寶五符序》卷中「灸瘢」，《雲笈》卷77「灸瘢」，又卷82「灸瘢」，亦都是「灸瘢」。《慧琳音義》卷39：「灸瘢：上鳩友反。《說文》云：『灸，灼也。從火，久聲。』」此《不空胃索陀羅尼經》《音義》，經文「應往塚間取於未壞男子死屍，身無傷損無灸瘢者」，字作「灸瘢」，指無燒傷之痕者，慧琳據誤字釋其音義。獅谷蓮社刻本《慧琳音義》卷35：「瘢跡：瘡瘢灸痕等痕跡是也。」大正藏本「灸」作「灸」。「灸瘢」即是「灸痕」。

（55）面體玉光

按：《御覽》卷989引「玉光」作「如玉澤」。

（56）雖服草木之葉，已得數百歲

按：宋浙本「葉」作「藥」。

（57）以自楮持耳

王明曰：楮，音支，柱下根。楮持，支持。（P222）

按：宋浙本「楮」作「揩」，均是「支」字。「楮」是動詞，不訓柱下根。

（58）握之出指間，令如泥

王明曰：「握」原作「渥」。《校勘記》：「渥之，明刻諸本作『握之』。榮案下文有『及握之不出指間』語，正作『握』。」明案當作「握」，今據改。（P222）

〔註86〕本書宋浙本《勤求》「脫灸爛而保視息」，道藏本、魯藩本同；本書宋浙本《登涉》「其肉沸如火灸」；道藏本《抱朴子外篇・臣節》「甘此離、紀灸身之分」，魯藩本同；敦研004《優婆塞戒經》「鐵釘燒灸加人」；此上諸字是「灸」字無疑。吐魯番寫卷80TBI：500a-1《中阿含經（卷二二）》「數數曰灸」，大正藏本「灸」作「灸」。本書宋浙本《雜應》「又多令人以針治病，其灸法又不明處所分寸」，道藏本同；S.525《搜神記》「針灸不及」，二例是「灸」字無疑。

按：宋浙本等各本均作「握」，《金汋經》卷下同。底本偶誤耳。

（59）司命削死籍，與天地相保

王明曰：慎校本、寶顏堂本、崇文本「削」下有「去」字，「保」作「畢」。
（P223）

按：四庫本、道藏輯要本同慎本，乃後世所改。宋浙本、道藏本、魯藩本
並同底本。保，讀作𢍰。《說文》：「𢍰，相次也。」《鹽鐵論·散不足》：「言仙
人食金飲珠，然後壽與天地相保。」

（60）改形易容，變化無常

按：宋浙本「常」作「窮」。

卷十二 《辨問篇》

宋浙本、四庫本「辨問」作「辯問」。

（1）得合一大藥，知一養神之要，則長生久視

王明曰：「知」下原無「守」字。一本亦無「守」字。《校勘記》：「榮案盧
本作『知守一』。」明案慎校本、寶顏堂本、崇文本亦有「守」字。原脫，今
據補。（P230）

按：王氏補「守」字，非是。「知一養神」與「合一大藥」對文，「一」是
數詞。宋浙本、道藏本、魯藩本均無「守」字，後世俗本妄補，不可據信也。

（2）古之帝王，刻於泰山，可省讀書者七十二家

王明曰：孫校：「『讀』下舊衍『書』字，今刪正。」（P231）

按：宋浙本「刻」誤作「封」。

（3）善刻削之尤巧者，則謂之木聖

按：刻削，宋浙本作「削刻」。

（4）絕軌跡，猶恐不足以免毀辱之醜

按：宋浙本「軌」誤作「車」。

（5）且夫周、孔蓋是高才大學之深遠者耳，小小之伎，猶多不閑

按：宋浙本「閑」誤作「聞」。

（6）夫道家寶秘僻術，弟子之中，尤尚簡擇，至精彌久，然後告之

按：當讀作「弟子之中尤尚簡擇至精，彌久然後告之」。本書《勤求》：「先師不敢以輕行授人，須人求之至勤者，猶當揀選至精者乃教之。」是「至精」屬上句之證。

（7）使之跳丸弄劍，踴鋒投狹

王明曰：跳丸弄劍，雜技名。後漢張衡《西京賦》云：「跳丸劍之揮霍。」《魏略》載魏曹植為邯鄲淳命演跳丸擊劍等戲。踴鋒投狹，張衡《西京賦》「胸突銛鋒」，是踴鋒技也。投狹，即衝狹，《西京賦》云「衝狹燕濯」，薛注：「卷簟席以矛插其中，伎兒以身投從中過。」（P233）

按：投狹，道藏本、魯藩本同；宋浙本作「授鋏」，慎校本、四庫本、道藏輯要本作「投鋏」。「授」是「投」形譌。《列子·說符》：「宋有蘭子者，以技干宋元。宋元召而使見其技，以雙枝長倍其身，屬其脛，並趨並馳，弄七劍，迭而躍之，五劍常在空中。元君大驚，立賜金帛。又有蘭子又能燕戲者，聞之復以干元君。」張湛注：「燕戲，如今之絕倒投狹者。」《隸釋》卷19《魏大饗碑》：「乃陳祕戲，巴俞丸劍，奇舞麗倒，衝夾踴鋒。」「狹」與「鋒」對舉，當讀為鋏，字亦省作夾。《莊子·說劍》：「天子之劍，以燕谿石城為鋒，齊岱為鍔，晉魏為脊，周宋為鐔，韓魏為夾。」《釋文》：「夾，古協反，司馬云：『把也。』一本作『鋏』，同。一云：鐔，從稜向背。鋏，從稜向刃也。」投亦踴也，跳也，一聲之轉。《宋書·武三王列傳》「透狹舒劍」（《禮志五》「透」作「趨」），與此文「踴鋒投狹」所指相同，透（趨）、投一聲之轉，亦跳也。踴鋒投鋏，謂在劍之鋒、鋏上飛躍而過。《西京賦》「衝狹燕濯」，濯讀為躍〔註87〕，言身如燕躍也。薛綜注：「鷰濯，以盤水置前，坐其後，踊身張手跳前，以足偶節，踴水，復却坐，如鷰之浴也。」非是。

（8）凡人為之，而周、孔不能，況過於此者乎

按：宋浙本、道藏本、魯藩本「況」作「以」，則「而周、孔不能以過於

〔註87〕「淫躍」轉作「淫濯」，是其例。參見蕭旭《呂氏春秋校補》，花木蘭文化出版社2016年版，第98頁。

此者乎」十一字作一句讀。慎校本、四庫本改「以」作「況」。

（9）他人之所念慮，蚤虱之所首向

　　按：首向，宋浙本誤作「首尚」，慎校本、道藏輯要本誤作「背向」，四庫本誤作「向背」。首亦向也。

（10）經列其多少

　　按：宋浙本「列」誤作「例」。

（11）況於遠此者乎

　　按：道藏本「遠」誤作「達」。

（12）灼之則熱，凍之則寒

　　按：宋浙本、道藏本、魯藩本同，慎校本、四庫本、道藏輯要本改「凍」作「冰」。

（13）亦安能無事不兼邪

　　按：各本「兼」同，獨宋浙本誤作「察」。

（14）甚于服畏其名，不敢復料之以事

　　按：宋浙本、道藏本、魯藩本「甚」作「其」。慎校本、四庫本、道藏輯要本改「其于」作「甚乎」，非是。

（15）今具以近事校之，想可以悟也

　　按：宋浙本「今具」作「且」。疑「且」形誤作「具」，復補「今」字。

（16）既定墓崩，又不知之，弟子語之，乃泫然流涕

　　王明曰：慎校本、寶顏堂本「語」作「語」。（P235）
　　按：道藏本、魯藩本作「語」，宋浙本作「諮」，四庫本、道藏輯要本亦作「語」。

（17）乃假言欲祭先人

　　按：宋浙本、道藏本、魯藩本「先」誤作「仙」。

（18）而栖栖遑遑，席不暇溫

按：栖栖遑遑，四庫本同，宋浙本、魯藩本作「恓恓惶惶」，道藏本、慎校本、道藏輯要本作「恓恓遑遑」。《外篇·正郭》亦有此語，字作「棲棲惶惶」。

（19）則宕人水居，梁母火化

王明曰：宕人水居，《博物志》云：「南海外有鮫人，水居如魚，不廢織績。」（P236）

按：王氏所引《博物志》「鮫人水居」，與「宕人水居」不合，待考。楊明照指出「梁母火化」典出《列仙傳》卷上：「嘯父者……後奇其不老，好事者造求其術，不能得也，唯梁母得其作火法。臨上三亮山，與梁母別，列數十火而昇〔天〕。」〔註88〕

（20）范軹見斫而不入

按：宋浙本「見」作「劍」。

（21）必不求之於明文，而指之以空言者

按：宋浙本等各本「指之」作「指空」，底本誤也。慎校本、四庫本、道藏輯要本「空言」作「浮言」，蓋亦臆改。

（22）甘魚釣之陋業

按：道藏本、魯藩本「陋」形誤作「隖」。

（23）而黃帝逑篤醜之嫫母，陳侯憐可憎之敦洽

王明曰：孫校：「藏本『逑』作『遠』，非。」（P237）

按：宋浙本、魯藩本亦作「遠」，四庫本、道藏輯要本作「悅」。疑「遠」是「喜」形誤，孫本及四庫本各以意改之。

〔註88〕楊明照《〈抱朴子內篇校釋〉補正（下）》，《文史》第 17 輯，1983 年版，第 248 頁。《列仙傳》原文「山」作「上」。《仙苑編珠》卷中、《雲笈》卷108引「上」作「山」，「昇」下有「天」字。「三亮山」是山名。王照圓說「臨上三亮」不詳，王叔岷說「上，不知指誰。亮，似謂光亮」，俱失考也。二說均見王叔岷《列仙傳校箋》，中華書局 2007 年版，第 29 頁。

（24）人各有意，安可求此以同彼乎

　　按：宋浙本「意」誤作「異」。

卷十三 《極言篇》

（1）古之仙人者，皆由學以得之，將特稟異氣耶

　　王明曰：「異」原作「其」。明案藏本、魯藩本、寶顏堂本「其」皆作「異」。當作「異」，今訂正。（P246）

　　按：宋浙本、四庫本亦作「異」。本書《對俗篇》亦有「特稟異氣」語。

（2）始見之以信行，終被試以危困

　　按：宋浙本「信」誤作「性」。

（3）性篤行貞，心無怨貳

　　按：宋浙本「貳」作「二」。

（4）凌霄之高，非一簣之積

　　按：宋浙本、道藏本、魯藩本「簣」作「匱」。

（5）陶朱之資，必積百千

　　王明曰：朱，宋浙本作「白」。陶朱、白圭，皆以治生積資著稱。（P246）

　　按：宋浙本「千」作「十」，王氏失校。

（6）根柢之據未極

　　王明曰：孫校：「柢，藏本作『移』，非。」《校勘記》云：「榮案盧本『根柢』作『根荄』。」（P247）

　　按：柢，宋浙本作「核」，魯藩本亦作「移」，慎校本、四庫本、道藏輯要本亦作「荄」（《周易參同契發揮》卷 8 引同）。宋本作「核」是也，「核」是「荄」借字。「移」是「核」形誤。孫氏改作「柢」，其誼雖近，而無版本依據。

（7）耕鋤又不至

　　按：宋浙本「鋤」作借字「耡」。

（8）而記著者止存其姓名

按：宋浙本「著」作「注」。

（9）之具茨而事大隗

按：之，《類聚》卷 11 引同，《御覽》卷 79 引作「上」，《御覽》卷 678 引作「往」。本書《地真》亦作「上」。

（10）入金谷而諮涓子

按：涓子，《類聚》卷 11、《御覽》卷 678、《玉海》卷 85 引作「子心」，《御覽》卷 79 引作「老子」。慎校本、四庫本、道藏輯要本誤作「滑子」。

（11）論道養則資玄、素二女

王明曰：孫校：「《類聚》、《御覽》引『資』作『質』。」（P248）

按：孫氏所引見《類聚》卷 11、《御覽》卷 79。《御覽》卷 678 引「則資」作「而證」，《玉海》卷 85 引作「而質」。「資」字不誤。《廣雅》：「資，問也。」即「諮」、「咨」借字，類書臆改之也。

（12）相地理則書青烏之說

按：《類聚》卷 11、《御覽》卷 79、678 引「地理」同，宋浙本「理」作「里」。

（13）故能畢該秘要，窮道盡真

王明曰：《類聚》卷 11 引作「窮盡道真」。《校補》云：「『窮盡道真』與『畢該秘要』對文，今本誤倒。」（P248）

按：畢該，《御覽》卷 678 引同，《類聚》卷 11、《御覽》卷 79 引作「畢記」，《雲笈》卷 100 脫此二字。「記」為「該」形誤。《御覽》卷 79、678、《雲笈》卷 100 引亦作「窮盡道真」。《黃帝九鼎神丹經訣》卷 5：「故窮盡道真，畢該祕奧。」

（14）遂昇龍以高蹟，與天地乎罔極也

按：蹟，《黃帝九鼎神丹經訣》卷 5 同，《類聚》卷 11 引作借字「濟」。《類聚》引「昇龍」上有「勒」字，《經訣》同，疑此脫。

（15）而儒家不肯長奇怪，開異塗

　　王明曰：孫校：「開，藏本作『閟』。」（P249）

　　按：慎校本、四庫本、道藏輯要本作「開」，宋浙本、魯藩本亦作「閟」。

（16）又始皇剛暴而驚很

　　按：宋浙本作「驚很」，道藏本、魯藩本作「驚狼」，慎校本、四庫本作「鷔狠」，道藏輯要本作「鷔狠」。宋本是。「很」俗作「狠」，復形誤作「狼」。「鷔」是「驚」形誤。

（17）或不曉帶神符，行禁戒，思身神，守真一，則止可令內疾
　　　　不起，風濕不犯耳

　　王明曰：「止」原作「正」，明案文義，「正」當作「止」，慎校本、寶顏堂本、崇文本「正」皆作「止」。今據訂正。（P250）

　　按：慎校本仍作「正」，王氏誤校耳。宋浙本、道藏本、魯藩本亦作「正」。作「正」是其舊本。正，猶止也，不煩改字。四庫本、道藏輯要本等臆改作「止」，《黃帝九鼎神丹經訣》卷4同，非其舊矣。本書《金丹》「（王）圖了不知大藥，正欲以行氣入室求仙」，《雜應》「斷穀人正可息肴糧之費，不能獨令人長生也」（據宋本、道藏本），「正」均此誼。戒，宋浙本作「架」，《經訣》作「加」，均「戒」音借字。

（18）猛獸傷之，溪毒擊之，蛇蝮螫之

　　按：擊，宋浙本等各本作「繫」。溪毒，即含沙射人之蛾，又名短狐、射影、射工、水弩，生於江南山溪水中的甲蟲。繫、擊古通，無煩改字。

（19）或修道晚暮，而先自損傷已深，難可補復

　　按：損傷，宋浙本作「傷損」。下文云「傷損薄」。

（20）不暇吐其萌芽

　　按：芽，宋浙本作「牙」。

（21）夫奔馳而喘逆，或欬或滿，用力役體，汲汲短乏者，氣損之候
　　　　也

　　王明曰：孫校：「滿，刻本作『懣』。」（P250）

按：宋浙本「馳」誤作「狄」。慎校本、四庫本、道藏輯要本「滿」作「懣」，「力」誤作「方」。道藏本、魯藩本「役」誤作「沒」。

（22）面無光色，皮膚枯臘，脣焦脈白，腠理萎瘁者，血減之證也

按：臘，底本作「腊」，宋浙本等各本同。腊，謂乾腊。枯腊，猶言乾枯，其字不得作「臘」。《弘明集》卷 5 桓譚《新論·形神》：「猶人之耆老，齒墮髮白，肌肉枯腊。」宋浙本「證」作「徵」。慎校本、四庫本「減」誤作「滅」。

（23）然身中之所以為氣為血者，根源已喪，但餘其枝流也

按：根源，宋浙本、道藏本、魯藩本作「株源」，《喻林》卷 56 引同。木根曰株，或抱朴自鑄「株源」一詞。

（24）寒風摧條而宵駭，欻唾凝沍於脣吻

王明曰：「沍」同「沍」，音護。凝沍，凍結。（P250）

按：宋浙本「宵」作借字「霄」。沍，底本作「沍」（王氏作「沍」，字形不符），宋浙本作「沍」，道藏本、魯藩本作「呀」（《喻林》卷 10 引同），慎校本、四庫本作「珠」，道藏輯要本作「珠」。「互」俗字作「牙」，宋本「沍」即「沍」俗字，底本「沍」即「沍」俗字。沍，凝凍，字亦作沍。《列子·湯問》「霜雪交下，川池暴沍」，《御覽》卷 22 引「沍」作「沍」。《慧琳音義》卷 83：「凝沍：下胡故反。杜注《左傳》：『沍，閉也。』王注《楚辭》云：『沍亦寒也。』《古今正字》從水互聲。」《文選·懷舊賦》：「轍含冰以滅軌，水漸軔以凝沍。」S.785《李陵與蘇武書》：「海隅凝牙（沍），願敬珍休。」P.2642《脫服文》：「悲切肝腸，軫冰魚罔陳於凝牙（沍）。」「牙」與「牙」形近易誤，故道藏本誤作「呀」。慎本妄改作「珠」，輯要本復改作「珠」，尤不成字。

（25）同冒炎暑，而或獨以暍死者，非天熱之有公私也。齊服一藥，而或昏瞑煩悶者，非毒烈之有愛憎也

按：宋浙本、慎校本、四庫本、道藏輯要本「昏瞑」上有「獨」字，當據補，道藏本、魯藩本亦脫。

（26）是以衝風赴林，而枯柯先摧；洪濤淩崖，而拆隙首頹

王明曰：「拆」疑當作「坼」，開裂也。（P250）

按：拆隙首頳，魯藩本同（《喻林》卷 14 引亦同），道藏本作「折隙首頳」，宋浙本、慎校本、四庫本、道藏輯要本作「抱隙者頳」。宋本不誤，後世本乃妄改。

（27）龍椀墜地，而脆者獨破

王明曰：孫校：「『龍』當作『籠』。」（P250）

按：楊明照指出宋浙本正作「籠」〔註89〕。

（28）恃年紀之少壯，體力之方剛者

按：道藏本、魯藩本「恃」誤作「特」。

（29）但服草木，可以差於常人

按：常人，宋浙本作「凡人」。

（30）或問曰：「所謂傷之者，豈非淫慾之間乎？」

按：淫，宋浙本、道藏本、魯藩本、慎校本作「色」，《備急千金要方》卷 81、《雲笈》卷 35、《太清道林攝生論》引同。底本及四庫本、道藏輯要本改作「淫」，非其舊也。

（31）服陰丹以補腦，采玉液於長谷者

按：玉液，慎校本、四庫本、道藏輯要本同，宋浙本、道藏本、魯藩本作「七液」，宋本有校語云：「液，一作溢。」《備急千金要方》卷 81、《御覽》卷 668、《雲笈》卷 35 引作「七益」，《太清道林攝生論》引作「七答」。長谷，慎校本、四庫本同，《御覽》、《雲笈》引亦同，道藏本、魯藩本作「長空」，《千金要方》、《攝生論》引作「長俗」，《千金方》有校語云：「俗，一作谷。」當作「采七益於長谷」，「長谷」是穴道名。

（32）不服藥物，亦不失三百歲也，但不得仙耳

王明曰：《校勘記》：「《御覽》卷 668 作『一二百歲』。」案《籤》卷 35 引亦作「一二百歲」。（P251）

〔註89〕楊明照《〈抱朴子內篇校釋〉補正（下）》，《文史》第 17 輯，1983 年版，第 249 頁。

按：楊明照指出「三」是「一二」二字誤合〔註90〕，是也。《備急千金要方》卷 81 引亦作「一二百歲」，《太清道林攝生論》引作「一百二百歲」。

（33）不得其術者，古人方之於冰盃之盛湯，羽苞之蓄火也

按：冰盃，《備急千金要方》卷 81 引作「淩杯」，《雲笈》卷 35 引作「凌坏」，《太清道林攝生論》引作「凌杯」。「坏」是「杯」形誤。「淩」是「凌」形誤，凌亦冰也。

（34）是以養生之方，唾不及遠，行不疾步

按：《彭祖攝生養性論》「生」同。宋浙本「生」作「性」，《備急千金要方》卷 81、《御覽》卷 668、《雲笈》卷 35、《太清道林攝生論》引同。

（35）坐不至久，臥不及疲

王明曰：《素問‧宣明五氣篇》云：「久坐傷肉。」此為養生家言。《御覽》卷 668 引作「坐不至疲」，與下句「臥不及疲」之「疲」相重，不足據，仍以「坐不至久」為是。（P251）

按：楊明照曰：「久，《御覽》卷 668、《雲笈》引作『疲』。是今本『久』字為寫者所亂。臥不及疲，《雲笈》引作『臥不至懭』，並有注云：『懭，居致切，強也，直也。』上句之『久』既當作『疲』，則此應以作『懭』為是。」」〔註91〕各本均作「坐不至久，臥不及疲」。《御覽》卷 668 引「坐不至疲」，未引下句。《備急千金要方》卷 81 引作「坐不久處，立不至疲，臥不至懭」，《雲笈》卷 35 引作「坐不至疲，臥不至懭」，《太清道林攝生論》引作「坐不至疲，立不至疲，臥不至懭」；《彭祖攝生養性論》作「坐不至疲，臥不及極」，《太上保真養生論》作「坐不至疲，臥不至倦」。據各書，疑《千金要方》所引是其舊本。「懭」訓強直，是也。《史記‧貨殖傳》「人民矜懭忮，好氣」，《集解》引臣瓚曰：「懭音慨。今北土名彊直為『懭中』也。」P.2011 王仁昫《刊謬補缺切韻》：「懭，強直。」《廣韻》：「懭，強力皃。」《釋名》：「肌，懭也，膚幕（膜）堅懭也。」或作借音字「寄」，《外臺祕要方》卷 17 引《素女經》：「腰

〔註90〕楊明照《〈抱朴子內篇校釋〉補正（下）》，《文史》第 17 輯，1983 年版，第 249 頁。

〔註91〕楊明照《〈抱朴子內篇校釋〉補正（下）》，《文史》第 17 輯，1983 年版，第 250 頁。

脊疼痛，頭項寄彊。」「寄彊」同義連文〔註92〕。

（36）不露臥星下，不眠中見肩

按：見肩，道藏本、魯藩本、慎校本、四庫本同；宋浙本作「見扇」，《雲笈》卷35、《太清道林攝生論》、《養生類纂》卷上引同；《備急千金要方》卷81引作「用扇」。當據校「肩」作「扇」，形近致譌。《彭祖攝生養性論》云「勿睡中搖扇」，《太上保真養生論》云「不欲睡中動扇」，均其確證。

（37）杜疾閑邪，有吞吐之術

按：閑，《御覽》卷668、《雲笈》卷35、《太清道林攝生論》引同，宋浙本誤作「閉」。

（38）若有欲決意任懷，自謂達識知命，不泥異端，極情肆力，不營久生者

按：決，《備急千金要方》卷81、《雲笈》卷35、《太清道林攝生論》引作「快」。當據校正，各本均誤，《御覽》卷668引亦誤。

卷十四 《勤求篇》

（1）故血盟乃傳，傳非其人，戒在天罰

王明曰：血盟，歃血誓盟。（P260）
按：血盟，慎校本、四庫本、道藏輯要本作「歃血誓盟」，妄增二字。

（2）猶當揀選至精者乃教之

按：至精，慎校本、四庫本、道藏輯要本作「至情」，乃妄改。本書《辨問》「弟子之中尤尚簡擇至精，彌久然後告之」，是作「至精」之確證。

（3）然此等復不謂挺無所知也

王明曰：宋浙本「謂」作「肯」。（P261）
按：道藏本、魯藩本「謂」亦作「肯」，慎校本、四庫本、道藏輯要本作「謂」上有「肯」字。《廣雅》：「挺，竟也。」猶言終究。字亦作莛，《方言》

〔註92〕參見蕭旭《「冀州」名義考》。

卷6:「筵，竟也，楚曰筵。」

（4）冶黃白

按：宋浙本等各本「冶」作「治」，底本誤也。

（5）化朱碧

按：宋浙本作「化珠碧」，道藏本、魯藩本、慎校本、四庫本、道藏輯要本作「花朱碧」。

（6）險隘憂病

王明曰：《校勘記》：「《御覽》卷672『隘』作『戹』。」（P261）

按：宋浙本作「厄」，《御覽》卷672引同（不作「戹」）。「厄」同「戹」，與「隘」一聲之轉。《說文》：「戹，隘也。」是為聲訓。

（7）童蒙昏耄

按：《御覽》卷672引「耄」作「老」。

（8）咄嗟滅盡

按：各本「滅」同，《御覽》卷672引作「咸」。《御覽》有注：「咄，丁骨切。」楊明照指出作「咸」義長〔註93〕。咄嗟，謂咄嗟之間，喻時之短。

（9）顧盺已盡矣

按：盺，《御覽》卷672引同；宋浙本、道藏本、魯藩本、慎校本作「盼」，四庫本、道藏輯要本作「盼」。「盼」、「盼」均「盺」形譌。

（10）而空自焦愁

按：宋浙本「焦」作「煎」，《養生類纂》卷3引同。

（11）若心有求生之志，何可不棄置不急之事，以修玄妙之業哉

王明曰：寶顏堂本、崇文本「心」並作「必」。明案心即志也，作「必」於義為長。（P262）

〔註93〕楊明照《〈抱朴子內篇校釋〉補正（下）》，《文史》第17輯，1983年版，第251頁。

按：慎校本、四庫本、道藏輯要本亦作「必」。然早期版本宋浙本、道藏本、魯藩本並作「心」，《養生類纂》卷3引同，則作「必」乃後人妄改耳。

（12）其信之者，復患於俗情之不蕩盡，而不能專以養生為意

按：宋浙本、道藏本、魯藩本「於」並作「違」。

（13）會百官及榮門生生徒數百人，帝親自持業講說

按：門生生徒，四庫本、道藏輯要本同，宋浙本、魯藩本、慎校本作「門生生姪」，道藏本作「天子全姪」。宋本是，道藏本「姪」字尚不誤。

（14）及榮病，天子幸其家，入巷下車，抱卷而趨，如弟子之禮

按：慎校本、四庫本、道藏輯要本同。宋浙本、道藏本、魯藩本「抱」作「把」，《要修科儀戒律鈔》卷15引同。考《後漢書‧桓榮傳》云「帝幸其家問起居，入街下車，擁經而前」，《後漢紀》卷9云「上憫傷之，臨幸其家，入巷下車，擁經趨進，躬自撫循」，則「把」是「抱」形誤，「抱卷」即是「擁經」。

（15）凡此諸君，非能攻城野戰，折衝拓境，懸旌效節，祈連方，轉元功，騁銳絕域也

王明曰：原校：「効節，一作『郊坰』。」按宋浙本、藏本、魯藩本：「一作『郊坰』。」方，方伯。連，連帥。皆地方官之職名。（P262）

按：楊明照曰：「以《外篇‧廣譬篇》『漢武懸旌萬里』例之，『懸旌』下疑脫『萬里』二字……『攻城野戰，折衝拓境，懸旌萬里，効節祈連，方轉元功，騁銳絕域』，正四言六句，文從字順也。」〔註94〕「祈連方，轉元功」不知何義，道藏本改「祈」作「析」，慎校本、四庫本、道藏輯要本改「祈」作「折」，「折連方」或「析連方」均不辭。楊明照疑「懸旌」下脫「萬里」二字雖不能必，但楊氏得其讀也。「祈連」是山名，「懸旌」下所脫二字更可能是地名，「懸旌□□」與「効節祈連」對文。《晉書‧桓玄傳》「飲馬灞滻，懸旌趙魏」，又《慕容德傳》「飲馬長江，懸旌隴阪」，是其例。

〔註94〕楊明照《〈抱朴子內篇校釋〉補正（下）》，《文史》第17輯，1983年版，第251頁。

（16）世聞或有欲試修長生之道者，而不肯謙下於堪師者，直爾
　　　蹴迮，從求至要，寧可得乎

　　　王明曰：蹴迮，蹙迫。（P262）

　　　按：王說是也。當「直爾蹴迮從求至要」八字作一句。蹴，讀為蹙。《廣
雅》：「蹙，急也。」迮，讀為笮。《說文》：「笮，迫也。」「蹴迮」轉語亦作
「踧踖」，急迫貌。《說文》：「踖，一曰踧踖。」馬融《圍棋賦》：「迫促踧踖
兮，惆悵自失。」「踧踖」亦「迫促」之誼。字又作「踧踖」、「蹜踖」，引申指
敬懼貌。《廣雅》：「踧踖，畏敬也。」《孟子‧公孫丑上》「曾西蹜然曰」，趙岐
注：「蹜然，猶蹜踖也。」

（17）不得已當以浮淺示之

　　　按：宋浙本「浮淺」下有「者」字。

（18）不根神心

　　　按：底本「神心」作「心神」，各本同，王氏誤倒。

（19）夫長生制在大藥耳，非祠醮之所得也

　　　王明曰：得，宋浙本作「定」。（P263）

　　　按：道藏本、魯藩本亦作「定」，《御覽》卷 670 引同。底本及慎校本、
四庫本、道藏輯要本改作「得」，非其舊也。

（20）所祭太乙五神、陳寶八神之屬

　　　王明曰：宋浙本「五神」作「五帝」。（P263）

　　　按：《御覽》卷 670 引亦作「五帝」。慎校本、四庫本、道藏輯要本改「八
神」作「八仙」，以與上避複，亦誤。

（21）了無所益

　　　按：《御覽》卷 670 引「了」作「絕」。

（22）以索延年

　　　按：《御覽》卷 670 引「索」作「祈」。

（23）所謂適楚而道燕，馬雖良而不到

按：馬雖良，慎校本、四庫本、道藏輯要本同，宋浙本作「雖馬良」，道藏本、魯藩本作「雖良馬」。此典出《戰國策・魏策四》：「季梁見王曰：『今者臣來，見人於大行，方北面而持其駕，告臣曰：我欲之楚。』臣曰：『君之楚，將奚為北面？』曰：『吾馬良。』臣曰：『馬雖良，此非楚之路也。』」「道」當作「首」，向也，各本均誤。《抱朴子外篇・官理》：「猶卻行以逐馳，適楚而首燕也。」《金樓子・立言篇下》：「射魚指天，事徒勤而靡獲；適郢首燕，馬雖良而不到。」《弘明集》卷 6 南齊明僧紹《正二教論》：「首燕求越，其希至何由哉？」均用《策》典，而字正作「首」。《史記・淮陰侯傳》「北首燕路」，《正義》：「首，向也。」《策》之「面」字，亦向也。《廣雅》：「面、首，嚮也。」《魏書・羊深傳》「譬猶卻行以及前，之燕而向楚」，字正作「向」。

（24）賂以殊玩

王明曰：宋浙本、藏本、魯藩本「殊」作「珠」。按：殊玩，泛指特異之玩物，義亦通。（P264）

按：楊明照曰：「宋本作『珠』，藏本等同。平津本作『殊』，乃寫刻之誤。」〔註95〕「殊玩」不辭，楊說是，王氏強說耳。

（25）誤於學者，常由此輩

按：宋浙本、道藏本、魯藩本「由」作「待」。

（26）但誤有志者可念耳

按：宋浙本、道藏本、魯藩本作借字「悟」。

（27）夫搜尋仞之壟，求干天之木；漉牛迹之中，索吞舟之鱗，用日雖久，安能得乎

按：宋浙本「仞」作借字「刃」。「中」當作「水」。《金樓子・立言篇下》：「搜尋仞之隴，求干天之木；望牛迹之水，求吞舟之魚，未可得也。」

〔註95〕楊明照《〈抱朴子內篇校釋〉補正（下）》，《文史》第 17 輯，1983 年版，第 251 頁。說又見發甫《王明〈抱朴子內篇校釋〉舉正》，《中華文史論叢》第 21 輯（1982 年第 1 輯），第 316 頁。

（28）**蠢爾守窮，面牆而立**

按：慎校本、四庫本、道藏輯要本同，宋浙本、道藏本、魯藩本「蠢」作「急」。急爾，窘迫貌。

（29）**況於道士，尤應以忠信快意為生者也，云何當以此之傲然函胸臆間乎**

王明曰：傲，音別。傲然，盤旋貌。（P264）

按：傲，宋浙本等各本同，獨道藏輯要本脫作「敝」。王說非是。此字當作「傲」，形近而誤。「傲然」亦作「倘然」、「悄然」、「懺然」，失意貌，與「快意」對文。《莊子·在宥》：「倘然止，贄然立。」《集韻》引李軌曰：「倘然，自失皃。」又《則陽》：「客出，而君悄然若有亡也。」《釋文》：「悄，音敝，《字林》云：『惘也。』」《列子·湯問》：「懺然自失。」音轉亦作「儻然」，《莊子·天運》「儻然立於四虛之道」，《釋文》：「儻，敕黨反，一音敝。」又《田子方》「文侯儻然，終日不言」，《釋文》引司馬彪曰：「儻然，失志貌。」〔註96〕

（30）**至於射御之麤伎，書數之淺功，農桑之露事，規矩之小術，尚須師授以盡其理**

按：露亦淺也，謂淺顯。本書《黃白篇》「夫醫家之藥，淺露之甚」，「淺露」同義連文。四庫本改「露」作「陋」，無據。

（31）**發沉祟於幽醫，知禍福於未萌**

按：宋浙本「知」作「轉」。

（32）**而咸知笑其不避災危，而莫怪其不畏實禍**

王明曰：實禍，宋浙本作「賁禍」，慎校本、寶顏堂本、崇文本作「僨禍」。案當作「賁」，「賁」通「僨」，覆敗。（P264）

按：魯藩本亦作「實」，道藏本作「貫」，四庫本、道藏輯要本亦作「僨」。宋浙本作「實」，不是「賁」字，實乃「貫」缺筆字。「貫」又「實」脫誤。慎本等妄改作「僨」，不可信。《抱朴子外篇·用刑》：「由乎慕虛名於往古，忘實

〔註96〕以上參見蕭旭《中村不折藏〈莊子·天運篇〉校補》，收入《敦煌文獻校讀記》，花木蘭文化出版社2019年版，第14頁。

禍於當己也。」又《安貧》：「忽絕糧之實禍，慕不朽之虛名。」

（33）昔者之著道書多矣……未有究論長生之階徑，箴砭為道之病痛

王明曰：孫校：「藏本缺『砭』字。」（P265）

按：砭，魯藩本、慎校本、四庫本同，宋浙本作「訶」，道藏本作缺字。箴，誡也。訶，責也。明人易「訶」作「砭」。

（34）晞顏氏之子也

王明曰：《說文》：「睎，望也。」（P265）

按：宋浙本等各本「睎」作「晞」，底本誤也。晞，讀作睎。

卷十五《雜應篇》

（1）令人多氣力，堪負擔遠行，身輕不極

王明曰：《校勘記》：「榮案盧本『不極』作『不困』。」明案寶顏堂本、崇文本「極」亦作「困」。（P276）

按：四庫本、道藏輯要本亦作「困」。宋浙本、道藏本、魯藩本、慎校本均作「極」。極，疲困也。作「困」乃後世以意改之，非其舊本。

（2）道書雖言欲得長生，腸中當清；欲得不死，腸中無滓

王明曰：孫校：「腸，《意林》引作『腹』，下同。《意林》引『滓』作『屎』。」《校勘記》：「《御覽》卷376亦作『屎』。」（P276）

按：《釋名》：「腸，暢也，通暢胃氣，去滓穢也。」滓穢在小腸中，不在腹中，《意林》「腹」乃「腸」形誤。《御覽》卷376引作「欲得長生腸中清，欲得不死腸無屎」，與《意林》引同，唯「腸」字不誤。《雲笈》卷58引《茅山賢者服內氣訣》：「凡欲得道不死，腸中無屎（注：「屎，音滓。」）；欲得長生，五臟精明。」又卷59引《赤松子服氣經序》：「子欲長生，腸中當清；長生不死，腸中無滓。」《廣弘明集》卷9後周甄鸞《笑道論》引《大有經》：「汝欲不死，腸中無屎。」均作「腸」字。

（3）食肉者多力而悍

按：悍，宋浙本、道藏本、魯藩本作「捍」，是其舊本。捍，讀作悍。

（4）無致自苦

按：宋浙本「致」作「事」。

（5）張太元舉家及弟子數十人，隱居林慮山中

按：宋浙本、道藏本、魯藩本、慎校本「元」作「玄」，四庫本、道藏輯要本缺末筆作「玄」。底本作「元」乃避諱所改，當復其舊。

（6）若令諸絕穀者轉羸，極常慮之，恐不可久耳

按：當「羸極」連文。《巢氏諸病源候總論》卷24：「虛乏羸極，血氣減少，形體柴瘦。」

（7）但用符水及單服氣者，皆作四十日中疲瘦，過此乃健耳

王明曰：孫校：「『作』當作『乍』。」明案慎校本、寶顏堂本、崇文本無「作」字。（P277）

按：宋浙本、道藏本、魯藩本均有「作」字。作，始也，字亦作乍。

（8）余因此問山中那得酒

按：宋浙本「山中」上有「在」字。

（9）因以桂附子甘草五六種末合丸之，曝乾

按：《御覽》卷845引作「因以附子甘草屑內酒中，暴令乾」，「屑」是衍文，《事類賦注》卷引無。

（10）倘卒遇荒年

按：宋浙本「倘」作「儻」。

（11）脯臘糒棗栗雞子之屬，不絕其口

按：各本「臘」作「腊」，底本不誤，王本誤也。

（12）皆自堪半歲一歲而不蹙頓矣

　　按：各本作「蹙」均誤，獨宋浙本作「躄」不誤。躄或作蹶，亦頓仆也。倒言亦作「頓蹶」，《佛本行集經》卷 29：「或復白象頓蹶而倒。」

（13）或以立冬之日，服六丙六丁之符

　　按：《御覽》卷 987 引「六丁」誤作「六壬」。

（14）或服玄冰之丸，或服飛霜之散

　　王明曰：「冰」原作「水」。原校：「水，一作冰。」《校勘記》：「《類聚》卷 4、《御覽》卷 22、23、34 皆作『冰』。」明案當作「冰」，今據訂正。（P278）

　　按：《類聚》見卷 5，繼昌誤記卷號。《歲華紀麗》卷 2、《白氏六帖事類集》卷 1、《事類賦注》卷 4、《記纂淵海》卷 2、《緯略》卷 7 引亦作「冰」。飛霜，《御覽》卷 22、23、869、《緯略》引同，《類聚》、《白帖》、《歲華紀麗》、《御覽》卷 34、《事類賦注》、《記纂淵海》引作「飛雪」。

（15）但知書北斗字及日月字，便不畏白刃

　　王明曰：孫校：「『知』疑作『朱』。」《校勘記》：「《御覽》卷 339 無『書』字，作『但知北斗姓字及日月名字』。」（P278）

　　按：孫說非是。《開元占經》卷 5 引《兵法》：「（日）姓張，名長生，字子房，一名子明，字長史。能者知，便不畏白刃。」又卷 67 引《兵法》：「北斗名長史，小字大方。能知者便不畏白刃。」《攝生纂錄·行旅篇》：「辟兵之道，但能知北斗及日月字，則不畏白刃。」均「知」字不誤之證。「書」字衍文。

（16）矢名彷徨，熒惑星主之

　　按：彷徨，宋浙本作「仿偟」，《攝生纂錄·行旅篇》同；《御覽》卷 339 引作「防徨」。

（17）劍名失傷，角星主之

　　按：劍名失傷，《太上感應篇》同，《攝生纂錄·行旅篇》作「矛名矢傷」。不知孰是？

（18）或以月蝕時刻，三歲蟾蜍喉下有八字者血，以書所持之刀劍

按：「刻」下逗號當刪去，非「時刻」連文，當「刻蟾蜍」屬文。刻，割也，刺也。「血」乙於「書」字上，《攝生纂錄・行旅篇》作「以其血書所持之刀劍」。謂於月蝕之時刻刺喉下有八字的三歲蟾蜍，以其血書刀劍。

（19）或伏清泠之淵，以過幽闕之徑

按：清泠，底本作「清泠」，宋浙本、慎校本、四庫本、道藏輯要本同；道藏本、魯藩本作「清泠」。「清泠」當作「清泠」，《莊子・讓王》：「舜以天下讓其友北人無擇……因自投清泠之淵。」轉語作「蒼頷」、「滄浪」〔註97〕。

（20）僻側之膠

王明曰：桃膠一名僻側膠，見唐・梅彪《石藥爾雅》。（P279）

按：「僻側之膠」亦見本書《黃白》，《諸家神品丹法》卷1引同。道藏本《石藥爾雅》卷上：「桃膠，一名薜側膠。」別下齋叢書本「薜」作「辟」，字同。「薜」、「僻」形近，疑「僻」字是。

（21）或以夏至日霹靂楔

王明曰：《校勘記》：「《御覽》卷23『楔』作『櫼』。」（P279）

按：景宋本《御覽》卷23引「楔」作「櫼」，有注：「音杉。」「櫼」是「櫼」形誤，「櫼」是「櫼」俗字。《說文》：「楔，櫼也。」又「櫼，楔也。」《御覽》以訓詁字易之。道藏本《淮南子・要略篇》：「《氾論》者，所以箋縷綜緤之間，攗摸呢齫之郤也。」景宋本「攗摸」作「櫼楔」，漢魏叢書本作「攙摸」。「攗」、「櫼」亦是俗譌字。

（22）招呼邪氣

按：招，宋浙本、道藏本、魯藩本作借字「昭」，《永樂大典》卷910引同。

〔註97〕參見朱駿聲《說文通訓定聲》，武漢市古籍書店1983年版，第902頁。許維遹《呂氏春秋集釋》卷19，中華書局2009年版，第510頁。馮振《呂氏春秋高注訂補（續）》，《學術世界》第1卷第10期，1935年版，第90頁。于省吾《呂氏春秋新證》卷2，收入《雙劍誃諸子新證》，中華書局2009年版，第777頁。

（23）又渾漫雜錯，無其條貫

按：宋浙本、道藏本、魯藩本「漫」作借字「慢」。

（24）余所撰百卷，名曰《玉函方》

按：《御覽》卷722引《晉中興書》：「葛洪……撰《玉函方》一百卷，於今行用。」

（25）明鏡或用一，或用二，謂之日月鏡。或用四，謂之四規鏡

王明曰：「規」下原無「鏡」字。《校補》云：「『四規』下脫『鏡』字，《書鈔》卷136、《初學記》卷25、《類聚》卷70引並有『鏡』字。」明案《御覽》卷717引亦有「鏡」字，今據補。（P281）

按：《白氏六帖事類集》卷4、《合璧事類備要》外集卷53引作「四窺鏡」。規，讀作窺。

（26）鋒鋋之劍

按：「鋒鋋之劍」不辭，「鋋」當作「延」，涉「鋒」而誤增金旁。延，長也。

（27）諸有百疾之在目者皆愈，而更加精明倍常也

按：宋浙本「更加」倒作「加更」。

（28）涉遠不極

按：宋浙本「涉」誤作「陟」。

（29）一髮端，輒有一大星綴之

按：綴，慎校本、四庫本、道藏輯要本同，宋浙本、道藏本、魯藩本作借字「輟」，古音同也。

卷十六《黃白篇》

（1）然而齋潔禁忌之勤苦，與金丹神仙藥無異也

王明曰：《御覽》卷672「與」下有「合」字，是。（P293）

按：楊明照亦曰：「《御覽》卷 612 又 672 引，『與』下有『合』字。有『合』字是，文意始明，當據補。」〔註98〕楊、王說是也，《御覽》卷 612 未引，楊氏失記。又《御覽》引「金丹」作「九丹」，亦當據改。上文云「從鄭公受九丹及金銀液經」。《諸家神品丹法》卷 1 引同《御覽》。

（2）兼以道路梗塞，藥物不可得

王明曰：孫校：「梗，刻本作『逼』。」（P293）

按：梗，宋浙本作「隔」，《諸家神品丹法》卷 1 引同；道藏本、魯藩本作「硬」，慎校本作「便」，四庫本、道藏輯要本作「逼」。舊本作「隔」，後世臆改，均非其故本。「硬」同「㛧」，《集韻》：「㛧、硬，礙也，或從石。」「便」是形誤。

（3）余今告人言，我曉作金銀，而躬自饑寒，何異自不能行，而賣治躄之藥，求人信之，誠不可得

按：「言」當屬下句，「言我曉作金銀」作一句讀。「饑寒」下，宋浙本有「委物」二字，當據《諸家神品丹法》卷 1 所引作「委頓」。道藏諸本均脫之。

（4）欲令將來好奇賞真之士，見余書而具論道之意耳

按：《諸家神品丹法》卷 1 引「具」作「知其」。「其」誤作「具」，復脫「知」字，宋浙本等均誤。

（5）鉛性白也，而赤之以為丹。丹性赤也，而白之而為鉛

按：《諸家神品丹法》卷 1 引同。宋浙本下「鉛」字誤作「汞」。

（6）變化者，乃天地之自然，何為嫌金銀之不可以異物作乎

按：何為，慎校本、四庫本、道藏輯要本同，宋浙本作「何獨」（《諸家神品丹法》卷 1 引同），道藏本、魯藩本作「何異」。作「何獨」是其故本。

（7）非窮理盡性者，不能知其指歸

按：《諸家神品丹法》卷 1 引同，《御覽》卷 672 引「知」作「究」。

〔註98〕楊明照《〈抱朴子內篇校釋〉補正（下）》，《文史》第 17 輯，1983 年版，第 252 頁。

（8）非原始見終者，不能得其情狀也

按：見，《諸家神品丹法》卷1引作「反」，《御覽》卷672引作「要」。

（9）狹觀近識

王明曰：魯藩本「觀」作「覯」。（P293）

按：觀，《諸家神品丹法》卷1引同，宋浙本、道藏本亦作「覯」。

（10）桎梏巢穴

按：巢，宋浙本作「隟」。「隟」是「隙」俗譌字。宋本是，道藏諸本均脫誤作「巢」。

（11）揣淵妙於不測，推神化於虛誕

按：測，宋浙本作借字「惻」。

（12）竟不能得

按：竟，《御覽》卷672引作「終」。

（13）妻曰：「請致兩端縑。」

按：兩端縑，《諸家神品丹法》卷1引同，《神仙傳》卷7作「兩段縑」，《御覽》卷812引桓譚《新語》作「兩疋繒」，《廣記》卷59引《集仙錄》作「兩匹縑」。端，讀為段。

（14）食頃發之，已成銀

按：宋浙本「頃」作「傾」。《諸家神品丹法》卷1引「發」誤作「撥」。

（15）偉乃與伴謀摳笞伏之

按：伏，《諸家神品丹法》卷1引同，《神仙傳》卷7誤作「杖」。摳笞，《神品丹法》引作「笞撻」。

（16）至於真人作金，自欲餌服之致神仙，不以致富也

按：下「致」字，宋浙本作「治」。《諸家神品丹法》卷1引作「不治富也」。作「治」是其故本，道藏諸本均易作「致」。

（17）故經曰：「金可作也，世可度也，銀亦可餌服，但不及金耳。」

　　按：《諸家神品丹法》卷1引作「世不可度也」，衍一「不」字。《黃帝九鼎神丹經訣》卷1：「金若成，世可度；金不成，命難固。」《九轉流珠神仙九丹經》卷上：「故玄女曰：『金可作，世可度；金不可作，但自誤。』」「銀亦可餌服，但不及金耳」是抱朴語，不是經文，「世可度也」下當用句號。

（18）然道士率皆貧

　　按：宋浙本「皆」作「多」，《諸家神品丹法》卷1引同。

（19）故山中有丹砂，其下多有金

　　按：《諸家神品丹法》卷1引「有丹砂」上有「上」字，當據補。《管子·地數》：「上有丹沙者，下有黃金。」

（20）且夫作金成則為真物，中表如一，百煉不減。故其方曰，可以為釘。明其堅勁也

　　王明曰：或疑「釘」當作「針」。（P294）

　　按：後句當讀作：「故其方曰『可以為釘』，明其堅勁也。」王說非是。下文云「凝水銀為金，可中釘也」，又「（黃金）光明美色，可中釘也」。「釘」字不誤。言黃金堅硬，堪以製作釘子。

（21）此則得夫自然之道也。故其能之，何謂詐乎

　　王明曰：「能」下宋浙本有「成」字。（P294）

　　按：楊明照據宋本補「成」字〔註99〕，是也。《諸家神品丹法》卷1引亦有「成」字，又「得夫」作「得天地」。「天」誤作「夫」，復刪「地」字。

（22）恐有棄繫逐飛之悔

　　按：各本「棄繫」同，《諸家神品丹法》卷1引作「繫景（影）」，均通。棄繫謂棄去所繫之繩。

〔註99〕楊明照《〈抱朴子內篇校釋〉補正（下）》，《文史》第17輯，1983年版，第253頁。

（23）封君泥丸

按：《石藥爾雅》卷上：「母豬足猴猻頭：一名封君，一名二千石腦。」
未知是此物否？

（24）飛君根

按：各本同，《諸家神品丹法》卷 1 引作「飛軍糧」。《石藥爾雅》卷上：
「蜂子：一名飛軍。」未知是此物否？

（25）浮雲滓

王明曰：浮雲滓，雲母別名。見《石藥爾雅》。（P295）

按：《諸家神品丹法》卷 1 引「滓」誤作「澤」。

（26）冬鄒齋

按：宋浙本「齋」作「齊」，《諸家神品丹法》卷 1 引同。不知何物。

（27）堯漿，非水也

按：《石藥爾雅》卷上：「磁石：不拾針者……一名帝流漿。」或即此物。

（28）近易之草，或有不知，玄秘之方，孰能悉解

王明曰：「近」原作「延」。孫校：「延，刻本作『近』。」《校勘記》：「《御
覽》卷 998 作『近』。」明案慎校本、寶顏堂本、崇文本皆作「近」，「延易」
無義，「延」為「近」之形訛。「近易之草」與下文「玄秘之方」對語。今據訂
正。（P297）

按：四庫本、道藏輯要本亦作「近」，宋浙本、道藏本、魯藩本誤作「延」。
《諸家神品丹法》卷 1 引「近易」作「近用」。本書《金丹》「此近易之事，猶
不可喻」，文例同。《雲笈》卷 74《太極真人青精乾石餌飯上仙靈方》：「近易
之草，而俗人不知；知猶不用，可不哀哉？」

（29）多少任意

王明曰：孫校：「藏本『任』作『在』。」（P297）

按：宋浙本、魯藩本亦作「在意」，是其故本。慎校本、四庫本、道藏輯
要本作「任意」，《諸家神品丹法》卷 1 引同，乃後人以意改之。下文屢言「多
少自在」，「在」即隨意之義。

（30）當先取武都雄黃……擣之如粉，以牛膽和之，煮之令燥

按：《諸家神品丹法》卷1引「燥」誤作「㦧」。燥，乾也。

（31）取其二分生丹砂，一分并汞

王明曰：孫校：「藏本『汞』作『綠』，非。」（P297）

按：并汞，宋浙本、慎校本、四庫本、道藏輯要本作「并粉」，魯藩本作亦作「并綠」，《諸家神品丹法》卷1引作「丹粉」。疑作「丹粉」是。

（32）光明美色，可中釘也

按：可中釘也，《諸家神品丹法》卷1引誤作「可餌」。

（33）作丹砂水法……以漆骨丸封之

王明曰：孫校：「漆，藏本作『染』。」（P297）

按：宋浙本、魯藩本亦作「染」，慎校本、四庫本、道藏輯要本作「漆」。孫、王二氏未決其正誤。「染」乃「漆」形誤，《諸家神品丹法》卷1引作「漆骨」，《軒轅黃帝水經藥法》「神砂石水」條作「以漆骨末丸封口」。下文「治作雄黃水法」云「封以漆骨丸」。「丸」是「垸」同音借字，指用漆摻和骨灰而漆器物。《集韻》：「垸、骯、丸：《說文》：『以桼和灰而鬃也。一曰補垸也。』或從骨，亦作丸。」《玄應音義》卷18引《通俗文》：「燒骨以桼曰垸。」又引《蒼頡訓詁》：「垸，以桼和之。」P.2011王仁昫《刊謬補缺切韻》：「垸，漆和骨〔灰〕。」又「垸，骨漆曰垸。」《廣韻》：「垸，漆加骨灰上也。」又「垸，漆骨垸也。」《太清經天師口訣》「水真珠法」云：「……刻木塞兩頭，漆骨垸之，亦可蠟密塞口，納華池中，亦可納醇苦酒中。」其法相類，正作本字「垸」。

（34）用寒鹽一斤，又作寒水石一斤，又作寒羽涅一斤

按：涅，道藏本、魯藩本同，底本作「湼」，宋浙本作「涅」，慎校本、四庫本、道藏輯要本作「理」。「涅」是正字，「湼」、「涅」是俗譌字，「理」是形誤。寒羽涅，《御覽》卷865引作「雨泥」，《諸家神品丹法》卷1引作「羽涅」，均無「寒」字，此涉上文而衍。《廣雅》：「涅，泥也。」「雨」、「羽」形聲俱近。《山海經·西山經》「其陽多赤銅，其陰多石涅」，郭璞注：「即礬石也，楚人名為涅石，秦名為羽涅也。《本草經》亦名曰石涅也。」

（35）角里先生從稷丘子所授化黃金法

王明曰：角音祿，有改「角」為「甪」者。魯藩本作「甪里」。（P297）

按：道藏本、慎校本、四庫本亦作「角里」，《諸家神品丹法》卷 1 引同；宋浙本作「祿里」。「甪」是俗譌字。宋浙本「化」作「作」，《諸家神品丹法》卷 1 引同。

（36）小兒作黃金法

按：宋浙本「兒」作「童」，《諸家神品丹法》卷 1 引同。

（37）以庚辛日申酉時，向西地以一丸擲樹，樹木即日便枯

按：西地，宋浙本作「西北」，《諸家神品丹法》卷 1 引同。疑宋本是，道藏諸本均誤。

（38）以狐血鶴血塗一丸

按：宋浙本有校語云：「鶴，一作鸛。」《御覽》卷 925「鸛雀」條引作「鸛血」，則「鶴」當是「鸛」形誤。

卷十七《登涉篇》

（1）凡為道合藥，及避亂隱居者，莫不入山。然不知入山法者，多遇禍害

按：《御覽》卷 671 引作「修道餌藥，及隱居入山，不得入小（山）法者，多遇害」。

（2）若事久不得徐徐須此月者，但可選日時耳

按：宋浙本「事久」作「事急」，是其故本。「急」音誤作「及」，復形誤作「久」。《說郛》卷 74 引及道藏本諸本並誤。

（3）按《周公城名錄》，天下分野，災之所及，可避不可禳

按：《御覽》卷 157 引《太一式占周公城名錄》，未知即《周公城名錄》否？

（4）又萬物之老者，其精悉能假託人形，以眩惑人目而常試人

　　按：唐・薩守真《天地瑞祥志》卷14引作「萬物之老者，其精悉能假託人形以惑人」，《御覽》卷671引作「萬物之老者，悉能爲怪，常試人耳」。

（5）伯夷乃執燭起，佯誤以燭燼爇其衣，乃作燋毛氣

　　按：《御覽》卷 671 引作「伯夷乃執燭起，詐誤以燭燼落其衣，聞燎毛〔氣〕」。

（6）求仙道入名山者，以六癸之日六癸之時，一名天公日，必得度世也

　　按：《太上洞玄靈寶五符序》卷下：「又欲得六癸之日，六癸之時，一名天心，一名天同，必得度世。」是本書所本。「天公」當作「天心」，《紫庭內秘訣修行法》引正作「一名天心日」。《上洞心丹經訣》卷下：「入名山亦（六）癸之時，此謂天心日，必得仙道度世也。」亦是其證。《太上六壬明鑑符陰經》卷3：「六癸日，六癸時，天公日。」「天公」亦當作「天心」。上文云「以上元丁卯日，名曰陰德之時，一名天心，可以隱淪」，「一名天心」是衍文，《紫庭內秘訣修行法》引正無「一名天心」四字。宋浙本已衍誤。

（7）往山林中，當以左手取青龍上草，折半置逢星下

　　按：逢星，宋浙本作「蓬星」，《能改齋漫錄》卷5引同。下文「六乙為逢星」，宋浙本作「蓬星」。

（8）比成《既濟》卦，初一初二跡不任九跡數，然相因仍一步七尺

　　按：宋浙本「比」作「此」，「任」作「在」。「任」是「在」形譌。

（9）山中山精之形，如小兒而獨足，走向後，喜來犯人。人入山，若夜聞人音聲大語，其名曰蚑

　　王明曰：孫校：「《御覽》卷886引『走』作『足』，『若』作『谷』，無『夜』字，『人』作『其』，『大』作『笑』。」明案影宋本《御覽》有「夜」字。一本「大」亦作「笑」，是。（P317）

　　按：宋浙本「大」作「咲」，《御覽》卷886引同。「咲」乃「笑」正字。《天地瑞祥志》卷14引作「咲」，俗「笑」字。「笑」脫誤作「大」。「走」

是「足」形誤，當據《御覽》校正，各本均誤，南朝宋・劉敬叔《異苑》卷
3、《天地瑞祥志》卷 14 引本書亦作「足」，《金樓子・志怪》同。「足向後」
即所謂反踵也。《御覽》引「若」作「谷」，則屬上句。蚑，《異苑》引同，
《瑞祥志》引作「蚊」，《御覽》引作「蛟」，《本草綱目》卷 51 引作「魖」。
《酉陽雜俎》卷 15：「山蕭一名山臊，《神異經》作㺔（一曰操），《永嘉郡
記》作山魈，一名山駱，一名蛟（一曰蚾），一名濯肉，一名熱肉，一名暉，
一名飛龍。」《續博物志》卷 6「山臊」作「山繰」，「㺔」作「獤」。孫人和
引《雜俎》，疑「蛟」是「蚑」形誤，是也，「蚾」、「蚊」亦「蚑」形誤。「蚑」
為狀如小兒之山精，馬王堆帛書《療射工毒方》：「而處水者為鮫，而處土者
為蚑，棲木者為蠭（蜂）、繫（蛄）斯，蜚（飛）而之荊南者為蟣。」《證類
本草》卷 7「主解諸毒殺蠱蚑疰鬼螫毒」，有注：「蚑，音其，小兒鬼也。」
專字作魖，《本草綱目》引作「魖」，即「魖」形譌。《說文》：「魖，一曰小
兒鬼。」裴務齊《刊謬補缺切韻》：「魖，小兒鬼。」《文選・東京賦》：「八
靈為之震慴，況魖蜮與畢方？」薛綜注：「魖，小兒鬼。」帛書《五十二病
方》：「祝曰：『潰（坌）者魖父魖母，毋匿□□□……投若□水，人也人也
而比鬼。』」魖之言蚑也，跂也，趒也。《說文》：「蚑，行也。」《廣雅》：「趒
趒，行也。」《集韻》：「跂，緩行也。」指蟲緩慢爬行，故小兒鬼名魖。《御
覽》卷 38 引《釋名》：「山精曰夔，亦曰跂。」《初學記》卷 5 引同，字正作
「跂」。

（10）一名熱內，亦可兼呼之

王明曰：孫校：「熱內，《御覽》作『超空』。」《校補》云：「『內』蓋『肉』
之壞字。蚑、暉皆一足，形同，『熱肉』乃其別名。」明案一本作「熱肉」，
是。（P317）

按：孫人和說「內」當作「肉」，是也，《酉陽雜俎》不誤。《天地瑞祥志》
卷 14 引作「完」，《金樓子・志怪》作「熱六」，「完」、「六」當是「肉」俗字
「宍」形誤。《異苑》卷 3 引亦作「超空」。「超空」即是《酉陽雜俎》「濯肉」。
「空」是「宍」形誤，「濯」是「躍」借字，超、躍一聲之轉。熱，讀作迣、
𧾷、趑、跇、迣，亦是超踰之義。「肉」疑是「𨄹」、「踰」借字。此鬼一足，
只能是跳躍而走。「熱肉」與「超肉」、「濯肉」是同義詞互換。

（11）又有山精，如鼓赤色，亦一足，其名曰暉

王明曰：孫校：「《御覽》引『暉』作『揮』」（P317）

按：宋浙本、魯藩本、四庫本、道藏輯要本均作「暉」，《天地瑞祥志》卷14引同；道藏本作「暈」，《異苑》卷3引作「渾」（明本《廣記》卷397引同，《永樂大典》卷8527引《廣記》作「揮」）。「渾」是誤字。「揮」、「暉」當是「狟」借字，《山海經·北山經》：「獄法之山……有獸焉，其狀如犬而人面，善投，見人則笑，其名山狟，其行如風。」郭璞注：「狟，音暉。其行如風，言疾。」投讀作踊，跳也。狟之言翬，飛也。其行疾如風，故名為狟耳。又稱作「夔」，《莊子·達生》《釋文》引司馬彪曰：「夔，狀如鼓而一足。」《國語·魯語下》韋昭注：「夔，一足，越人謂之山繅，或作獿，富陽有之，人面猴身，能言，或云獨足。」《博物志》卷3：「山有夔，其形如鼓，一足。」《法苑珠林》卷45引《白澤圖》：「山之精名夔，狀如鼓，一足如（而）行。」〔註100〕唐·薩守真《天地瑞祥志》卷14引《白澤圖》：「故山精名揮轉（『轉』衍文），狀如鼓。」《本草綱目》卷51引《白澤圖》：「雲山之精，狀如鼓，色赤，一足，名曰夔，亦曰狟。」《莊子·秋水》：「夔謂蚿曰：『吾以一足趻踔而行。』」踔亦作趠、逴，與「超、躍、跳、踰」均是一聲之轉。「夔」是象形字，聲轉作「狟」則是形聲字。《雜俎》引《神異經》「山獩」，《御覽》卷883、《集韻》「獩」字條引同，高麗本《法苑珠林》卷31引作「山魈」〔註101〕。《御覽》卷884引《述異記》亦有「山獩」，《廣記》卷324引《南廣記》作「山魈」。《瑞祥志》卷14引《抱朴子》引《玄中記》作「山溙（澡）」。「獩」當是「獙」形誤，《續博物志》不誤，韋昭亦正作「獙」字。又作「山蕭」或「山臊」，韋昭作「山繅」。又《雜俎》「山駱」當作「山騷」，形近而譌。「獙（臊、澡、繅）」、「蕭」、「繅」、「騷」均是「踃」音轉字，「魈」是其易旁專用字。踃，跳也，字亦作逍、趒，與「超」亦是轉語。

（12）又或如人，長九尺，衣裘戴笠，名曰金累

按：《異苑》卷3、《御覽》卷886引同，《天地瑞祥志》卷14引「金累」作「今累」。《御覽》引「戴」作「帶」。

〔註100〕《御覽》卷886引「如」作「而」，一聲之轉。
〔註101〕宋、元、明、宮本仍作「山獩」。

（13）名曰飛飛

王明曰：原校：「下『飛』字或作『龍』。」《校勘記》云：「《御覽》卷886作『飛龍』。」《校補》：「作『飛龍』是也。《酉陽雜俎》云云（引者按：上文已引其文，茲略），作『飛龍』。李石《續博物志》同。」（P318）

按：《異苑》卷3、《天地瑞祥志》卷14引作「飛龍」。

（14）其精名曰雲陽，呼之則吉

王明曰：孫校：「《御覽》引『呼』上有『以其名』三字。」（P318）

按：吉，《法苑珠林》卷45、《永樂大典》卷14537引同，《御覽》卷886引作「吉」，P.2682《白澤精怪圖》（下文省稱作P.2682）作「吉」。P.2682「吉凶」字亦作此形，則此字是「吉」。但俗寫方口尖口不別，此當作「去」義長，《瑞祥志》卷14引《白澤圖》正作「去」字。《瑞祥志》、《法苑珠林》卷45、《御覽》卷886引《白澤圖》，屢言「以其名呼之則去」或「以其名呼之則逃走去」、「呼名之則去」。

（15）見秦者，百歲木之精

王明曰：孫校：「《御覽》引『秦』下有『人』字。」（P318）

按：《法苑珠林》卷45引亦有「人」字，《金樓子·志怪》、P.2682同。當據補。

（15）山水之間見吏人者，名曰四徼，呼之名即吉

按：四徼，《法苑珠林》卷45、《天地瑞祥志》卷14、《御覽》卷886引作「四激」，P.2682同。吉，《珠林》引同，《瑞祥志》引作「吉」，《御覽》引作「吉」，P.2682作「吉」。亦當作「去」字義長。

（16）山中見吏，若但聞聲不見形，呼人不止，以白石擲之則息矣。一法以葦為矛以刺之即吉

王明曰：孫校：「『矛』舊誤作『茅』，今校正。」（P318）

按：宋浙本正作「矛」。《天地瑞祥志》卷14引「若」作「君」，「法」作「云」，「吉」作「去」。P.2682「若」、「法」二字同，「茅」作「鈝」，「吉」作「吉」。「君」是「若」形誤，「吉」是「去」形誤，「鈝」是「矛」俗字。道藏本《抱朴子外篇·詰鮑》「鈝恐不利」，慎校本、四庫本「鈝」作「矛」。

《真誥》卷 7「四極擊鼓，三官尋鈘」，《洞真太微黃書天帝君石景金陽素經》引《太帝招魂眾文》「鈘」作「矛」。《古文苑》卷 17 王褒《僮約》「椅盾曳鈘，還落三周」，《類聚》卷 35、《初學記》卷 19、《御覽》卷 500、598 引「鈘」作「矛」。

（17）卯日稱丈人者，兔也

按：丈人，《御覽》卷 907、《事類賦注》卷 23 引同，P.2682 亦同；《法苑珠林》卷 45、《御覽》卷 886 引作「丈夫」，《天地瑞祥志》卷 14 引作「大夫」。「大」是「丈」形譌。

（18）稱捕賊者，雉也

王明曰：《校勘記》：「《御覽》卷 886『捕賊』作『賊捕』。」（P318）

按：《法苑珠林》卷 45、《天地瑞祥志》卷 14 引亦作「賊捕」，P.2682 同。作「賊捕」是也。「賊捕」為官職名，漢代主捕盜賊之小吏曰「賊捕掾」，《漢書·張敞傳》「敞使賊捕掾絮舜有所案驗」，顏師古注：「賊捕掾，主捕賊者也。」亦省稱作「賊捕」，《後漢書·劉玄傳》：「資亭長、賊捕之用。」《瑞祥志》引「雉」誤作「雞」。

（19）稱成陽公者，狐也

王明曰：《校勘記》：「《御覽》卷 886『成陽公』作『咸陽公』，卷 889 作『陽城公』。」（P318）

按：成陽公，《雲仙雜記》卷 9 引同，《法苑珠林》卷 45 引作「城陽公仲」，《天地瑞祥志》卷 14 引作「成陽公仲」，P.2682 作「成陽翁仲」。景宋本《御覽》卷 886 引作「咸陽公仲」，繼昌失引「仲」字。「咸」是「成」形誤。《御覽》卷 889「陽城」是「城陽」誤倒。

（20）亥日稱神君者，豬也。稱婦人者，金玉也

王明曰：孫校：「舊此二句誤倒，今依《御覽》乙正。」（P31）

按：孫說是。宋浙本也誤倒作：「亥日稱婦人者，金玉也。稱神君者，豬也。」《法苑珠林》卷 45、《天地瑞祥志》卷 14 引同《御覽》卷 886。又三書引「神君」作「臣君」。《御覽》卷 810 引「婦人」作「人字」，P.2682 同。

（21）或問隱居山澤辟蛇蝮之道。

王明曰：「問」下原有「曰」字。《校補》云：「此文不當有『曰』字，蓋涉下文而衍。《類聚》卷96引無『曰』字。」明案《校補》之說是，今據刪。（P318～319）

按：《御覽》卷933、《事類賦注》卷28引亦無「曰」字。《類聚》卷96、《御覽》、《事類賦注》引「辟」作「治」。

（22）蛇若中人，以少許雄黃末內瘡中，亦登時愈也

王明曰：《校補》：「《類聚》卷96引『登時愈』作『立愈』，皆非也。原文當作『亦登愈也』（下文同）。登愈，即登時愈也。此乃魏晉南北朝之通語。下文云『南人因此末蜈蚣治蛇瘡，皆登愈也』可證。《至理篇》『登止』，《道意篇》『盲者登視』，凡此『登』字，皆即登時之意。」（P319）

按：《證類本草》卷4引作「登時愈」，《御覽》卷933、《事類賦注》卷28引作「登愈」，《攝生纂錄》作「立愈」。孫氏刪「時」字，非也。「登時」亦漢魏六朝俗語。本書《釋滯》「亦登時差也」，是其例，餘例尚多。《御覽》卷727引王隱《晉書》：「王睦病卒……登時大愈。」此例「時」字絕不可刪。《御覽》、《事類賦注》、《證類本草》引「內」作「傅」，《攝生纂錄》作「納」。《類聚》卷96引作「以少許末抹之，雄黃入瘡中」。蓋皆臆改。

（23）蛇種雖多，唯有蝮蛇及青金蛇中人為至急

王明曰：《慧琳音義》卷41、47、《御覽》卷933引「種」作「類」，是。（P319）

按：王氏乃本楊明照說〔註102〕，楊氏氏誤「卷57」為「卷47」，王氏未覆核，亦從誤矣。《類聚》卷96引亦作「類」。但「種」字不誤，「種」即指種類。《證類本草》卷4引作「蛇雖多種」。《慧琳音義》卷41、57二引「雖」作「甚」。

（24）即以刀割所傷瘡肉以投地

按：投，《類聚》卷96、《御覽》卷933引同，《慧琳音義》卷41、57引作「棄」。投，棄置也。

〔註102〕楊明照《〈抱朴子內篇校釋〉補正（下）》，《文史》第17輯，1983年版，第253頁。

（25）須臾焦盡

按：焦，《慧琳音義》卷 41、57 引同，《類聚》卷 96、《御覽》卷 933 引作「燋」。

（26）雖繞頭頸，不敢囓人也

王明曰：孫校：「雖，藏本作『以』。」（P319）

按：宋浙本、魯藩本亦作「以」。

（27）左佪禹步

按：《外臺秘要方》卷 40 作「左迴兩步」。「兩」是「禹」形誤。

（28）又雲日鳥及蠑龜，亦皆啖蛇……雲日，鴆鳥之別名也

王明曰：「雲」原作「運」。孫校：「『運』皆當作『雲』，見下。又劉逵《三都賦》注作『雲』字，與此正同。」明案孫校是，今據訂正。下同。（P319）

按：孫說非是，宋浙本、道藏本、魯藩本、四庫本均作「運日」。《說文》：「鴆，毒鳥也，一名運日。」《廣雅》：「鴆鳥，其雄謂之運日，其雌謂之陰諧。」皆作「運」字。孫氏但見《文選・吳都賦》劉逵注作「雲」字，因改其字，王氏不考群書，而遽從之，亦疏甚矣。《淮南子・繆稱篇》「暈日知晏，陰諧知雨」，許慎注：「暈日，鴆鳥也。晏，無雲也。天將晏靜，暈日先鳴也。陰諧，暈日雌也，天將陰雨則鳴。」《御覽》卷 927 引「暈日」作「運日」。《集韻》：「鴖，交、廣人謂鴆曰鴖。」《劉子・類感》：「天將風也，纖塵不動而鴖自鳴。」又《殊好》：「鴖日嗜虵。」運、雲、暈、鴖，古字並通〔註103〕。當以「暈」為正字，暈者，日色光明也，此鳥知天晴無雲，故名「暈日」。「蠑龜」是「鴦龜」轉語，參見《本草綱目》卷 45。「纓」轉語作「絏」，「罍」轉語作「盎」，是其比也。字亦作「黿龜」，見《文選・江賦》李善注引《臨海水土物志》「初寧縣多黿龜」。

（29）短狐……狀如鳴蜩，狀似三合盃，有翼能飛

王明曰：孫校：「『狀』當作『大』。」（P320）

〔註103〕參見楊明照《抱朴子外篇校箋》（上冊），中華書局 1991 年版，第 293～294 頁。

按：桂馥亦謂「『狀』當作『大』」〔註104〕。《御覽》卷 950 引作「狀似鳴蜩，而如合杯」。

（30）若道士知太一禁方，及洞百禁，常存禁及守真一者，則百毒不敢近之

按：宋浙本「一禁方」上衍「太」字。

（31）臨川先祝曰：「卷蓬卷蓬，河伯導前辟蛟龍，萬災消滅天清明。」

王明曰：卷蓬卷蓬，原校：「或作『弓逢弓逢』。」（P320）

按：《上清靈寶大法》卷 12「卷蓬」同，「辟」作「止」，「清」作「晴」。「卷」俗字作「弓」、「弓」、「弓」、「弓」等形，形近而譌作「弓」〔註105〕。《魏書・李安世傳》：「百姓為之語曰：『李波小妹字雍容，褰裙逐馬如卷蓬。』」南朝宋鮑照《秋日詩》：「迴風滅且起，卷蓬息復征。」此文以「卷蓬」狀行動之疾。《金鎖流珠引》卷 9「卷蓬卷蓬」誤作「弓弓逢逢」，「天清」誤作「天帝明」。

（32）《金簡記》云：「以五月丙午日日中，擣五石，下其銅。」

按：《書鈔》卷 122 引同。《御覽》卷 813 引「丙午」誤作「丙子」，「擣」誤作「鑄」。《御覽》下文尚有誤字，不出校。

（33）取牡銅以為雄劍，取牝銅以為雌劍

按：《書鈔》卷 122、《御覽》卷 813 引同。宋浙本、道藏本、魯藩本、慎校本、四庫本、道藏輯要本「牡」、「牝」二字誤倒。

（34）當令童男童女俱以水灌銅，灌銅當以在火中向赤時也

王明曰：向，一本作「尚」。（P320）

按：《御覽》卷 813、《本草綱目》卷 8 引亦作「尚」。「向」是「尚」形譌。

（35）及吞白石英祇母散，皆令人見鬼

按：祇，魯藩本同，宋浙本、道藏本、四庫本、道藏輯要本作「祇」。字

〔註104〕 桂馥《說文解字義證》「蛾」字條，齊魯書社 1987 年版，第 1170 頁。
〔註105〕 真大成《〈抱朴子內篇〉異文考釋》也有所及，《南京師範大學文學院學報》2014 年第 4 期，第 181 頁。

當作「祗」，古音同「知」。「祗母」即「知母」，草藥「沙參」別名，又稱作「白參」、「虎鬚」等，參見《本草綱目》卷12。「石英」即「水晶」。《太上三五正一盟威籙》卷3「……白石英知母散，皆令人見鬼」，與此正同。

（36）鷄欲啄之

王明曰：《後漢書·西域傳》李注、《類聚》卷95引「欲」下有「往」字，一本亦有。按當有「往」字。（P321）

按：王氏乃本楊明照說〔註106〕。《廣記》卷441、《香譜》卷1引亦有「往」字。《御覽》卷890引作「欲啄米」，無「往」字。

（37）以其角為叉導，毒藥為湯，以此叉導攪之，皆生白沫湧起，則了無復毒勢也

王明曰：兩「導」字上原無「叉」字，「復」下原無「毒」字。《校補》云：「《類聚》卷95引兩『導』字上並有『叉』字，蓋即所謂犀叉。今本脫兩『叉』字。『白沫』下當更有『白沫』二字。又『了無復勢』，『復』下脫『毒』字，《類聚》引作為『無復毒勢』，是其證。」明案影宋本《御覽》卷890引〔作〕「其角為義導」，「義」乃「叉」字之訛。《校補》之說是，今據補兩「叉」字及「毒」字。（P321）

按：王氏既取孫說，不知王氏何以又不補「白沫」二字？《類聚》卷95、《廣記》卷441引作「义導」，「义」即「叉」俗字。《御覽》卷890則誤改作「義」。《御覽》引亦作「無復毒勢」，《廣記》引作「無復毒矣」，均有「毒」字。

（38）或以赤班蜘蛛及七重水馬，以合馮夷水仙丸服之，則亦可以居水中

王明曰：《校勘記》：「《御覽》卷748『七重』作『七種』。」按「班」一作「斑」。（P322）

按：繼昌原文是「《御覽》卷948」，是也。楊明照曰：「班，《御覽》卷948又950引作『斑』，慎本等同。『斑』字是。」〔註107〕楊氏有失檢，《御覽》卷

〔註106〕楊明照《〈抱朴子內篇校釋〉補正（下）》，《文史》第17輯，1983年版，第253頁。

〔註107〕楊明照《〈抱朴子內篇校釋〉補正（下）》，《文史》第17輯，1983年版，第254頁。

948仍作「班」；道藏本、魯藩本、四庫本亦作「斑」。二字古通，不得謂「班」字誤。

（39）只以塗蹠下，則可以步行水上也

按：只，道藏本同；其餘各本作「又」，《御覽》卷948引同。底本及道藏本誤也。《御覽》引「蹠」作「足」。

（40）古之人入山者，皆佩黃神越章之印，其廣四寸

按：黃神越章，《御覽》卷683、891、《事類賦注》卷20、《永樂大典》卷2948引同；《正一法文修真旨要》亦有此語。《書鈔》卷131引誤作「黃紳越章」。其廣，《御覽》卷891、《事類賦注》引同，《御覽》卷683引作「其闊」。《書鈔》引「其」誤作「共」，又脫「廣」字。

（41）乘舟以此封泥遍擲潭中

按：擲，《三皇內文遺祕》、《御覽》卷932引同，《御覽》卷66引作「投」。

卷十八 《地真篇》

宋浙本「地真」作「第真」。

（1）保之則遐祚罔極，失之則命彫氣窮

按：《太上洞玄靈寶五符序》（下文省稱作《五符序》）卷下「保」作「寶」，「失」作「泄」，「窮」作「亡」。《太上洞玄靈寶三一五氣真經》（下文省稱作《五氣真經》）「保」作「寶」，「失」作「洩」。二「之」字代指「一」。保，守也，執也。寶，讀作保。「泄（洩）」是「失」轉語。

（2）故仙經曰：「子欲長生，守一當明；思一至飢，一與之糧；思一至渴，一與之漿。」

按：《五符序》卷下、《五氣真經》、《上清道寶經》卷1「守一」作「三一」，《御覽》卷668引《五符經》同，是舊本固如是，宋浙本、道藏本等各本均誤作「守一」。上文云「道起於一，其貴無偶，各居一處，以象天地人，故曰三一也」，此即「三一」之說。王明已知本文出《五符經》，卻不校其誤字，亦云疏矣。

（3）一能成陰生陽，推步寒暑

按：推步，《五符序》卷下、《五氣真經》作「推行」，《御覽》卷 668 引《五符經》同，是也。「一」能生成陰陽，推行寒暑，而不是推究測算寒暑。宋浙本、道藏本等各本均誤作「推步」。

（4）春得一以發，夏得一以長，秋得一以收，冬得一以藏

按：發，《五氣真經》同，《五符序》卷下作「茂」。

（5）其大不可以六合階，其小不可以毫芒比也

按：階，《五符序》卷下、《五氣真經》作「隱」，《御覽》卷 668 引《五符經》同，當據校正。《御覽》引「比」誤作「兆」。

（6）（黃帝）南到圓隴陰建木

王明曰：案《御覽》卷 79「圓隴」作「負隴」，「陰」作「蔭」。《校勘記》云：「陰亦得讀為蔭。」明案《雲笈》卷 100 作「南至五芝玄澗登圓壠蔭建木」。（P328）

按：道藏本「木」形誤作「水」。當「陰建木」三字句，王氏失其讀，且在「圓隴陰建木」旁標地名專名線，更是大誤。《御覽》卷 79「負」是「員」俗字「貟」形誤，王氏亦不了。《雲笈》卷 100 乃引本書，「圓」作「圜」，王氏引文不合。唐・王瓘《廣黃帝本行記》引作「南到五芝玄澗，登玄（元）隴，蔭建木」，《文選・雜體詩》李善注引作「南到負隴」，《御覽》卷 678 引作「南至圓壠，蔭建木」。《五符序》卷下作「南到五芝玄澗，登圓隴，蔭建木」，《五氣真經》作「南到五芝玄澗，登貟壠，蔭建木」。宋本《抱朴》及《御覽》俱脫「五芝玄澗」四字。《山海經・海內經》：「南海之內黑水青水之間，有木名曰若木⋯⋯有木，青葉，紫莖，玄華，黃實，名曰建木⋯⋯大皞爰過，黃帝所爲。」此建木殆即黃帝所蔭者。

（7）觀百靈之所登

王明曰：「靈」原作「令」。《校勘記》云：「《御覽》卷 79『百令』作『百靈』。」明案《軒轅本紀》「令」亦作「靈」，當作「靈」，今據訂正。（P328）

按：宋浙本亦作「靈」。王氏所引《軒轅本紀》，乃出《雲笈》卷 100，其文亦是引本書，而字作「靈」。唐・王瓘《廣黃帝本行記》、《御覽》卷 678 引

亦作「靈」，《五符序》卷下、《五氣真經》同。但二字古通，道藏本、魯藩本、慎校本作「令」亦不誤；四庫本誤作「穀」，道藏輯要本誤作「穀」。《廣黃帝本行記》、《雲笈》引「登」下有「降」字。

（8）採若乾之華

王明曰：案《御覽》引「乾」作「戟」，誤。《軒轅本紀》「華」作「芝」，小注云：「一云花。」（P328）

按：若乾，《廣黃帝本行記》、《文選·雜體詩》李善注引同，《五氣真經》亦同，《五符序》卷下作「箬乾」。《御覽》卷79誤作「若戟」。

（9）飲丹巒之水

王明曰：「巒」原作「巒」。《校勘記》云：「《書鈔》卷16、《御覽》卷79『丹巒』作『丹巒』。」明案《軒轅本紀》亦作「丹巒」，蓋「巒」為「巒」之形訛，今據改。（P328）

按：楊明照指出宋本正作「丹巒」〔註108〕。《廣黃帝本行記》、《文選·雜體詩》李善注引亦作「丹巒」。道藏本等誤作「丹巒」。又《文選》注「水」作「泉」。

（10）西見中黃子，受《九加之方》

王明曰：案《軒轅本紀》「九加」作「九茄」。（P328）

按：九加，《御覽》卷678引同，《五氣真經》亦同；《廣黃帝本行記》引作「九茄」，《五符序》卷下同；《史記·五帝本紀》《正義》、《御覽》卷79引作「九品」，《路史》卷14同。疑「九品」誤。

（11）過崆峒，從廣成子受《自然之經》

王明曰：「崆峒」原作「洞庭」，「自然」原作「自成」。《校勘記》云：「《御覽》卷79作『過崆峒』，檢《莊子》等書載廣成子事，無作『洞庭』者也。」明案《軒轅本紀》作「登崆峒山見廣成子問至道，廣成子授以《自然經》一卷」。作「崆峒」是。《自成經》當作《自然經》，後《遐覽篇》著錄《自然經》一卷，《御覽》卷79引正作「自然之經」，並據訂正。（P328）

〔註108〕楊明照《〈抱朴子內篇校釋〉補正（下）》，《文史》第17輯，1983年版，第254頁。

按：楊明照曰：「成，《史記·五帝本紀》《正義》、《御覽》卷 678、《玉海》卷 20 引並作『然』，未誤。」〔註 109〕宋浙本作「空洞」、「自然」，不知二氏何以不校？《御覽》卷 678 引亦作「崆峒」、「自然」，《五符序》卷下、《五氣真經》同；《史記·五帝本紀》《正義》引作「空桐」、「自然」。道藏本等始誤耳。

（12）還陟王屋，得《神丹金訣記》

王明曰：「屋」原作「室」。《校補》：「『王室』當作『王屋』，《極言篇》云『黃帝陟王屋而受丹經』，即此事也。」明案《軒轅本紀》作「陟王屋山得《九鼎神丹注訣》」，宋浙本亦作「屋」，「室」字誤，今據改。（P328）

按：《御覽》卷 678 引作「王屋」。《五符序》卷下、《五氣真經》作「還陟王屋之山」，亦是「屋」字。道藏本等始誤耳。

（13）夫長生仙方，則唯有金丹；守形却惡，則獨有真一

王明曰：「惡」原作「遠」。孫校：「遠，刻本作『惡』。」明案「却遠」當作「却惡」，蓋下文云「道術諸經，所思存念作，可以却惡防身」，又云「思神守一，却惡衛身」，「却惡」言「眾惡遠迸」。慎校本、寶顏堂本正作「却惡」，並可為證。「遠」字誤，今據正。（P329）

按：《御覽》卷 678 引作「却惡」，《黃帝九鼎神丹經訣》卷 7、《上洞心丹經訣》卷下同；《雲笈》卷 33 作「却老」，《學仙辨真訣》作「却死」。

（14）左罡右魁，激波揚空

按：《五符序》卷下作「左杓右魁，激波揚風」。《道樞》卷 6 亦作「左杓」。

（15）玄芝被崖，朱草蒙瓏

按：宋浙本「瓏」作「蘢」。《五符序》卷下作「玄芝被宇，往往成叢，深谷直下，朱竹翁茸」。「蒙瓏（蘢）」與「翁茸」是轉語，也作「蒙戎」、「蒙茸」、「尨茸」、「蓬茸」等形。

〔註 109〕楊明照《〈抱朴子內篇校釋〉補正（下）》，《文史》第 17 輯，1983 年版，第 254 頁。

（16）不遲不疾，一安其室；能暇能豫，一乃不去

按：慎校本、四庫本、道藏輯要本作「一安其室」，《五符序》卷下、《五氣真經》、《上清道寶經》卷 1 同，《道樞》卷 6 作「一入其室」。宋浙本、道藏本、魯藩本「室」誤作「失」。

（17）少欲約食，一乃留息

按：少欲，《五符序》卷下、《五氣真經》作「少飲」，《御覽》卷 668 引《五符經》同；《道樞》卷 6 作「節飲」。「欲」是「飲」形誤，宋浙本、道藏本等均誤。

（18）如含影藏形，及守形無生，九變十二化二十四生等

按：宋浙本有校語云：「無，一作元。」「守形無生」、「守形元生」均無考。檢「守形」與「九變」「十二化」「二十四生」均見本書《遐覽篇》，是經書之名。則「無生」或「元生」亦當是《遐覽篇》書名，當是「九生」形誤，《遐覽篇》有《九生經》。當讀作「及守形、無（九）生、九變、十二化、二十四生等」。

（19）輕說妄傳，其神不行也

按：楊明照曰：「說，宋本作『脫』，舊鈔本同。『脫』字是。『輕脫』二字為漢魏六朝常語。」〔註110〕楊說非是，「輕脫」為漢魏六朝常語，不能證此文必作「輕脫」。《太上洞玄靈寶授度儀》：「次授六誓文曰：一誓不輕泄，二誓不褻慢，三誓不妄傳，四誓不口說，五誓不觸經禁，六誓不受財賣道。」《洞真上清神州七轉七變》：「若有經師……妄說經目，語於凡學之人者，此考甚重，四極四司之官所執，七祖父母充積夜之河无極之役，身被見事之拷，死充十苦八難，吞火抱劍，以謝輕說經之責，受者明慎科制。」《太上大道玉清經》卷 1：「幽祕之理，未可輕說。」《雲笈》卷 44 引《紫書訣》：「若於機會遇得寶篇，皆宿挺合仙，但當寶錄，密而奉行。輕說非真，罪延七祖父母，長閉地獄，萬劫不原。」皆經文不可輕說之證。宋本作「脫」不可據。

（20）所以白刃無所措其銳，百害無所容其凶

按：措，宋浙本作「錯」，《五符序》卷下作「揣」，《五氣真經》作「挫」。

〔註110〕 楊明照《〈抱朴子內篇校釋〉補正（下）》，《文史》第 17 輯，1983 年版，第 254 頁。

錯，讀為措。揣，讀為捶，擊也。

（21）虎狼之藪，蛇蝗之處

按：宋浙本「蛇」作「虺」。

（22）夫愛其民，所以安其國，養其氣，所以全其身

王明曰：以上一節文字，並見《籤》卷29引《真文經》。宋浙本「養」作「夵」，《真文經》作「悋」，並為「吝」之俗體。（P330）

按：王氏乃本於楊明照說，楊氏曰：「養，宋本作『夵』。《廣韻》：『吝，惜也，俗作夵。』宋本作『夵』於義為長（《真文經》（見《雲笈》卷29）有此文，作『悋』，亦『吝』之俗體。）」〔註111〕養，《御覽》卷668引《五符經》同；《千金要方》卷81引作「惜」，《五氣真經》同；《廣黃帝本行記》引作「吝」，《五符序》卷下同；《雲笈》卷35引作「愛」，《抱朴子養生論》、《太上老君養生訣》、《太清道林攝生論》同；《無上秘要》卷5引《皇人經》亦作「悋」；《黃帝九鼎神丹經訣》卷6作「固」。

（23）百害卻焉，年命延矣

按：年命延，宋浙本作「年壽延」，《雲笈》卷35引同；《黃帝九鼎神丹經訣》卷6作「年壽長」。

（24）若但服草木及小小餌八石，適可令疾除命益耳，不足以禳外來之禍也

按：禳，宋浙本作「攘」，《御覽》卷669引《仙經》作「卻」。「攘」字是，攘亦卻也，止也。

卷十九 《遐覽篇》

（1）余問先隨之弟子黃章

按：《御覽》卷670引「先」下有「生」字。

〔註111〕楊明照《〈抱朴子內篇校釋〉補正（下）》，《文史》第17輯，1983年版，第255頁。

（2）鄭君推米以卹諸人，已不復食，五十日亦不饑

按：宋浙本「不饑」下有「不熱」二字。《御覽》卷670引「米」作「粮」，「卹」作「給」，無「不熱」二字。

（3）口答諮問，言不輟響，而耳並料聽，左右操弦者，教遣長短，無毫釐差過也

王明曰：孫校：「刻本『料』作『聰』。」案寶顏堂本作「聰」。（P339）

按：「料聽」下逗號當刪去。①宋浙本、道藏本、魯藩本作「料聽」，慎校本作「耕聽」，四庫本、道藏輯要本亦作「聰聽」。《御覽》卷670引作「而耳益料聽」。「並」是「益」形誤。「料聽」不誤，慎本作「耕」是「料」形誤，後世本妄改作「聰聽」。料，審理判斷也。②宋浙本「差過」作「得過」。《御覽》卷670引「遣」作「譴」，「差過」作「得逃」。宋本是，言操弦者之長短，無毫釐能逃過鄭君之耳。《御覽》改作「得逃」，義同。道藏諸本妄改作「差過」，則是差錯義，文義雖通，非其故本也。③教遣，猶言教導。

（4）又許漸得短書縑素所寫者

王明曰：《校勘記》：「又許，《御覽》卷670作『久許』。」（P339）

按：「又」是「久」形誤。又《御覽》卷670引「漸得」下有「見」字，當據補，繼昌失校。

（5）不事盡諳誦，以妨日月而勞意思耳

按：《黃帝九鼎神丹經訣》卷11同。宋浙本「諳」作借字「暗」，「妨」作借字「防」。

（6）常親掃除，拂拭牀几，磨墨執燭，及與鄭君繕寫故書而已

按：《黃帝九鼎神丹經訣》卷11「與」作「為」。「為」讀去聲。

（7）《太清經》

按：宋浙本作「《太明經》」。

（8）《王彌記》

王明曰：孫校：「藏本『王』作『玉』。」（P341）

按：宋浙本、魯藩本、慎校本、四庫本亦作「玉」。

（9）《詢化經》

按：宋浙本作「《詢化經》」。

（10）《角里先生長生集》

按：宋浙本作「角」作「祿」，道藏本、魯藩本作「甪」。

（11）《玄精符》

按：宋浙本有校語云：「精，一作妙。」

（12）七與士，但以倨勾長短之間為異耳

王明曰：孫校：「倨，舊誤作『鋸』，今校正。」（P342）

按：鋸，讀作倨，字亦省作居，不煩改字。「勾」是「句」俗字。

（13）符劍可以卻鬼辟邪而已

按：宋浙本「劍」作「刦」。「刦」是「劫」俗譌字。下文云「有人試取治百病雜符、及諸厭劫符」，宋浙本「劫」亦作「刦」。宋本是，「符劫」即「劫符」倒文。「刦」形近而誤作「劍」之俗字「劍」。

（14）道士時有得之者，若不能行仁義慈心，而不精不正，即禍至滅家，不可輕也

按：宋浙本「禍」上有「更」字。更，副詞，猶言反而也。

（15）興雲致雨方百里

按：宋浙本「致」作「作」。

卷二十《袪惑篇》

（1）凡探明珠，不於合浦之淵，不得驪龍之夜光也。採美玉，不於荊山之岫，不得連城之尺璧也

按：宋浙本「凡」作「夫」，「採」作「攻」。《記纂淵海》卷17、《攷古質疑》卷4、《永樂大典》卷922引「採」亦作「攻」〔註112〕。是舊本作「攻」，

〔註112〕《記纂淵海》據宋本，四庫本在卷57。

道藏本等始改作「採」字。

（2）虛費事妨功

按：宋浙本「費」作「廢」。宋本是也，《永樂大典》卷 922 引亦誤作「費」。《抱朴子外篇・酒誡》「不即廢事」。

（3）猶涉滄海而挹水，造長洲而伐木

王明曰：「洲」原作「林」，按宋浙本、藏本、魯藩本、慎校本皆作「洲」，是，今據改。（P351）

按：楊明照曰：「林，宋本作『洲』，藏本、魯藩本、慎校本等同。『洲』字是，《御覽》卷 659 引亦作『洲』。」〔註113〕挹，宋浙本、道藏本、魯藩本、慎校本作「揵」，《永樂大典》卷 922 引同。「揵」是其故本，字亦作輂，猶言運也。孫氏臆改作「挹」，無版本依據。四庫本、道藏輯要本「揵」妄改作「掇」，「洲」妄改作「林」。

（4）倒裝與人，則靳靳不捨，分損以授，則淺薄無奇能

王明曰：捨，宋浙本作「忍」，藏本作「息」。靳靳，吝惜貌。（P352）

按：楊明照曰：「捨，宋本作『忍』，舊寫本、舊鈔本同。『忍』、『捨』二字當並存，始能與下『則淺薄無奇能』句相儷。」〔註114〕捨，慎校本、四庫本、道藏輯要本同；魯藩本亦作「息」，《永樂大典》卷 922 引同。「息」是「惜」音誤字。倒裝，猶言傾囊。「能」字屬下句。

（5）不狥世譽也

按：狥，宋浙本、道藏本、魯藩本、慎校本、四庫本作「徇」。

（6）以厲色希聲飾其虛妄

按：希，四庫本、道藏輯要本同，宋浙本、道藏本、魯藩本、慎校本「希」作「若」。「希聲」非其誼，「若」疑是「高」形譌。宋浙本「虛」作「誑」。

〔註113〕楊明照《〈抱朴子內篇校釋〉補正（下）》，《文史》第 17 輯，1983 年版，第 256 頁。

〔註114〕楊明照《〈抱朴子內篇校釋〉補正（下）》，《文史》第 17 輯，1983 年版，第 256 頁。

（7）專令從者作為空名

按：楊明照曰：「作為，宋本作『為作』是。『為』讀去聲，猶助也。」
〔註115〕宋本是，「為」讀去聲，介詞。

（8）能見鬼怪

按：宋浙本「見」作「行」。

（9）多行欺誑世人，以收財利

按：宋浙本「欺」形近誤作「斯」。

（10）可徵之偽物焉

按：宋浙本「徵」誤作「用」。

（11）既至，而咽鳴掣縮

按：咽，《永樂大典》卷 10889 引同；宋浙本作「喑」。古音同相通。

（12）於是好事者，因以聽聲而響集，望形而影附，雲萃霧合，競稱
歎之

王明曰：孫校：「藏本『競稱』作『竟守』。」明案慎校本、寶顏堂本、崇
文本作「竟守事之」。（P352）

按：宋浙本亦作「竟守歎之」，《永樂大典》卷 10889 引同；四庫本、道
藏輯要本亦作「竟守事之」。孫氏改「竟守」作「競稱」，無版本依據。

（13）雖欒李之見重於往漢，不足加也

王明曰：欒，欒大。李，李少君，皆漢武帝時方士。見《史記·封禪書》。
（P352）

按：欒李，宋浙本、道藏本、魯藩本、慎校本作「欒里」，《永樂大典》卷
10889 引同；四庫本、道藏輯要本作「欒大」。

（14）世云堯眉八采，不然也，直兩眉頭甚豎，似八字耳

按：《御覽》卷 365、《緯略》卷 7 引「耳」作「眉」。豎，宋浙本、慎校

〔註115〕楊明照《〈抱朴子內篇校釋〉補正（下）》，《文史》第 17 輯，1983 年版，第
256 頁。

本作俗字「豎」，《御覽》引同；《緯略》形近誤作「堅」。

（15）其顙似堯，其項似皋陶，其肩似子產，自腰以下不及禹三寸

王明曰：以上四句，見《史記・孔子世家》、《論衡・骨相篇》。（P35）

按：宋浙本、道藏本、魯藩本、慎校本、四庫本「顙」作「頭」，「肩」作「眉」，《永樂大典》卷 10889 引同。《史記・孔子世家》：「其顙似堯，其項類皋陶，其肩類子產，然自要以下不及禹三寸。」孫星衍殆據《史記》改「頭」作「顙」，「眉」作「肩」，卻不作校記。改「眉」作「肩」字是，諸書無異說，而「頭」字則當慎改。考《白虎通德論・壽命》：「其頭似堯，其頸似皋絲，其肩似子產。」《家語・困誓》：「河目隆顙，其頭似堯，其頸似皋絲，其肩似子產。」《論衡・骨相篇》：「其頭似堯，其項若皋陶，〔其〕肩類子產。」諸書均作「頭」字。且《家語》既先說孔子「河目隆顙」，則下文自以作「其頭」為是。

（16）韋編三絕，鐵撾三折

王明曰：原校：「撾，一作摘。」明案孔丘讀《易》韋編三絕鐵撾三折，見《論語考比識》。（P354）

按：撾，魯藩本、慎校本、四庫本、道藏輯要本作「樀」，《困學紀聞》卷 10 引作「摘」。慎校本校語「摘」作「適」。「摘」字是。《書鈔》卷 98 引《孔子世家》：「孔子晚喜《易》，讀之韋編三絕，鐵摘三折，漆書三滅。」《御覽》卷 616 引《史記》同，《海錄碎事》卷 18 引《書鈔》「鐵摘」作「鐵樀」；今本《史記》無「鐵摘三折，漆書三滅」八字。

（17）又強轉惛耄

按：耄，道藏輯要本同，宋浙本、道藏本、魯藩本、慎校本、四庫本作「耆」，《永樂大典》卷 10889 引作「嗜」。「嗜」是「耆」增旁誤字。《說文》：「耆，老也。」孫氏改作「耄」，殊無版本依據。

（18）己亦憋忿

按：《廣記》卷 288 引「忿」作「悔」。

（19）於是棄家，言仙道成矣

王明曰：宋浙本「是」下有「忽然」二字，「言」下有「我」字。（P354）

按：《廣記》卷 288 引作「忽棄家，言我仙道成矣」，與宋本合。

（20）為此罪見責

王明曰：責，宋浙本作「謫」，是。（P354）

按：楊明照曰：「責，宋本作『謫』，《廣記》卷 288 引同。下文有『吾見謫失志』語，則此當以作『謫』為是（《御覽》卷 891 所引雖有刪節，然『謫』字未誤）。」〔註 116〕楊、王說是。《三洞群仙錄》卷 17、《紺珠集》卷 3 引作「緣此被謫」。《北戶錄》卷 1、《御覽》卷 891、《事類賦注》卷 20 約引此文，作「被謫」。《廣雅》：「謫，責也。」道藏本等以訓詁字易之，非其故本也。

（21）芸鋤草三四頃

王明曰：《廣記》卷 288 引「草」上有「芝」字。（P354）

按：楊明照曰：「『草』上《廣記》卷 288 引有『芝』字，義長，當據增。」〔註 117〕《三洞群仙錄》卷 17、《紺珠集》卷 3 引亦有「芝」字。

（22）多荒穢

按：《廣記》卷 288 引「荒」作「莽」。「莽」是「莽」俗字。

（23）諸親故競共問之

王明曰：孫校：「競，藏本作『竟』。」（P354）

按：宋浙本、魯藩本亦作「竟」。竟，讀作競，不煩改字。

（24）須以玉井水洗之，便軟而可食

按：洗，《類聚》卷 86、87、《御覽》卷 967、978、《事類賦注》卷 27 引同，《拾遺記》卷 10 亦同；《御覽》卷 968 引作「澆」。又《類聚》二引「徹」作「澈」。

〔註 116〕楊明照《〈抱朴子內篇校釋〉補正（下）》，《文史》第 17 輯，1983 年版，第 257 頁。

〔註 117〕楊明照《〈抱朴子內篇校釋〉補正（下）》，《文史》第 17 輯，1983 年版，第 257 頁。

（25）吾見謫失志，聞此莫不愴然含悲

按：愴，道藏本、魯藩本同，宋浙本作「悽」，慎校本、四庫本、道藏輯要本作「悵」。四庫本、輯要本「失」誤作「仙」。

（26）其口中牙皆如三百斛船

王明曰：「口中」原作「中口」。《校勘記》：「《御覽》卷891作『其口中牙』。」《事類賦》卷20亦作「其口中牙」，是，今據正。（P355）

按：楊明照曰：「宋本及《事類賦》卷20引，亦並作『其口中牙』，當據乙。」〔註118〕《北戶錄》卷1引作「口中牙」。道藏本等始誤倒作「其口中牙」。《北戶錄》、《御覽》、《事類賦》引「船」下有「大」字，則下句「大蜂一丈」之「大」字屬上句。此言牙如船之大，非言牙如船之形。

（27）則天下惡鬼惡獸，不敢犯人也

按：宋浙本下「惡」字作「百」。

（28）張陽字子淵，浹備玉闕，自不帶老君竹使符、左右契者，不得
　　　入也

王明曰：「浹」原作「俠」。《校補》：「『俠』當作『浹』，《省煩篇》云：『浹人事，備王道。』《廣譬篇》云：『粗理不可浹全。』《辭義篇》云：『人事靡細而不浹，王道無微而不備。』《荀子·禮論篇》云『方皇周挾』，楊注：「挾讀為浹，帀也。」」明案《校補》之說是，今據訂正。（P355）

按：孫說非是。宋浙本、道藏本、魯藩本作「俠」，慎校本、四庫本、道藏輯要本作「使」。「使」是「俠」形誤。「俠」字不誤，讀作挾，挾持守護也。《廣雅》：「挾，護也。」《漢書·叔孫通傳》「殿下郎中俠陛」，亦同。「備」亦是防護義。自，猶若也，假設之辭。言張陽守護玉闕，如果不帶老君符契，則不得入也。孫氏所引「浹備」諸例，皆周備、周帀義，與此無涉。

（29）其上神鳥神馬，幽昌、鶬鶊、騰黃、吉光之輩，皆能人語而
　　　不死

王明曰：孫校：「『鶊』舊誤作『鸜』，今校正。」幽昌、鶬鶊，皆神鳥名。

〔註118〕楊明照《〈抱朴子內篇校釋〉補正（下）》，《文史》第17輯，1983年版，第258頁。

鵁鶄一作焦明。《說文》「鸞」字云：「五方神鳥也，東方發明，南方焦明，西方鷫鷞，北方幽昌，中央鳳皇。」騰黃、吉光，皆神馬名。（P355）

按：孫、王說均是也。宋浙本作「鵁鶄」，亦「鵁鶄」形譌。道藏本等始誤作「鵁鶄」。

（30）恨吾不得善周旋其上耳

按：周旋，魯藩本誤作「周施」。

（31）又河東蒲阪有項曼都者

按：項曼都，《御覽》卷186引同，《廣記》卷288引誤作「須曼卿」。

（32）十年而歸家，家人問其故。曼都曰：「……」

王明曰：「曼」下原無「都」字。孫校：「『曼』下當有『都』字。」今據補。（P355）

按：孫說是也。《御覽》卷186引正作「曼都曰」。

（33）龍行甚疾，頭昂尾低，令人在其脊上，危怖嶮巇

按：魯藩本、慎校本、四庫本、道藏輯要本亦作「怖」，《廣記》卷288引同；宋浙本、道藏本脫誤作「布」。「嶮巇」是「嶮危」轉語。

（34）令當更自修積，乃可得更復矣

王明曰：孫校：「復，舊誤作『後』，今校正。」案宋浙本「復」作「往」。（P356）

按：《廣記》卷288引亦作「往」，與宋本合。作「往」是其故本。言乃可得再往天上也。《廣記》引「積」脫誤作「責」。

（35）昔淮南王劉安昇天見上帝，而箕坐大言，自稱寡人，遂見謫守天廁三年

王明曰：「廁」原作「廚」。案《御覽》卷186、《廣記》卷288引「廚」作「廁」。作「廁」是，今據改。淮南王劉安謫守廁故事，見《神仙傳·劉安傳》。（P356）

按：王說乃本於楊明照〔註119〕。今本《神仙傳》卷6《淮南王傳》無謫守天廚事，見於《御覽》卷186所引《神仙傳》。宋浙本、道藏本等均作「天廚」，《紺珠集》卷3、《海錄碎事》卷13引同。「天廁」、「天厨」均是星名。

（36）以諸疑難諮問和，和皆尋聲為論釋，皆無疑礙，故為遠識

按：底本「礙」作「碍」，道藏本、魯藩本、慎校本同；宋浙本作古字「导」。宋浙本「識」誤作「許」。

（37）於是遠近競往奉事之

按：競，宋浙本等各本作「竟」。竟，讀作競，不煩改字。

《抱朴子內篇》佚文校補

《抱朴子內篇》佚文由繼昌據群書所輯，王明據《鐵橋漫稿》卷6，指出實係嚴可均代輯〔註120〕，並參《全晉文》卷117。嚴可均所據類書未見善本，多承俗本之誤。繼昌、王明多未作覆檢。

（1）葛仙翁為丹書符投江中，順流而下。次投一符，逆流而上。次又投一符，不上不下，停住，而水中向二符皆還就之。（舊寫本《書鈔》卷103）

按：《書鈔》卷103引「向」上有「而」字，嚴可均刪之，非是。《御覽》卷736引《葛仙公別傳》「停住」下無「而」字，當據刪。讀作：「次又投一符，不上不下，停住水中，而向二符皆還就之。」「向」是時間副詞，猶言剛才、先前。謂先前所投二符皆回來靠近此符，即三符合並一處也。《廣記》卷71引《神仙傳》：「（葛玄）即取一符投江中，逆流而上……又取一符投江中，停立不動，須臾下符上，上符下，三符合一處。」《廣記》雖脫「取一符投江中，順流而下」，但「三符合一處」足證「向二符皆還就之」之誼。《三洞群仙

〔註119〕楊明照《〈抱朴子內篇校釋〉補正（下）》，《文史》第17輯，1983年版，第258頁。

〔註120〕嚴可均《鐵橋漫稿》卷6《代繼蓮龕為〈抱朴子〉敘》，收入《續修四庫全書》第1489冊，上海古籍出版社2002年版，第17頁。

錄》卷 12 引《丹臺新錄》:「葛仙翁乃取一符投水中,水迅急,符逐水而流下。公曰:『如何?』客曰:『今凡人投之亦當爾。』復投一符,即迎水逆上。公曰:『如何?』客曰:『異矣。』復取一符投水中,符亭,亭不上不下,須臾上符下,下符上,會中央,三符同聚而不流。」

（2）城陽郄儉少時行獵……（《類聚》卷 77,《御覽》卷 720、931）

按:《類聚》見卷 75,嚴可均誤記卷號。《事類賦注》卷 28、《緯略》卷 1 亦引之。

（3）吳世有姚光者,有火術。吳主躬臨試之。積荻數千束,光坐其上,又以數千束荻累之。因猛風燔之,火盡,謂光當已化為煙燼。（《類聚》卷 80、82,《御覽》卷 871、1000）

按:《三國志》卷 63 裴松之注亦引此條。《類聚》卷 82 作「累」,裴松之注及《御覽》卷 871 引作「裏」,《三洞群仙錄》卷 19 引《感應錄》同,《雲笈》卷 110 作「旅裏」。既言「積」矣,則不須復言「累」,「累」是「裏」形誤。裴注引「光坐其上」上有「使」字,《感應錄》同。

（4）李南乘赤馬行……南謂從者曰:「彼白馬言汝今當見一黃馬左目盲者,是吾子,可令使駛,行相及也。」……問其子（疑作「人」）,果向白馬子也。（《類聚》卷 93,《御覽》卷 897）

按:《類聚》卷 93 引作「可令駛行相及也」〔註 121〕,《御覽》卷 897 引作「可爲告使駛行相及」,《緯略》卷 1 引作「可告之快行相及」。「令」、「使」是同義異文,嚴可均合其文作「令使」,殊為不當。《御覽》「駛」是「駃」形誤,即「快」字,嚴氏取「駛」舍「駃」,亦不當。當「駛行」連文,「可令駛行相及也」作一句讀,王明失其讀。又景宋本《御覽》作「問其主」,四庫本等俗本誤作「問其子」,嚴氏未見善本也。

（5）王業疏（疑當作「為」字）荊州卒,白虎三頭匍匐於軜下。（舊寫本《書鈔》卷 35,此據嚴氏覆校補）

按:《書鈔》卷 35「下」作「車」,嚴可均誤錄。

〔註 121〕《類聚》據宋刻本,明刻本、四庫本「駛」誤作「駃」,上海古籍汪校本又誤作「駛」。

（6）案使者甘宗（《全晉文》卷 117「宗」作「崇」）所奏西域事云，
　　外國方士能神祝者，臨淵禹步吹氣，龍即浮出。（《類聚》卷 96，
　　《御覽》卷 11、736、929）

　　按：無書引作「甘崇」，《全晉文》誤刻。《類聚》引作「案」，《廣記》卷
418 引作「秦」，疑「秦」字是。《御覽》卷 736、929、《事類賦注》卷 28 引
作「臨淵」，《類聚》卷 96、《廣記》、《紺珠集》引作「臨川」，《御覽》卷 11、
《事文類聚》前集卷 5、《合璧事類備要》前集卷 2 引作「臨泉」。「川」是「淵」
形誤，「泉」是避諱字。

（7）天陵偃蓋之松，大谷倒生之柏，皆為天齊其長，地等其久。（《類
　　聚》卷 88，此據嚴氏覆校補）

　　按：《初學記》卷 28、《御覽》卷 953、《事類賦注》卷 24 亦引之，「皆為」
作「皆與」，其上復有「凡此諸木」四字。「為」當作「與」。

（8）若士所食，必此草也。（《類聚》卷 97，《御覽》卷 942）

　　按：《御覽》引「必此草」作「此必草」，嚴可均氏誤倒。「此」指所食。
言若士所食必是草也。

（9）金蘭芝生於名山之陰，金石之間。上有水蓋，莖出（疑作「赤」）。
　　（《類聚》卷 98）

　　按：宋本《類聚》作「莖赤」，四庫本等俗本誤作「出」字，嚴氏未見善本也。

（10）蒼山岑石之中赤雲芝，狀如人豎，豎如連鼓。其色如澤，以夏
　　　採之。（《類聚》卷 98）

　　按：《類聚》「赤雲芝」下有「下」字，二「豎」作「竪」。疑當讀作：「蒼
山岑石之中赤雲芝下，狀如人，竪竪如連鼓。」《論衡·雷虛》：「圖畫之工圖
雷之狀，纍纍如連，鼓之形。」《玉燭寶典》卷 11 引「纍纍」作「壘壘」，《類
聚》卷 2 引作「晶晶」，《書鈔》卷 152 引作「疊疊」。「竪竪」、「疊疊」均「壘
壘」之誤。

（11）丹芝生於名山之陰，崑崙之山，大谷源泉，金石之中。（《類
　　　聚》卷 98）

　　按：《類聚》「丹芝」作「月芝」，嚴可均氏誤記。《御覽》卷 986 引《神

仙傳》亦有「月芝」。

（12）人芝生名山之陰，青蓋白莖。治乾食，日半合，則使人壽，
　　　入水可久也。（《類聚》卷 98）

　　按：宋本《類聚》「治乾食」作「陰乾治食」。四庫本脫作「乾治食」，嚴
可均氏復誤作「治乾食」。

（13）火芝生於名山陽。（《類聚》卷 98）

　　按：《類聚》「陽」上有「之」字。

（14）白雲芝生於名山之陰……以秋採之，陰乾治食，日一合，
　　　不中風雷，令人色澤光也。（《類聚》卷 98）

　　按：《類聚》「日一合」云云十三字作「令人身輕齒堅」。「日一合」云云乃
下條「金芝」中語，四庫本二文恰好平列，處於同一位置。嚴可均氏誤看其
文，繼昌、王明均未覆檢。

（15）雲母芝生於名山之陰……陰乾治食，使人身光，壽千歲，
　　　醮以牛脯。（《類聚》卷 98）

　　按：嚴可均輯本作「壽千萬歲」，不誤。王明轉錄脫「萬」字。

（16）葉芝生於名山之陽，及出央山大谷源泉水中。赤蓋白莖，上有
　　　兩葉三實。（《類聚》卷 98。「葉」當作「華」）

　　按：「葉當作華」乃王明按語，當指「葉芝」之「葉」字。《類聚》本作
「華芝」，嚴可均誤作「葉芝」。

（17）田地既有自然之鱓，而有荇莖芩根土龍之屬化為鱓。（《御覽》
　　　卷 937，又卷 1000 引「蓁根化為鱓」當即此）

　　按：《御覽》卷 1000 引《抱朴子》「蓁根化爲鱓」，《本草綱目》卷 14 引
作「蓁根化鱓」。嚴可均誤「鱓」作「蘚」字，繼昌、王明均未知檢正。「芩
根」即「蓁根」，非黃芩之根。

（18）歷陽有彭祖仙室，請雨必得。（《御覽》卷 11）

　　按：《列仙傳》卷上：「歷陽有彭祖仙室。前世禱請風雨，莫不輒應。」

《搜神記》卷 1 同。

（19）左元放言，金華山可以合神丹，免五兵洪水之害。（《御覽》卷 47）

按：《御覽》引「害」作「患」，《太平寰宇記》卷 97 引同。嚴可均誤記。

（20）崑崙及蓬萊，其上鳥獸飲玉井，皆長生不死也。（《御覽》卷 20。「井」下脫「泉」字。」）

按：《御覽》卷 70 引作「飲玉井泉」。嚴可均脫「泉」字，但卷號不誤。繼昌誤作「卷 20」，王明從誤。

（21）黃帝諡，蓋後人追為之。諡取其法（「法」當作「治」）世時行迹而已，非黃帝群臣之作也。俗人通自不信仙，寧肯以仙諡黃帝乎？（《御覽》卷 562）

按：「法當作治」乃王明按語。宋本《御覽》「法」作「治」，「寧肯」下有「追」字。四庫本等俗本誤作「法」字。嚴氏「追」字不脫，繼昌、王明轉錄而奪耳。

（22）四周徼道通事（當作「車」），且廣高可乘馬……言殿中將（「將」下脫「軍」字），或言侍郎……棺中有人，鬢毛班白鮮明，面體如生人。（《御覽》卷 558）

按：「事當作車」是嚴可均校語，「將下脫軍字」是王明校語，殊不分明。景宋本《御覽》卷 558「且」作「具」，無「廣」字，「將」下有「軍」字，「毛」作「已」（《搜神記》卷 15「且」作「其」，餘同）。《太平寰宇記》卷 123 引「毛」亦作「已」。「具」是「其」形譌。嚴氏所據乃俗本。嚴氏說「事當作車」是也，《搜神記》正作「通車」。

（23）不盡力明師道，有罪不可除也。（《御覽》卷 659）

按：《御覽》「明」下有「其」字，「有」作「則」。嚴可均誤記。

（24）道林子有五種尸解符，今太玄陰生符，及是一病解者。（《御覽》卷 664）

按：景宋本《御覽》作「道林中」，嚴氏所據乃俗本。王明於「道林子」

旁標示人名專名線，大誤。「及」當作「乃」。

（25）薛振，字季和，燕代人。周武王時，學道于鍾山北河，經七試而不過者，由淫泆鄙滯敗其試耳。（《御覽》卷 666）

按：景宋本《御覽》作「薛旅」，嚴氏所據乃俗本。《真誥・運象篇》載此事，亦作「薛旅」；又「北河」作「北阿」，當據校正。

（26）零子勿發視之。（《御覽》卷 666）

按：《御覽》「勿」作「忽」，嚴輯不誤，王明轉錄而誤耳。

（27）自恥無志，乃毀車殺牛裂敗衣。尋去從師，受《詩》《傳》《禮》《易》，復學道術占候。（《御覽》卷 666）

按：《御覽》「尋」作「幘」，《真誥・稽神樞》同。當讀作：「乃毀車殺牛，裂敗衣幘。去，從師受《詩》《傳》《禮》《易》。」《後漢書・周燮傳》：「（馮良）恥在廝役，因壞車殺馬，毀裂衣冠，乃遁至犍為，從杜撫學。」

（28）漢成帝從（疑作「重」，或此下有脫文。）其道德，常宗師之……望之仰手承李，自墜掌中。（《御覽》卷 666）

按：景宋本《御覽》作「重」，「李」字重，「自墜」作「自墮」。嚴氏所據乃俗本。

（29）後聖君命清虛小有真人，撰集上仙真籙，總名為上清（一本作「真」）正法，以惛萬邪。（《御覽》卷 667）

按：《御覽》卷 667 又引《東卿司命經》：「後聖道君命清靈小有天王修集上仙真籙。」

（30）葛仙公每飲酒醉，常入門前陂中，竟日乃出。會從吳主到荊州，還大風，仙公船沒。（《御覽》卷 845）

按：陂中，《三國志》卷 63 裴松之注、《類聚》卷 9、《御覽》卷 72 引作「陂水中臥」。荊州，景宋本《御覽》卷 845 作「列州」，裴注引作「洌洲」。嚴氏所據乃俗本。字亦作「烈洲」、「栗洲」、「溧洲」，建康洲浦名，屬吳地。《晉書・劉牢之傳》「（牢之）率北府文武屯洌洲」，《御覽》卷 462 引《晉中興書》作「洌州」，《宋書・武帝本紀》作「溧洲」。《御覽》卷 69 引《丹陽記》：

「烈洲在縣西南。《輿地志》云：『吳舊津所也。內有小水堪泊舡，商客多停以避烈風，**攺**（故）以名焉。王濬伐吳宿於此。簡文爲相時會桓玄之所也。亦曰溧洲，洲上有山，山形以（似）栗，伏滔《北征賦》謂之烈洲。』」〔註122〕史炤《資治通鑑釋文》卷12：「溧洲：音栗，地名。溧水出溧陽縣。」列、洌、烈、溧、栗古音並同，《輿地志》說其名義，「避烈風」、「山形似栗」云云，均是望文生義。「溧水」是「瀨水」音轉，吳語稱水急流於沙石之上曰「瀨」，又音轉作「厲」〔註123〕。

（31）軫星逐鬼，張星拘魂，東井還魂也。（《御覽》卷886）

　　按：景宋本《御覽》「還魂」作「還魄」。

（32）韓子治以地黃甘草，哺五十歲老馬。（《御覽》卷897）

　　按：《御覽》「韓子治」下有「嘗」字，《事類賦注》卷21引同。嚴氏引脫。

（33）以鸛血塗金丹一丸，內衣中，以指物，隨口變化。（《御覽》卷925）

　　按：此條非佚文，出本書《黃白》：「以狐血鸛血塗一丸，內爪中，以指萬物，隨口變化，即山行木徙。」《御覽》引在「鸛雀」條，則「鶴」當是「鸛」形誤，「衣」、「爪」不知孰是。

（34）胡麻好者，一夕蒸之，如炊。須暴乾復蒸，細篩，白蜜和丸，如雞子大，日二枚。一年，顏色美，身體滑……（《御覽》卷989）

　　按：景宋本《御覽》作：「胡麻好者一石，蒸之如炊，須暴乾，復蒸，丸和，細篩，白蜜丸，如雞子，日二枚。一年，面色美，身體滑……」「夕」是「石」誤，言蒸一石好胡麻也。抱朴說本於《太上靈寶五符序》卷中：「胡麻子好者，擇治，去苔穢，蒸之如炊，須曝乾復蒸，九曝九蒸乃止。治下細篩，

〔註122〕《景定建康志》卷19引「**攺**」作「故」，「以」作「似」，「《北征賦》謂之烈洲」之「烈洲」作「栗洲」。

〔註123〕參見蕭旭《〈越絕書〉古吳越語例釋》，收入《群書校補（續）》，花木蘭文化出版社2014年版，第2009～2011頁。

以白蜜丸，服如雞子一枚，日三。又一方云不能丸，服成末三升以為常。服之一年而（面）色美，身體滑澤……」

（35）王生云：月初生及既虧之後，視之宜如三寸鏡，稍稍轉大，初如破環，漸漸滿也

按：此條出《歲華紀麗》卷 3 引，有脫文。《初學記》卷 1 引尤詳，作：「王生云：月不圓者，月初生及既虧之後，視之宜如三寸鏡，稍稍轉大，不當如破環，漸漸滿也。」《御覽》卷 4 作：「王生云：月不圓，望之圓者，月初生及既虧之後，視之宜加（如）三寸鏡，稍稍轉大，不當初如破環，漸漸滿也。」各書明明說出自《抱朴子》，《全晉文》卷 117 據《初學記》及《御覽》輯作葛洪佚文，云「篇名并闕」，不知何故？

2020 年 7 月 9 日～2020 年 8 月 15 日初稿。

《抱朴子外篇》校補（續）

　　東晉葛洪撰《抱朴子外篇》50 卷。

　　清代以還，整理校勘此書者有如下諸家：孫星衍平津館《抱朴子》校本〔註1〕，繼昌、陳其榮《抱朴子外篇校勘記》〔註2〕，俞樾《讀〈抱朴子〉》〔註3〕，孫詒讓《抱朴子札迻》〔註4〕，孫人和《抱朴子校補》〔註5〕。

　　楊明照《抱朴子外篇校箋》〔註6〕，以孫星衍平津館本作底本，全錄孫氏校語。參校正統道藏本（省稱作「藏本」）、明魯藩本（即《四部叢刊》影印本，繼昌、孫人和稱作「承訓本」、「承訓書院本」）、明吉藩本、舊寫本（即孫星衍所稱舊寫本）、明慎懋官本（省稱作「慎本」）、明盧舜治本（省稱作「盧本」）、清柏筠堂本、四庫全書文溯閣本（省稱作「文溯本」）、王謨《漢魏叢書》本（省稱作「叢書本」）、諸子彙函本（省稱作「彙函本」）、崇文局

〔註1〕 孫星衍平津館《抱朴子》校本，收入《叢書集成初編》（內篇第 561～565 冊，外篇第 565～569 冊），中華書局 1985 年影印。

〔註2〕 繼昌、陳其榮《抱朴子外篇校勘記》，《四部備要‧子部》第 55 冊附錄，第 180～184 頁。其中陳其榮校語原文以「榮案」別之。

〔註3〕 俞樾《讀〈抱朴子〉》，收入《春在堂全書》第 3 冊《曲園雜纂》卷 25，鳳凰出版社 2010 年版，第 167～169 頁；又收入《諸子平議補錄》卷 11（李天根輯），中華書局 1956 年版，第 89～93 頁。

〔註4〕 孫詒讓《抱朴子札迻》，收入《札迻》卷 10，中華書局 1985 年版，第 343～345 頁。

〔註5〕 孫人和《抱朴子校補》，民國鉛印本，第 37～44 頁。出版時間大約在 1925 年前後。

〔註6〕 楊明照《抱朴子外篇校箋》（上冊），中華書局 1991 年版。楊明照《抱朴子外篇校箋》（下冊），中華書局 1997 年版。楊明照早年作《抱朴子外篇舉正》（《中國文化研究彙刊》第 4 卷，1944 年版，第 125～173 頁）、《抱朴子外篇校證（上、下）》（《文史》第 23、24 輯，1984、1985 年版，第 253～277、293～318 頁）。《校箋》後出，當是楊氏修訂本。本稿不徵引《舉正》、《校證》二文。

本。參考明人徐濟忠、清人顧廣圻、陳澧、王廣恕以及近人王國維、陳漢章
的批校本。楊氏《校箋》是目前最為精審的整理本，饒宗頤氏亟稱之〔註7〕。

楊明照《校箋》雖云以孫氏平津館本作底本，但有誤刻之字。如《詰鮑篇》
「故削桂刻漆」（下冊第 494 頁），底本及其他各本「削」均作「剝」。又有各本
不誤，孫氏平津館本誤刻，楊氏沿襲其誤而未作校正者。舉數例如下：《任能
篇》「才非匹而安仗之者」（上冊第 317 頁），各本「安」作「委」。《博喻篇》「民
財匱夫，而求不已」（下冊第 255 頁），各本「夫」作「矣」。《博喻篇》「營辱不
可以才量」（下冊第 312 頁），各本「營」作「榮」。《廣譬篇》「猶輕羽之沒洪
鑪」（下冊第 329 頁），各本「沒」作「投」。《百家篇》「而癈助教之言」（下冊
第 443 頁），各本「癈」作「廢」，楊氏據誤本，讀癈為廢，誠多事而不知檢正
也。《知止篇》「咸蹈雲物以高鶩」（下冊第 587 頁），各本「鶩」作「騖」。《自
叙篇》「果有伏賊數百，出傷諸軍」（下冊第 685 頁），道藏本、魯藩本、慎校本
「傷」作「蕩」，《永樂大典》卷 10287 引同。此等處均亟當改正。

葛洪《外篇自叙》說：「其《內篇》言神僊方藥……屬道家；《外篇》言
人間得失，世事臧否，屬儒家。」《隋書・經籍志》、《舊唐書・經籍志》把
《外篇》歸屬雜家。《四庫全書總目提要》云：「其書《內篇》論神仙吐納、
符籙克治之術，純為道家之言。《外篇》則論時政得失人事臧否，詞旨辨博，
饒有名理；而究其大旨，亦以黃、老為宗。故今併入之道家，不復區分焉。」
〔註8〕抱朴先生乍出乍入，或儒或道，不復區分可矣。余既校《內篇》，《外
篇》因附焉。

余以前作過《〈抱朴子外篇〉校補》〔註9〕，舊時聞見不廣，撰文龘疏，
因以楊氏《校箋》本為底本重作校補，是為續篇耳。余所稱的「四庫本」指文
淵閣本，與楊氏所引非同一本。

本文引用類書，孔廣陶校刻本《北堂書鈔》（省稱作《書鈔》），古香齋本
《初學記》，南宋刻本《藝文類聚》（省稱作《類聚》），南宋刻本《白氏六帖事
類集》（省稱作《白帖》），景宋本《太平御覽》（省稱作《御覽》），南宋刻本
《事類賦注》，明刊本《太平廣記》（省稱作《廣記》）。

〔註 7〕 饒宗頤《〈抱朴子外篇校箋〉書後》，收入《饒宗頤道學文集》，天地圖書有
　　　　限公司 2016 年版，第 157～162 頁。
〔註 8〕 《四庫全書總目提要》，中華書局 1965 年版，第 1250 頁。
〔註 9〕 蕭旭《〈抱朴子外篇〉校補》，收入《群書校補》，廣陵書社 2011 年版，第 785
　　　　～800 頁。

《抱朴子外篇校箋》上冊

卷一《嘉遯篇》

（1）絕軏躅於金、張之間

按：道藏本、慎校本、魯藩本、四庫本、道藏輯要本「軏」誤作「軏」。平津館本徑正作「軏」，卻未作校記。本書《逸民》「開殘賊之軏」，道藏本、慎校本、魯藩本「軏」亦誤作「軏」。本書《臣節》「不改其軏」，道藏本「軏」誤作「軌」。唐乾符二年《劉定師墓誌》：「實閨閫之令淑，訓家之軏躅者也」，「軏」誤作「軌」。

（2）空谷有項領之駿者，孫陽之恥也

楊明照曰：《詩‧節南山》：「駕彼四牡，四牡項領。」毛傳：「項，大也。」（P6）

按：項領，魯藩本、道藏輯要本同，道藏本、慎校本、四庫本誤作「頂領」。

（3）不能凌厲九霄，騰跚玄極

楊明照曰：《淮南子‧原道》：「蹈騰昆侖。」《玉篇》：「蹣，蹣跚，旋行貌。跚，蹣跚。」《廣韻》：「跚，蹣跚，跛行兒。」照按：「騰跚」二字當互乙，文意始合。「跚騰玄極」與《淮南子》之「蹈騰昆侖」，句法正相似也。（P6）

按：楊氏理解「騰跚」與「蹈騰」同，是也，但引《篇》《韻》「蹣跚」則誤，且乙「騰跚」為「跚騰」亦殊不必。跚，蹈也，踐也，蹈也。另詳《抱朴子內篇‧暢玄》「踐跚旋璣」校補。

（4）疵清則倚暗夜光，救濁則立澄黃河

楊明照曰：夜光，月也。（P10）

按：四庫本、道藏輯要本「夜光」誤作「外光」。疵，道藏本、魯藩本同，慎校本、道藏輯要本作「疵」，四庫本作「庇」。作「疵」是，讀為訿、呰，毀也。倚亦立也，此文虛化作時間副詞。

（5）不拯招魂之病，則無以效越人之絕伎；不獎多難之世，則無以
知非常之遠量

按：獎，讀為戕，俗作將，扶助也。

（6）於是懷冰先生蕭然遐眺，遊氣天衢

按：蕭然，讀作「悠然」，亦作「翛然」，遠貌。《莊子·大宗師》《釋文》：
「翛，音簫，李音悠。向云：『翛然，自然無心而自爾之謂。』」本書《名實》
「蕭然自足」，《刺驕》「蕭然自得」，亦均同。

（7）不役志於祿利，故害辱不能加也；不躇跱於險途，故傾墜不能
為患也

孫星衍曰：辱，藏本作「而」。

楊明照曰：「加」上疑脫一字，下文句可證。「躇跱」與「躇跱」同。（P24）

按：慎校本、魯藩本「辱」亦作「而」。躇跱，道藏本、魯藩本作「躇跱」，
慎校本作「躇跱」，四庫本、道藏輯要本作「躊躇」。「加」上無法補字，楊氏
拘文害義。

（8）碻岳峙而不拔

按：碻，慎校本同，堅固也。道藏本、魯藩本作「礭」，俗譌字；四庫本、
道藏輯要本誤作「殆」。

（9）以慾廣則濁和，故委世務而不紆昡

按：紆昡，猶言曲視。慎校本誤作「紆眄」。

（10）夫鸞不結網，驎不墮罟

孫星衍曰：鸞，今本作「鳶」，從《意林》改。

楊明照曰：驎，「麟」之借字。《列女傳·周南之妻傳》：「夫鳳皇不離於蔚
（當作「蔚」）羅，麒麟不入於陷罟。」（P28）

按：楊說是也。《意林》卷4引作「鸞不掛網，麟不墮罟」，字正作「麟」。
「結」同「掛」。《古文苑》卷4揚雄《太玄賦》：「鸞鳳高翔戾青雲兮，不掛
網羅。」

（11）咀漏脯以充飢，酣鴆酒以止渴也

楊明照曰：漏脯，變質乾肉。（P36）

按：楊說非是。《肘後備急方》卷7：「茅屋汁霑脯為漏脯，有毒。」《外臺秘要方》卷31：「茅屋溜下沾脯為漏脯，有大毒。」

（12）蓋徹鑒所為寒心，匠人之所眩惑矣

楊明照曰：王廣恕曰：「匠，疑『近』字之誤。」照按：《逸民》、《行品》、《疾謬》、《譏惑》、《自敍》五篇，均有「近人」之文，王說是也。（P42）

按：王、楊說非是。諸篇有「近人」一詞，不足證此文有誤。「匠人」與「徹鑒」對文，「近人」則不儷。匠，巧善也。《慧琳音義》卷14引《韻詮》：「善巧於事曰匠。」

（13）寸膠不能治黃河之濁，尺水不能卻蕭丘之熱

楊明照曰：膠，《意林》卷4引作「醪」。照按：《淮南萬畢術》：「膠撓水則清。」（《御覽》卷736引）是膠有澄清濁水之能矣……馬氏所引非是。《御覽》卷61引作「膠」，未誤。（P43）

按：道藏本《意林》引作「膠」，學津討原本、指海本、四庫本、同文書局叢書本同，《永樂大典》卷10287引《意林》亦同，均未誤。清鈔本、榕園叢書本、聚珍本《意林》作「醪」。楊氏所據《意林》乃誤本耳。《御覽》卷61、《事類賦注》卷6引「治」作「理」，「熱」作「火」。

（14）穿舟而息漏，猛爨而止沸者也

按：息，讀作塞，止塞也。《釋名》：「息，塞也，塞滿也。」清華簡（一）《祭公之顧命》簡16「女（汝）毋以俾（嬖）御息爾莊句（后）」，整理者括注「息」為「塞」〔註10〕。清華簡（二）《繫年》簡23：「賽侯亦取妻於陳，是賽為。賽為將歸於賽，迌（過）蔡。」《左傳·莊公十年》作「息侯亦娶焉，息媯將歸，過蔡」。整理者指出「賽，通『息』」〔註11〕。《申鑒·時事》「則妖偽息矣」，《漢紀》卷10引「息」作「塞」。均其音轉之證。《戰國策·韓策二》：「舟漏而弗塞，則舟沈矣。」本書《博喻》：「猶懷冰之遣冷，重鑪以卻暑，逐光以逃影，穿舟以止漏矣。」是「息漏」即「塞漏」、「止漏」也。「止

〔註10〕《清華大學藏戰國竹簡（壹）》，中西書局2010年版，第174頁。
〔註11〕《清華大學藏戰國竹簡（貳）》，中西書局2011年版，第148頁。

沸」之止,則是停止之誼。

（15）且夫道存則尊,德勝則貴

楊明照曰:勝,道藏本、魯藩本、吉藩本作「盛」。照按:《疾謬篇》「夫德盛操清」,《博喻篇》「德盛業廣」,是此亦當作「德盛」,然後一律(孫刻從藏本出,而時有不合者,非緣誤刻即臆改)。(P46)

按:當作「德盛」,《永樂大典》卷 3585 引同。慎校本、四庫本、道藏輯要本作「德勝」,「勝」字非孫氏臆改,乃據慎本耳。本書《逸民》「盛務於庭粒者」,慎校本、四庫本、道藏輯要本「盛」亦作「勝」。

（16）隋珠彈雀,知者不為

按:道藏本、魯藩本「知」作「智」。孫氏作「知」,亦據慎本。

（17）登嵩峰為臺榭,疵巖霤為華屋

楊明照曰:盧本、柏筠堂本、文溯本、叢書本、蜀藏本、崇文本作「庇」。「庇」字是,蔭也,寄也。巖霤,謂穴居。(P51)

按:道藏本、魯藩本、慎校本亦作「庇」。作「疵」乃孫氏誤刻。霤,讀作廇,屋之中庭也。

（18）棄細人之近戀,捐庸隸之所欲

按:捐,慎校本、四庫本、道藏輯要本誤作「損」。

（19）遊九皋以含歡,遣智慧以絕俗

按:慧,道藏本、魯藩本、慎校本作「惠」。

（20）而先生慕嘉遁之偏枯,不覺狷、華之患害也

楊明照曰:《韓非子·外儲說右上》「齊東海上有居士曰狂矞、華士,昆弟二人者立議曰」云云。照按:狷,《逸民》作「狂狷」,是此乃省稱,然《淮南子·人間》、《論衡·非韓》並作「狂譎」,與《韓非子》之「狂矞」同(『矞』為『譎』之省),則此「狷」字可疑。顧廣圻校舊寫本於「狷」字右側畫一△號,蓋已覺其有誤矣。(P57)

按:此齊國昆弟二人行為乖世,是狷狂之人,《韓子》已失其本名,因而稱作「狂矞、華士」。華讀為誇,亦狂傲之義。本書稱作「狂狷、華士」,又

省稱作「狷、華」。「狷」字義同「矞（譎）」，無須疑之。

（21）夏后御世，而窮藪有握耒之賢

按：道藏本同。魯藩本、慎校本「耒」誤作「來」。慎校本「窮藪」誤作「穹數」。四庫本、道藏輯要本改作「窮谷」，亦非其舊。

（22）赴勢公子勃然自失，肅爾改容

按：勃然，讀作「忽然」，茫然失落貌。《上清八道秘言圖》：「若有犯者，則心震意慢，忽然自失。」「勃然自失」即本書《安貧》「茫然自失」之誼。《越絕書・外傳記地傳》「物盧之矛」，《吳都賦》劉淵林注、《御覽》卷 353、《玉海》卷 151 引「物盧」作「勃盧」。是其音轉之證。《管子・輕重甲》「桓公忽然作色」，此「忽然」則讀為「悖然」、「勃然」，怒貌。

卷二 《逸民篇》

（1）吾子沈遁，不亦危乎

楊明照曰：沈遁，長期隱居。（P68）

按：《抱朴子內篇・釋滯》「沉遁放逸」，「沉」是「沈」俗字。沈，讀作潛。《韓詩外傳》卷 6「潛魚出聽」，《大戴禮記・勸學》作「沈魚」。是其音轉之證。本篇下文「潛退之士，得意山澤」，「潛退」是其誼也。

（2）不能儀玄黃以覆載，擬海嶽以博納

楊明照曰：儀，效法。（P68）

按：楊說非是。本書《嘉遯》：「儀坤德以厚載，擬乾穹以高蓋。」儀亦擬也，比擬、匹配之誼。

（3）而呂尚無烹鱗之術，出致遠之御

楊明照曰：孫人和曰：「『出』乃『拙』之壞字。《官理篇》云『故良駿敗於拙御』，是其義矣。」照按：孫說是。（P69）

按：孫說可通。余讀出作屈，字亦作闕，短缺。

（4）翫瀅汀，遊潢洿，未浮南溟而涉天漢

按：「涉」當作「陟」，登也。《御覽》卷 672 引《茅盈傳》：「得其道者，

上陟雲漢，宴寢太極。」《書鈔》卷150引脫誤作「翫榮河者，若浮南濱而涉天漢」。

（5）經世之士，悠悠皆是

楊明照曰：《論語·微子》：「滔滔者，天下皆是也。」《釋文》：「滔滔，鄭本作『悠悠』。」蓋古《論》也。（P86）

按：「悠悠」、「滔滔」一聲之轉，楊氏尚隔一間。

（6）推黃鉞以適釤鎌之持

楊明照曰：《玉篇》：「釤，大鎌。」（P94）

按：「釤」是「芟」轉語，亦作「剼」，又轉作「斬」，刈也。《博喻篇》「猶釤禾以討蝗蟲，伐木以殺蠹蝎」，此例作動詞，謂刈除。本文用作名詞，指刈草的農具，字亦作「鏒」。P.2624盧相公《詠廿四氣詩》：「杏麥修鐮釤，鋤笊豎棘籬。」S.3227V《農器部》：「鐮鏒。」「鐮釤」、「釤鎌」即「鐮鏒」也。

（7）湌咀流霞

按：湌，道藏本、魯藩本作「飡」，慎校本、四庫本作「食」。「湌」同「餐」，「飡」是俗字，「食」是脫誤字。

（8）干木不荷戈戍境，築壘疆埸，而有蕃魏之功

楊明照曰：「埸」字誤，當據藏本、魯藩本、吉藩本、舊寫本、文溯本改作「埸」。（P102）

按：底本作「埸」，亦當是「埸」字，惟右上「日」誤刻作「目」，不成字耳。慎校本亦作「埸」。

（9）則呂尚之誅華士為凶酷過惡，斷可知矣

楊明照曰：本篇上文以狂狷、華士，或狷、華（二見）並舉（《嘉遯篇》亦有『不覺狷、華之患害』語），此亦宜然，始能前後相應。「華士」上，疑脫「狂狷」二字。（P109）

按：楊說未必然。前文舉「狷、華」二人，此則偏舉「華士」一人以概之，不必補「狂狷」二字。《尹文子·大道下》、《家語·始誅》並云「太公誅華士」，《荀子·宥坐》「太公誅華仕」，亦是偏舉「華士（仕）」一人，與此

文同。《淮南子‧人間篇》「狂譎不受祿而誅」，則是偏舉「狂譎」一人，不必補「華士」。

卷三 《勘學篇》

（1）簸揚埃穢

楊明照曰：「籫」不成字，當依魯藩本、吉藩本、文溯本改作「簸」。（P111）

按：道藏本亦作「簸」，《書鈔》卷83、《御覽》卷607引同。底本承慎校本誤作「籫」。埃，《御覽》引同，《書鈔》引誤作「淡」。

（2）察往知來，博涉勸戒

孫星衍曰：戒，藏本作「成」，從舊寫本改。

按：孫校是，《御覽》卷607引正作「戒」。慎校本、魯藩本、四庫本亦誤作「成」。

（3）登閬風，捫晨極，然後知井谷之闇隘也

楊明照曰：「晨」當作「辰」……《御覽》卷607引正作「辰」。（P116）

按：闇隘，《御覽》卷607引作「閉隘」，義長。《後漢書‧何顒傳》「顒常私入洛陽，從紹計議。其窮困閉戹者，為求援救，以濟其患。」

（4）粉黛至則西施以加麗，而宿瘤以藏醜

按：藏，《御覽》卷607引作「餝」，「餝」之俗譌字，借作「飾」。

（5）經術深則高才者洞達，鹵鈍者醒悟

孫星衍曰：達，藏本作「逸」，從舊寫本改。

楊明照曰：「鹵」上，《御覽》卷607引有「而」字。照按：有「而」字，始能與上「而宿瘤以藏醜」句一律，當據補。（P118）

按：魯藩本、慎校本、四庫本亦作「逸」，《御覽》卷607引同。是舊本固作「逸」字，不得遽改。洞逸，讀作「洞溢」。《論衡‧超奇》：「或帶徒聚眾，說論洞溢，稱為經明」又《御覽》引「鹵」作「魯」。

（6）夫周公上聖，而日讀百篇。仲尼天縱，而韋編三絕

楊明照曰：《墨子‧貴義》：「子墨子曰：『昔者周公旦朝讀書百篇，夕見

漆（七）十士。』」《金樓子・說蕃》：「旦讀書一百篇，夕則見士七十人也。」
照按：《墨子》以「朝」與「夕」對舉，《金樓子》以「旦」與「夕」對舉，是
此文之「日」字當作「旦」。（P127）

　　按：「百篇」指《尚書》。《金樓子》增「一」字，蓋謂泛指一百篇，非
是。《墨子》「周公旦」是人名，《金樓子》「旦」下蓋脫「朝」字。彼二文「朝」
與「夕」對舉，此文無「夕見七十士」，則不必言「朝」，「日」字不誤，《御
覽》卷 612 引亦作「日」。唐・崔融《皇太子請修書表》：「以周公之上聖，
日讀百篇；以孔父之多能，韋編三絕。」正本抱朴，是唐人所見本，亦是「日」
字。

（7）仲舒命世，不窺園門

　　按：門，《御覽》卷 612 引作「圃」。

（8）黃霸抱桎梏以受業。甯子勤夙夜以倍功

　　按：《御覽》卷 612 引無「抱」、「勤」二字。

（9）彼雖尋飛絕景，止而不行，則步武不過焉

　　按：「尋飛絕景」是抱朴成語，本書《博喻》：「尋飛絕景之足，而不能騁
逸放於呂梁。」《真誥》卷 7 用其文。尋，猶言追逐。本書《任能》「尋飛逐
走，未若假伎乎鷹、犬」，尋亦逐也。張衡《西京賦》「乃有迅羽輕足，尋景追
括」，尋亦追也。

（10）冀群寇畢滌，中興在今

　　楊明照曰：滌，除也。（P138）
　　按：滌，亦可讀為逐。

（11）令抱翼之鳳，奮翩於清虛；項領之駿，騁迹於千里

　　按：抱，讀為傅。道藏本「項」誤作「頂」，「千」誤作「十」。

（12）吐結氣

　　按：慎校本、四庫本「吐」誤作「起」。

卷四《崇教篇》

（1）冬沓貂狐之縕麗，夏縝紗穀之翩飄

楊明照曰：縕，疑當作「溫」。《顏氏家訓‧書證》：「重沓，是多饒積厚之意。」《集韻》：「沓，一曰合也。」縝，緻也。《廣韻》：「縝，結也，單也。」（P149～150）

按：四庫本「縕」作「溫」。「沓」是重疊義，慎校本誤作「踏」，四庫本誤作「蹈」。「縝」訓密緻，是「積」借字。「縝」訓結，是「紾」借字。「縝」訓單，指單衣，是「袗」借字。楊氏不知三訓異源，不能並列。此文「縝」當讀作「袗」，作動詞用，指穿紗穀製成的單衣。本書《用刑》「袗卻寒之裘，以禦鬱隆之暑」，亦此用法。《論語‧鄉黨》「當暑，袗絺綌」，《集解》引孔安國曰：「暑則單服，絺綌，葛也。」《釋文》：「紾，本又作袗，單也。」劉寶楠曰：「袗，《釋文》及唐石經、《五經文字》皆作『紾』，皇本作『縝』，邢本作『袗』。段氏玉裁《說文注》以『袗』為正，『紾』為叚借，『縝』為俗。」〔註12〕《禮記‧曲禮下》「袗絺綌，不入公門」，鄭玄注：「袗，單也。孔子曰『當暑，袗絺綌，必表而出之』，為其形褻。」

（2）劇談則方戰而已屈，臨疑則未老而憔悴

按：未，道藏本、魯藩本、慎校本誤作「生」。

（3）或未免於襁褓之中，而加青紫之官；纔勝衣冠，而居清顯之位

按：繼昌曰：「《初學記》卷18『官』作『秩』，『清顯』作『寵榮』。」〔註13〕《事文類聚》後集卷9、《合璧事類備要》續集卷6引同《初學記》。

（4）操殺生之威，提黜陟之柄

按：《初學記》卷18引作「專生殺之威，操黜陟之柄」。

（5）先哲居高，不敢忘危

按：道藏本「忘」誤作「忠」。

〔註12〕劉寶楠《論語正義》卷12，中華書局1990年版，第391頁。
〔註13〕繼昌、陳其榮《抱朴子外篇校勘記》，《四部備要‧子部》第55冊附錄，第180頁。

（6）選明師以象成之，擇良友以漸染之

　　楊明照曰：陳澧曰：「『象』疑當作『匠』。」照按：陳校是也。上篇《勖學》有「匠成翹秀」語，曾引《淮南子·泰族》「入學庠序……而聖人之所匠成也」以注，施之於此，亦極愜洽。（P155）

　　按：各本均誤作「象成」，《永樂大典》卷8023引誤同。陳、楊說是。《魏書·獻文六王傳》文明太后令曰：「自非生知，皆由學誨……選忠信博聞之士為之師傅，以匠成之。」隋·智顗《維摩經文疏》卷11：「夫師有匠成之能，學者有資稟之德。」

（7）相狗馬之勤騺，議遨遊之處所

　　楊明照曰：《廣韻》：「勦，輕捷也。」《玉篇》：「騺，最下馬也。」（P163）

　　按：楊說是，但未探本。勦讀為慓，字亦作僄、嫖、剽。《說文》：「慓，疾也。」又「僄，輕也。」又「嫖，輕也。」音轉亦作訬。

（8）垂香餌於漣潭，縱擢歌於清淵

　　楊明照曰：《詩·伐檀》毛傳：「風行水成文曰漣。」《楚辭·九章·抽思》王注：「潭，淵也。楚人名淵曰潭。」「擢」字誤，當依藏本、魯藩本、吉藩本、舊寫本、彙函本、崇文本作「櫂」。（P170）

　　按：漣，讀作泠，水清也。漣潭亦即清淵，變文以對舉耳。慎校本、四庫本亦作「擢」，其字不誤，「擢」同「櫂」，名、動固相因也。

卷五《君道篇》

（1）清玄剖而上浮，濁黃判而下沈

　　按：道藏本、魯藩本作「沈」，慎校本、四庫本作「流」，《御覽》卷620引亦作「流」。

（2）遣私情以標至公，擬宇宙以籠萬殊

　　按：標，道藏本、魯藩本作「摽」；《御覽》卷429引作「摽」，又卷620引作「樹」。

（3）使規盡其圓，矩竭其方

　　按：《御覽》卷620引「竭」亦作「盡」。

（4）立朝牧民者，不得侵官越局

楊明照曰：《左傳·成公十六年》：「且侵官，冒也；失官，慢也；離局，姦也。」杜注：「遠其部曲為離局。」《禮記·曲禮上》「各司其局」，鄭注：「局，部分也。」（P179）

按：楊說是也。「局」引申即是職分義。

（5）遵放勛之麤裘，准衛文之大帛

楊明照曰：《六韜·文韜·盈虛》：「（帝堯）鹿裘禦寒，布衣掩形。」《淮南子·精神》：「而堯布衣掩形，鹿裘御寒。」「鹿」蓋「麤」之省。鹿裘，即麤裘。《晏子春秋·外篇》：「晏子相景公，布衣鹿裘日朝，公曰：『夫子之家，若此其貧也？是奚衣之惡也！』」是亦謂鹿裘為麤裘也。（P193～194）

按：金毅據楊說，謂「鹿」為「麤」殘誤〔註14〕。沈濤曰：「鹿裘乃裘之麤者，非以鹿為裘也。麤從三鹿，故鹿有麤義。」〔註15〕沈、楊、金說均非是。「麤」當作「鹿」，慎校本改作「人裘」，尤誤。《列子·天瑞》「鹿裘帶索」，林希逸曰：「以鹿皮為裘，以索為帶。」「鹿裘」指貧者所服鹿皮之裘，又稱作「麑裘」、「麛裘」〔註16〕。麑（麛）是幼鹿，則「鹿」字必不誤也。《韓子·五蠹》「冬日麑裘，夏日葛衣」〔註17〕，《書鈔》卷129、《御覽》卷27、80、694引「麑裘」作「鹿裘」。《說苑·雜言》「孔子見榮啟期衣鹿皮裘，鼓瑟而歌」，《御覽》卷510引虞般佑《高士傳》「（郭文舉）恒著鹿皮裘，葛巾」，其文明確是「鹿皮裘」矣。俗字「麤」省寫為「鹿」上加一點或二點（表示重疊字形），作「𢊦」、「𪋿」、「𪋰」等形（隸作「麁」）〔註18〕。「鹿」形誤作「麁」，復改作「麤」。《老子指歸·天下有道章》「布衣麤裘，而天下以為好」，「麤」亦當作「鹿」。

〔註14〕 金毅《〈抱朴子外篇校箋下〉校補》，《古籍整理研究學刊》2002年第3期，第71頁。

〔註15〕 沈濤《銅熨斗齋隨筆》卷8，收入《清人考訂筆記（七種）》，中華書局2004年版，第829頁。

〔註16〕 參見蕭旭《「鹿車」名義考》，收入《群書校補（續）》，花木蘭文化出版社2014年版，第2123～2134頁。

〔註17〕 龐月光《〈抱朴子外篇〉注釋札記》亦舉此例以證「鹿裘」不誤，《文獻》1997年第3期，第272頁。

〔註18〕 字形參見黃征《敦煌俗字典》，上海教育出版社2005年版，第67～68頁。

（6）誥誓，則念依時之失信。耽玩，則覺褒、妲之惑我

　　楊明照曰：依時則未失信，失信則未依時，其有誤無疑……此句「失」字當作「守」始合。（P195～196）

　　按：道藏本、魯藩本作「依」，慎校本、四庫本作「一」。余謂校作「念違時之失信」亦通。慎校本「妲」作「耽」，「惑」作「感」，亦誤。

（7）誅戮，則遺情任理，不使鴟夷有抱枉之魂

　　楊明照曰：遺，疑當作「遣」。遣情，猶言去情。（P197）

　　按：道藏本、魯藩本作「遺」，慎校本、四庫本作「逆」。「遺」字未必有誤。遺，忘也。遺情，言不念私情。

（8）鑒白龍以輟輕脫

　　楊明照曰：……（例略）是「輕脫」是當時常語，猶今言輕率也。（P206）

　　按：《左傳·僖公三十三年》：「輕則寡謀，無禮則脫。」杜注：「脫，易也。」脫，讀作悅，簡易、疏略也。

（9）除惡犬，以遏酒酗（酸）之患

　　按：慎校本、四庫本「遏」誤作「遭」。

（10）割情於所愛，而有犯者無赦；採善於所憎，而有勞者不遺

　　按：道藏本、魯藩本同，慎校本、四庫本改「遺」作「逸」。

（11）廣乞言於誹謗，雖委抑而不距

　　按：委，讀作冤，一聲之轉，指委屈、冤枉。《楚辭·七諫·怨世》：「獨冤抑而無極兮，傷精神而壽夭。」《後漢書·賈逵傳》：「其相殊絕，固以甚遠，而冤抑積久，莫肯分明。」

（12）減牧羊之多人，反不酖之至醇

　　按：反，道藏本、魯藩本、慎校本、四庫本作「及」。孫氏逕正作「反」，而缺校記。

（13）介一人之心致其果毅，謀夫協思進其長筭

　　楊明照曰：孫星衍曰：「介一人之心，疑當作『介人一心』。」照按：孫說

是。崇文本作「介人一心」，蓋據孫校改也。（P234）

按：孫說是。四庫本改作「介冑之心」，亦未得。本書《漢過》：「知者不肯吐其祕籌，勇者不為致其果毅。」即此文反筆。「介人」指勇夫。

（14）悅狗馬而惡謇諤

楊明照曰：謇，藏本作「謷」（魯藩本、吉藩本同）。孫氏改為「謇」，其字雖通，但與所出之底本不合。非是。（P239）

按：慎校本作「謇」，非孫氏所改。

（15）猶大廈既燔，而運水於滄海；洪潦淩室，而造船於長洲矣

楊明照曰：孫星衍曰：「室，《意林》作『空』。」照按：「空」字是。又「矣」上《意林》有「則不及」三字，亦較今本為勝，當據增。《廣譬》：「洪水淩空，而伐舟於東閩，不亦晚乎？」語意與此同，可證。（P24）

按：淩，道藏本、魯藩本作「淩」，是也；慎校本、四庫本作「陵」，古字通用。楊說是也，《御覽》卷 60 引作「大廈既燔，而運水於滄海，此無及也」，雖未引下句，而有「此無及也」四字，與《意林》語意同。《意林》卷 4 引「燔」作「燒」，「運」作「取」，「造船」作「伐舟」，「長洲」作「長川」，亦當出校。「川」是「洲」脫誤。本書《用刑》：「何異焦喉之渴切身，而遙指滄海於萬里之外；滔天之水已及，而方造舟於長洲之林？安得免夸父之禍，脫淪水之害哉？」取譬亦同。「淩空」即是「滔天」。

卷六《臣節篇》

（1）追周勃之盡忠

楊明照曰：忠，藏本、魯藩本、吉藩本、慎本、舊寫本作「規」。照按：……是「盡規」連文，固有所祖述也……是以「盡規」連文，不獨此篇為然矣。孫氏依盧本改「規」為「忠」，大謬，當校正。（P260）

按：道藏本、魯藩本、慎校本作「追周全之盡規」。「周全」當作「周勃」。盡，讀為進。進規，猶言進謀。

（2）送往視君，則竭忠貞而不迴

楊明照曰：視，徐濟忠校「事」。照按：魯藩本、舊寫本、崇文本作「事」，徐校是也。《左傳·僖公九年》：「公家之利，知無不為，忠也；送往事居，耦

俱無猜，貞也。」（P263）

按：道藏本、慎校本亦作「事」。四庫本誤作「視」。

（3）若夫損上以附下，廢公以營私

楊明照曰：孫星衍曰：「疑當作『損下以附上』。」照按：孫說與下文不合，非是。《說苑·臣術》：「《泰誓》曰：『附下而罔上者死，附上而罔下者刑。』」《漢書·武帝紀》：「夫附下罔上者死，附上罔下者刑。」（P268）

按：楊氏駁孫說，是也，但所引「附下附上」，「附」是附和義，非此文之誼。此文「附」與「損」對文，當讀作坿。《說文》：「坿，益也。」《管子·法禁》：「削上以附下，枉法以求於民者，聖王之禁也。」尹注：「削上威用，附下成恩；枉君公法，求人私悅也。」

（4）親覽傾償，不改其軌

按：慎校本、四庫本「償」作「覆」。

（5）轅若載重，鮮尠不及矣

楊明照曰：陳澧曰：「『若』疑當作『弱』。」照按：陳說是。《知止篇》「轅弱折於載重」，可證。（P273）

按：四庫本作「弱」。「若」是「弱」音誤。「轅弱載重」是當時成語，也作「轅弱任重」。《晉書·涼武昭王傳》：「轅弱任重，懼忝威命。」又《慕容暐載記》：「轅弱任重，夕惕唯憂。」《淮南子·主術篇》「夫載重而馬羸，雖造父不能以致遠」，文意相近。

卷七《良規篇》

（1）若乃高巖將霣，非細縷所綴；龍門沸騰，非掬壤所遏

楊明照曰：陳漢章曰：「《書鈔》卷99引作『龍門將決，非寸壤所遏』。」孫人和曰：「《書鈔》卷99引『沸騰』作『將決』，『掬』作『寸』，皆較今本為優。」照按：《書鈔》所引未必較今本為優。後《安貧篇》「夫丸泥不能遏彭蠡之沸騰」，又《廣譬篇》「撮壤不能遏砥柱之沸騰」二語，與此二句文意全同。亦並作「沸騰」，是今本固未誤也。（P276）

按：楊說是也，《御覽》卷830引同今本；《意林》卷4「巖」作「嚴」，

「霣」作「隕」，乃常見通用字，亦與今本相符。《長短經·運命》引古語曰：「土性勝水，掬壤不可以塞河。」《煬帝海山記》卷下：「洪河已決，掬壤不能救。」顯然本於抱朴，是所見本也作「掬壤」也。本書《詰鮑》「是猶辟滔天之源，激不測之流，塞之以撮壤，障之以指掌也」，又《名實》「亦猶撮壤不能填決河」，又《疾謬篇》「其猶烈猛火於雲夢，開積水乎萬仞，其可撲以箒篲、遏以撮壤哉」，「掬壤」即是「撮壤」。孔廣陶謂今本「『將決』誤『沸騰』」〔註19〕，亦是誤說。又《書鈔》「高巖」與「龍門」二句互倒。

卷九《官理篇》

（1）髫孺背千金而逐蛺蜨，越人棄八珍而甘黿鼉

楊明照曰：髫孺，指幼童。蛺蜨，今俗云胡蝶。（P304）

按：慎校本「髫」誤作「髻」，「逐」誤作「遂」。《御覽》卷945引作「髫孺背千金而逐蛺蝶，越人弃八珎而甘龜蛇」。「髻」是「髫」形誤。背亦棄也。「蝶」是「蜨」俗字。

（2）而欲緝隆平之化，收良能之勳

按：四庫本亦作「收」；道藏本、魯藩本、慎校本作「牧」，《喻林》卷77引同。作「牧」是，讀作穆，美也，和也。緝，讀作輯，亦和也。良亦能也，賢也。

卷十《務正篇》

（1）故繁足者死而不弊，多士者亂而不亡

楊明照曰：《魯連子》：「百足之蟲，至斷不蹶者，持之者眾也。」（《文選·六代論》李注、《御覽》卷944又948引）《文選·六代論》：「故語曰：『百足之蟲，至死不僵。』扶之者眾也。」（P310）

按：郭店楚簡《語叢四》：「善使其下，若蚔蛩之足，眾而不割（害），割（害）而不仆。」《淮南子·兵略篇》：「若蚔之足……眾而不相害。」弊，讀作獘，仆倒也，與「蹶」、「僵」同義。

〔註19〕《北堂書鈔》（孔廣陶校注本），收入《續修四庫全書》第1212冊，上海古籍出版社2002年版，第465頁。

（2）然劍戟不長於縫緝，錐鑽不可以擊斷，牛馬不能吠守，雞犬
不任駕乘

按：《意林》卷 4 引作：「劍戟不長於縫緝，可以剸割牛馬；錐鑽不可剸
割牛馬，而長於縫緝。材有大小，不可棄也。」

卷十二《任能篇》

（1）故口不容而強吞之者，必哽；才非匹而安仗之者，見輕

按：安仗，道藏本、魯藩本、四庫本作「委仗」，慎校本作「委使」。底本
（平津館本）「委」誤刻作「安」，楊氏失校。慎本「使」是「仗」形誤。委仗，
猶言託付、依靠。《三國志·夏侯玄傳》：「奚必使中正干銓衡之機於下，而執
機柄者有所委仗於上？」又《陸遜傳》裴松之注引《機雲別傳》：「穎用機為平
原相，雲清河內史。尋轉雲右司馬，甚見委仗。」《宋書·王誕傳》：「盡心歸
奉，日夜不懈，高祖甚委仗之。」也作「委杖」，《三國志·樓玄傳》：「臣夙夜
思惟諸吏之中任幹之事足委杖者，無勝於樓玄。」《晉書·王導傳》：「於是尤
見委杖，情好日隆，朝野傾心，號為仲父。」

卷十三《欽士篇》

（1）晉平接亥唐，腳痺而坐不敢正

楊明照曰：《韓非子》佚文：「晉平公與唐彥（當是『亥唐』之倒誤）坐，
而出（『而』上有脫文），叔向入。公曳一足，叔向問之。公曰：『吾待唐子，
腓痛足痺而不敢申。』」（《御覽》卷 372 引）嵇康《聖賢高士傳》：「（平）公
與亥唐坐，有間，亥唐出，叔向入。平公伸一足，曰：『吾向時與亥子坐，腓
痛足痺不敢伸。』」（《御覽》卷 509 引）據此，正文似有脫誤，非「正」為「伸」
之譌，即「正」上當有「不」字。（P328）

按：楊說是，又例以下文文例，「接」上當補「之」字，「腳」上當補「雖」
字。所引《韓非子》佚文，今本《韓子·外儲說左上》「平公腓痛足痺，而不
敢壞坐」，又「叔向御坐平公請事，公腓痛足痺轉筋而不敢壞坐」，屬之叔向。

（2）終亦并目以遠其明，假耳以廣其聰

按：本書《審舉》：「必假目以遐覽，借耳以廣聽。」此文「并」疑當作
「借」，與「假」同義對舉。「借」形誤作「併」，復易作「并」。本書《用刑》

「重目以廣視，累耳以遠聽」，文例同。

卷十四《用刑篇》

（1）刑罰者，捍刃之甲冑也

按：捍，《御覽》卷 356 引作「杆」，乃「扞」形誤字。

（2）若石碏之割愛以威親，晉文之忍情以斬頡

楊明照曰：「滅」可作「威」也。（P344）

按：道藏本、魯藩本「威」誤作「威」。

（3）鵠卵未孚，指掌可麋

孫星衍曰：可麋，藏本作「之所麋」，從《意林》改。

楊明照曰：《淮南子·人間》：「夫鴻鵠之未孚於卵也，一指篾之，則麋而無形矣。」（P345）

按：魯藩本、慎校本、四庫本亦作「之所麋」。道藏本《意林》卷 4 作「可麋」，學津討原本、指海本、同文書局叢書本同；榕園叢書本作「可麋」，清鈔本、聚珍本同；四庫本作「可麋」。「麋」字是，《淮南子》是其確證，孫校非是。麋，讀作糜。《說文》：「糜，碎也。」《意林》卷 2 引《淮南子》「麋」作「破」，以同義字易之也。《老子指歸·其安易持章》「卵之未剖也，一指摩之」，「摩」亦借字。又《意林》卷 4「孚」作「乳」。「孚」是正字。《說文》：「孚，卵孚也。」《指歸》「剖」亦是借字，俗作「孵」字。

（4）委轡策而乘奔馬於險塗，舍柂櫓而汎虛舟以淩波

孫星衍曰：以淩波，《意林》作「於江海」。

按：道藏本、魯藩本脫「虛」字。又《意林》卷 4 引「虛」作「輕」，亦當出校。

（5）踵之解結，頤之搔背

楊明照曰：《繩子》：「董子曰：『信鬼神，何異以踵解結，終無益也。』繩子不能應。」（《意林》卷 1 引）頤，頷也。（P358～359）

按：杜光庭《道德真經廣聖義》卷 17：「何異乎以膝搔背，以踵解結矣？」

（6）所謂土柈瓦甂，無救朝飢者也

楊明照曰：《韓非子・外儲說左上》：「夫嬰兒相與戲也，以塵為飯，以塗為羹〔註20〕，以木為胾，然至日晚必歸饟者，塵飯塗羹，可以戲而不可食也。」柈，同「槃」（籀文作『盤』）。（P361）

按：慎校本、四庫本「柈」作「拌」。《御覽》卷 27、《記纂淵海》卷 160、《永樂大典》卷 13203 引作「土飯瓦甂，不療於飢」〔註21〕，《御覽》卷 767 引作「土柈瓦甂，不可救飢」。本書《應嘲》：「孺子之竹馬，不免於腳剝；土柈之盈案，無益於腹虛也。」正如楊氏所說，本文本於《韓非子》，「土柈」即是以塵為飯。「柈」固是「槃（盤）」異體字，但此文當讀作料，或形誤字；字亦作餅、粄，指餅類食物。《玄應音義》卷 18：「麻料：《字苑》作『粄』，同，布滿反。餈類也。今米料、豆料皆作此字也。」《字苑》指葛洪所撰《要用字苑》。P.2011 王仁昫《刊謬補缺切韻》、S.2071《切韻箋注》並云：「粄，屑米餅。」P.2014《大唐刊謬補闕切韻》：「粄，飯粄。」《集韻》：「粄、料、餅：屑米餅也。或從半從食。」S.3227.V+S.6208《雜集時用要字・飲食部》有「豆餅」。

（7）譬猶干將不可以縫線，巨象不可使捕鼠，金舟不能淩陽侯之波，玉馬不任騁千里之跡也

按：慎校本、四庫本「巨象」下亦作「不可」，與上文犯複；道藏本、魯藩本作「不中」，是也。道藏本《意林》卷 4 引「淩」同，榕園叢書本、聚珍本誤作「浚」。

（8）覩亂萌則若薙他計切田之芟蕪薉

舊注：薉，於吹切。

按：道藏本、魯藩本、慎校本、四庫本舊注作「於吠切」。《廣韻》音「於廢切」。孫氏誤刻作「吹」字，楊氏失校。

（9）但廢之來久矣，坐而論道者，未以為急耳

按：「來」是「奇」轉語，長也。來久，猶言長久。

〔註20〕引者按：《書鈔》卷 144（凡二引）、《御覽》卷 849 引「羹」作「黍」。
〔註21〕《記纂淵海》據宋本，四庫本在卷 65。

卷十五《審舉篇》

（1）故聖君莫不根心招賢，以舉才為首務

孫星衍曰：藏本脫「君」字，從舊寫本補。

按：魯藩本、四庫本亦脫「君」字。慎校本「聖」下有「王」字，亦通。

（2）故時人語曰：「舉秀才，不知書。察孝廉，父別居。寒素清白濁如泥，高第良將怯如雞。」

楊明照曰：雞，《意林》卷4引作「黽」，袁楚客《規魏元忠書》（《新唐書·魏元忠傳》）引作「繩」，《御覽》卷496引作「蠅」。照按：「黽」字是。今本作「雞」，乃寫者不曉古音妄改（古音泥讀如涅，黽讀如蒗，楊慎《譚苑醍醐》卷5有說）。「繩」、「蠅」二字雖誤，然足以證原非「雞」字也。（P395～396）

按：《抱朴子》原文本作「雞」不誤，「雞」、「泥」合韻。「雞」非「雞鴨」之「雞」，當是「鼃」音近轉語；「鼃」聲轉作「繩（黽）」，即袁楚客所引者。「蠅」是「繩」形誤，復脫誤作「黽」，或臆改作「龜」〔註22〕。

（3）刀尺顛倒者，則恐人之議己也。達不由道者，則患言論之不美也

楊明照曰：「到」、「倒」古通用不別。以下文例之，「人」上疑脫一字。（P399）

按：道藏本、魯藩本、慎校本、四庫本「到」作「倒」。「人」上疑脫「他」字。

（4）安能復身於德行，苦思於學問哉

楊明照曰：「身」上當再有一之……豈此文「身」上脫一「勤」字歟？（P401）

按：「身」上疑脫「修」字。下文云「則必多修德而勤學者矣」，是其證。《抱朴子內篇·對俗》「若德行不修」，本書《行品》「委德行而不修」，亦其旁證。

卷十六《交際篇》

（1）余代其踧踖，恥與共世

楊明照曰：王廣恕曰：「『踧』疑當作『跼』。」照按：王說是。《詩·正

〔註22〕參見蕭旭《〈抱朴子〉「怯如雞」考辨》。

月》：「謂天蓋高，不敢不局；謂地蓋厚，不敢不蹐。」毛傳：「局，曲也。蹐，累足也。」《釋文》：「局，本又作跼。」（P421）

按：王說非是，此文非用《詩》典。「跛」同「蹩（蹙）」，「跛蹐」即「蹩蹐」，亦作「蹴跡」，迫促貌。鮑照《尺蠖賦》：「逢嶮蹩蹐，值夷舒步。」《御覽》卷 948 引作「蹴跡」。轉語則作「跛蹐」、「踩蹋」、「蹩蹋」、「蹙（喊）咨」、「感忿」、「感咨」，引申則為慙愧貌。《方言》卷 10：「忸怩，慙澀也，楚郢江湘之閒謂之忸怩，或謂之感咨。」《廣雅》：「秘（聖）怩、感忿，慙也。」《慧琳音義》卷 20 引《方言》、《博雅》並作「喊咨」。《廣雅》：「忸怩，感咨也。」《慧琳音義》卷 91 引作「蹩蹋」。《後漢書·明帝紀》「跛蹋惟慙」，與本文同義。

（2）以奴顏婢睞者，為曉解當世

舊校：睞，「來」去聲。

按：道藏本、魯藩本亦作「睞」；慎校本、四庫本作「膝」，《事文類聚》前集卷 24 引同。作「膝」是也，唐陸龜蒙《散人歌》：「奴顏婢膝真乞丐，反以正直為狂癡。」「膝」俗譌字作「脒」，形近復誤作「睞」。舊注「來去聲」，則是據誤字注音〔註23〕。

（3）同之埃芥，不加接引

按：宋浙本《抱朴子內篇·暢玄》「吟嘯蒼崖之間，而萬物化為塵氛」，中村不折 132 號敦煌本「塵氛」作「埃芥」。「芥」非草芥，當是「芬」形誤。芬、氛，並讀作坋（坌），亦塵也、埃也。唐孟郊《征蜀聯句》：「蹋翻聚林嶺，斗起成埃坅。」「坅」亦「坋」形誤。

（4）勢力足以移山拔海

按：慎校本「拔」作「超」。

（5）豈合和光以籠物，同塵之高義乎

按：當十三字作一句讀。

〔註23〕 本書《任命篇》「范生來辱於溺簣」，「簣」當從慎本作「簀」。舊校：「簣，苦怪切。」亦是據誤字注音。

（6）余所稟訥駭

孫星衍曰：所稟訥駭，藏本作「滄稟訥駭」，今從盧本。（P434）

按：道藏本、魯藩本、慎校本作「滄稟訥駭」（字作「滄」不作「滄」），四庫本作「所稟訥駭」。孫校是也。訥，遲鈍也。「駭」是「駥」形誤。本書《疾謬》：「以不爾者為駥野。」駥，讀作佁，字亦作嬯、僂，俗作呆、獃、懛。亦遲鈍也、癡愚也。《說文》：「佁，癡貌，讀若駥。」

（7）門人所以增親，惡言所以不至

楊明照曰：慎本、盧本、柏筠堂本、文溯本、叢書本、崇文本作「尊」。徐濟忠校「尊」為「增」。照按：……「增親」與「加親」、「益親」義同，是慎本等作「尊」誤。（P437）

按：慎本與道藏本、魯藩本同，仍作「增」，楊氏誤校。

（8）隱括脩則枉刺之疾消矣

楊明照曰：王廣恕曰：「『刺』疑作『剞』。」照按：疑「刺」當作「剌」。「佤剌」與「枉剌」意同。藏本、魯藩本、吉藩本等作「剌」，未誤，當據改。（P440）

按：楊說是，慎校本亦作「剌」。「剌」音轉亦作「戾（盭）」字。

（9）恥令譚、青專面地之篤，不使王、貢擅彈冠之美

楊明照曰：《列子‧湯問》：「薛譚學謳於秦青，未窮青之技，自謂盡之，遂辭歸。秦青弗止，餞於郊衢，撫節悲歌，聲振林木，響遏行雲。薛譚乃謝求反，終身不敢言歸。」（P440）

按：譚青，四庫本同，道藏本、魯藩本、慎校本作「譚肯」。「譚肯」無考。然作「譚青」，亦無「面地」之說。「面地」不知何辭，疑「面折」之誤。「面折」指諍友（下文論交友云「見彼有失，則正色而諫之」），與「彈冠」指益友，正相對舉。「譚肯」待考。

（10）於是有忘素情之綢歎

孫星衍曰：綢，盧本作「惆」。

按：慎校本、四庫本亦作「惆」。道藏本、魯藩本作「綢」，是「惆」同音借字。

（11）或睚眥而不思

舊注：睚，五懈切。眥，音貲。

按：底本「貲」作「責」，道藏本、魯藩本同。楊氏誤錄。陳其榮曰：「榮案『音責』，當為『漬』字之譌。」〔註24〕「責」字不譌，當讀「債」音。

（12）敢問全交之道可得聞乎

按：道藏本「全」作「善」。

（13）外無計數之諍，內遺心競之累

按：《抱朴子內篇·微旨》「蹳埃塵以遺累，凌大遐以高躋」，孫人和曰：「『遺』當作『遣』，『遣累』猶言去累。《道意篇》云『遣害真之累』，是其義矣。《御覽》卷672引正作『遣』。」〔註25〕此文「遺」亦當作「遣」。

（14）不詳之悔，亦無以（下殘）

按：詳，慎校本、四庫本作「祥」，正字。

（15）徒當遠非類之黨，慎諂黷之源

楊明照曰：《易·繫辭下》：「君子上交不諂，下交不瀆。」瀆、黷古今字。（P449）

按：諂，四庫本同，道藏本、魯藩本、慎校本作「謟」。語出《周易》，當以「諂」為正字，「謟」乃形譌。「瀆」是「黷」借字，非古今字。本書《行品》「不貳過而諂黷者，賢人也」，道藏本「諂」亦誤作「謟」。

（16）何必裸袒以詭彼己，斷粒以刺玉食哉

按：詭，道藏本誤作「跪」

卷十七《備闕篇》

（1）責其體而論細禮，則匠世濟民之勳不著矣

楊明照曰：匠，文淵本作「匡」，崇文本同。照按：古籍中有「匡時」、

〔註24〕繼昌、陳其榮《抱朴子外篇校勘記》，《四部備要·子部》第55冊附錄，第181頁。

〔註25〕孫人和《抱朴子校補》，民國鉛印本，第18頁。王明《〈抱朴子內篇〉校釋》從孫說，中華書局1985年第2版，第129～130頁。

「匡國」、「匡主」，其「匡」字誼與此同。若作「匠」，則不可解矣。（P45）

按：慎校本、四庫本亦作「匡」，道藏本、魯藩本作「匠」。張立華指出「匠」字不誤，舉《小爾雅》「匠，治也」及本書《博喻》「責匠世之勳於劌碎之賢」為證〔註26〕。本書《詰鮑》「良宰匠世」，亦作「匠」字。「匠世濟民」猶言經世濟民。隋·慧遠《大般涅槃經義記》卷6「以法匠世名大法師」，亦其證。作「匡」是後人所改。慎本「勳」形誤作「勳」。

（2）故姜牙賣煦無所售，而見師於文武

楊明照曰：「孫星衍曰：『「煦」疑當作「漿」。舊寫本「煦」字空白，盧本作「魚」，妄改耳。』孫詒讓曰：『盧本固誤，然孫校亦非也。「賣煦」蓋謂賣傭。《戰國策·秦策》姚賈曰「太公望棘津之讎不庸」，即其事也。但以傭為煦，未詳其義。道藏本《漢武帝外傳》說李少君「或時煦貨」，亦用「煦」為「傭貨」字，疑晉、宋時俗語也。』照按：《逸民篇》「呂尚……賣傭不售」，彼此係用一事，則「煦」當作「傭」矣。《酒誡篇》「煦（此依藏本等，平津本已改作『愚』）人所不免也」，《治要》卷50引「煦」作「庸」。「傭」之誤「煦」，正如「庸」之誤「煦」然也。（P454）

按：各本「賣煦」同。孫詒讓說近是，然孫氏未得本字。楊明照說「煦」是「傭」誤，然二字形、聲俱遠，無由致譌。「煦」作傭賃義，目前只見於葛洪的文字，疑是吳方言之變。余謂「煦」是「傃」轉語，傃亦賃也。至於《抱朴子·酒誡》「煦人」，「煦」是「惷」形誤，字亦作「恟」，愚也；《治要》引易作「庸」，指平庸，以近義詞改之也，與此「傭賃」義殊。

卷十八《擢才篇》

（1）曾參蒙劫剽之垢，巢、許獲穿踰之謗

按：踰，慎校本、四庫本作「窬」。本書《疾謬》「然禁疏則上宮有穿窬之男」，亦作「窬」字。

（2）自匪明並懸象，玄鑒表微者，焉能披泥抽淪玉，澄川掇沈珠哉

楊明照曰：「自匪」上，《意林》卷4引有「識珍者必拾濁水之明珠，賞

〔註26〕張立華《抱朴子通訓辨誤》，《松遼學刊》1994年第2期，第75頁。

氣者必將穢藪之芳蕙」二句（《初學記》卷 27、《御覽》卷 803 止引此二句（『將』作『採』））。照按：此二句當據補。（P458）

按：楊說是。《事類賦注》卷 9 引同《御覽》。S.1380《應機抄》引此二句，「賞」作「別」，「將」作「採」。《白氏六帖事類集》卷 2 止引「識珍者必拾濁水之明珠」一句。「將」是「採」形譌。

（3）夫珪璋居肆而不售，矧乃翳於槃璞乎

楊明照曰：槃璞，玉尚未雕琢者。（P459）

按：楊氏未釋「槃」字。槃，讀作璠，指璠璵，美玉也。璠璞，言璠璵之未治者。

（4）體曲者忌繩墨之容，夜裸者憎明燭之來

按：容，讀為用。S.1380《應機抄》引諺曰：「夫刑（形）倮者憎明燭之光，體曲者惡繩墨之用。」

卷十九《任命篇》

（1）崇琬琰於懷抱之內，吐琳瑯於毛墨之端

楊明照曰：孫星衍曰：「毛，舊寫本作『毫』。」照按：舊寫本原作「毫」，孫擅改為「毫」，非是。毫墨即筆墨。藏本、魯藩本、吉藩本作「毛」，蓋偶脫其上半耳。（P473）

按：S.1380《應機抄》引諺曰有此二句，字作「筆墨」。「筆」俗字作「笔」，「毛」也有可能是「笔」脫誤。

卷二十《名實篇》

（1）至於駑蹇矯首於瑂鞏，駃騠委牧乎林坰

舊注：瑂，多么切。

按：舊注「么」是「幺」俗字。

（2）夫直繩者，枉木之所憎也；清公者，姦慝之所讎也

楊明照曰：《鹽鐵論·箴石》：「語曰：『五盜執一良人，枉木惡直繩。』」又《申韓》：「故曲木惡直繩，姦邪惡正法。」《潛夫論·考績》：「諺曰：『曲木

惡直繩，重罰惡明證。』」（P496）

按：《古文苑》卷 5 漢·劉歆《遂初賦》：「曲木惡直繩兮，亦小人之誠也。」S.1380《應機抄》引《正典》：「曲木惡直繩，負罪怨明證（政）。曲木惡直繩，負罪怨明證。直繩者，曲木之所憎；公平者，姦匿（慝）之所忌。」又考《韓子·有度》「繩直而枉木斲」，《淮南子·說山篇》「眾曲不容直，眾枉不容正」，亦此意。

（3）樂飢陋巷，以勵高尚之節

楊明照曰：勵，疑當作「厲」。《逸民篇》「厲苟進之貪夫」……（共 5 例，略）並其證。《漢書·董仲舒傳》顏注：「厲，謂勸勉之也，一曰砥礪其行也。」詁此均合。（P498）

按：楊說非是。本書慎本《君道》「軾怒蚌以勸勇，避螳螂以勵武」，道藏本「勵」作「厲」；又《審舉》「徒所以強自篤勵於典籍者」。勵、厲，並讀為勵，勉力也，勸勉也。

（4）於是藂鼓戢雷霆之音，鞉鞞惢喋聱之響

楊明照曰：《爾雅》：「戢，聚也。」《方言》卷 3：「惢，代也。」多言為喋，因以形容頻擊之聱鼓為喋聱。（P502）

按：《方言》惢訓代者，「惢」是「佽」借字〔註27〕，更遞、更迭之義，非其誼也。此文惢當訓縱。喋，讀作疊。喋聱，猶言疊鼓。《文選·鼓吹曲》「疊鼓送華輈」，李善注：「小擊鼓謂之疊。」

卷二十一《清鑒篇》

（1）文王之接呂尚，桑陰未移，而知其足師矣；玄德之見孔明，晷景未改，而腹心已委矣

楊明照曰：《說苑·尊賢》：「堯、舜相見，不違桑陰；文王舉太公，不以日久。（《劉子·知人》：「堯之知舜，不違桑陰；文王之知呂望，不以永日。」）故賢聖之接也，不待久而親；能者之相見也，不待試而知矣。」照按：稚川蓋混用《說苑》，非別有所本也。（P518）

〔註27〕參見戴震《方言疏證》卷 3，收入《戴震全集（5）》，清華大學出版社 1997 年版，第 2341 頁。

按:《戰國策·趙策四》:「昔者堯見舜於草茅之中,席隴畝而廕庇,桑陰〔不〕移而授天下傳(『傳』字衍文)。」〔註28〕此又《說苑》所本也。

(2)若伯喈識絕音之器於煙燼之餘,平子剔逸響之竹於未用之前

楊明照曰:剔,甄別(《意林》卷4引「剔」作「別」)。(P531)

按:S.1380《應機抄》引《才府》「器」作「相」,「剔」作「列」,「前」作「所」。「剔」、「列」均「別」字之誤,「識」、「別」同義對舉。「所」是「前」形誤。《弘明集》卷1牟子《理惑論》「沙門剔除鬚髮」,元本「剔」誤作「別」。《淮南子·主術篇》「別骼伸鉤」,《御覽》卷82、《路史》卷23引「別」誤作「剔」。《墨子·明鬼下》:「(桀)有勇力之人推哆大戲,主(生)別兕虎,指畫殺人。」《御覽》卷82、《路史》卷23引「別」作「裂」,《晏子春秋·內篇諫上》同。均三字互譌之例。

卷二十二《行品篇》

(1)端身命以徇國,經險難而一節者,忠人也

楊明照曰::端,《御覽》418引作「竭」。照按:「竭」字較長。(P534)

按:《永樂大典》卷3001引同今本,《初學記》卷17引「端」亦作「竭」。「端」是「竭」形譌。又《初學記》、《御覽》引「險難」作「夷險」,「忠人」作「忠臣」。

(2)守一言於久要,歷衰而不渝者,信人也

楊明照曰:渝,變也。照按:「歲」疑「盛」之誤。(P536)

按:正文「衰」上脫「歲」字。

(3)奮果毅之壯烈,騁干戈以靜難者,武人也

按:靜,讀作靖。

(4)臨凝結而能斷,操繩墨而無私者,幹人也

楊明照曰:《楚辭·離騷》「背繩墨以追曲兮」,又「循繩墨而不頗」。(P538)

按:引《楚辭·九歎·思古》「操繩墨而放棄兮,傾容幸而侍側」尤切,王

〔註28〕「不」字原脫。《類聚》卷13魏·桓階等《勸進表》:「舜受禪大麓,桑陰未移而已陟帝位。」作「未」字義亦合。

逸注：「言賢者執持法度而見放棄，傾頭容身讒諛之人反得親近侍於旁側也。」

（5）拔朱紫於中搆，剖猶豫以允當者，理人也

楊明照曰：「搆」為「構」之俗體。「構」與「菁」音同義近。菁，「霄」之借字，夜也。朱、紫二色相近，中夜尤難分解。拔朱紫於中構，言其善於識別也。（P538〜539）

按：楊說皆是，惟未釋「拔」字。拔，讀作別。《周禮·大馭》鄭玄注引杜子春曰：「軷，讀為別異之別。」

（6）靚艷逸而心蕩，飾誇綺而思邪者，淫人也

楊明照曰：誇，疑為「袴」或「綺」之形誤……本書《疾謬篇》「舉足不離綺襦執袴之側」，尤為切證。（P542）

按：楊說非是。四庫本徑改作「袴綺」，亦誤。「袴（綺）綺」不辭，「綺襦執袴」不得省作「袴（綺）綺」。誇，讀作華。「誇綺」即「華綺」，猶言華麗綺靡。下文「快飾玩之誇麗」，誇亦讀作華。逸，讀作佚，美也。

（7）杖淺短而多謬，闇趨舍之臧否者，笨人也

楊明照曰：《集韻》：「笨，一曰不精也。」晉宋以來凡斥為「笨」者，皆以其不精也。如粗笨之車曰笨車（《宋書·顏延之傳》：「常乘羸牛笨車。」）又《隱逸劉凝之傳》：「夫妻共乘薄笨車，出市買易。」），軀體笨重之人曰笨伯（《晉書·羊聃傳》：「豫章太守史疇以大肥為笨伯。」），愚拙則曰笨人。（P546）

按：「笨車」之笨，楊氏訓作不精義，非是，笨當讀為輴，指弓形之車篷，字或作棔、畚、輴、捁，文獻中「笨車」亦作「畚車」，「薄笨車」亦作「薄畚車」（薄讀為蒲）。楊氏所引《宋書》「薄笨車」，《南史·隱逸傳》正作「蒲笨車」，指以蒲草遮蔽車篷之車也。如以蘆葦遮蔽車篷之車，則稱作「葦笨車」或「葦畚車」。《晉書》「笨伯」及本文「笨人」，笨當讀作体，字亦作忰，指粗劣、笨拙。

（8）習強梁而專己，距忠告而不納者，刺人也

楊明照曰：《周書·謚法》：「愎很遂過曰刺。」（P548）

按：刺，道藏本、魯藩本、慎校本作「剌」。楊氏所引《逸周書》「愎很遂過曰刺」，知服齋叢書本如此，漢魏叢書本、嘉靖本、抱經堂叢書本、四庫本

「剌」作「剌」，南宋黃善夫本及元彭寅本、日本慶長古活字本《史記正義·論例·諡法解》亦作「剌」〔註29〕；《玉篇殘卷》「厲」字條、唐王彥威《贈太保于頔諡議》引作「厲」，蘇洵《諡法》卷3同。作「剌」是，《說文》：「剌，戾也。」剌、厲、戾並一聲之轉，乖戾也，很戾不從也，與「距（拒）而不納」正相應。且作「剌」則與「厲」音遠，必是誤字無疑。

（9）握爪垂翅

按：慎校本、四庫本「握」形誤作「掘」。

卷二十三《弭訟篇》

（1）恒挾在意之威

楊明照曰：王廣恕曰：「在，疑當作『任』。」照按：王說是。（P565）

按：王說非是。在意，猶言任意、隨意。宋本《抱朴子內篇·金丹》「服之立變化，在意所作也」，又《遐覽》「飛沈在意」，又《黃白》「多少在意」，均其例。

卷二十四《酒誡篇》

（1）目之所好，不可從也；耳之所樂，不可順也；鼻之所喜，不可任也；口之所嗜，不可隨也；心之所欲，不可恣也

按：《治要》卷50引「順」作「不慎」。順亦從也，《治要》音誤作「慎」，復增「不」字以通其文義，失其句法矣。

（2）無毫分之細益，有丘山之巨損

按：《治要》卷50引「分」作「鋒」。

（3）似熱渴之恣冷，雖適己而身危也

楊明照曰：《淮南子·詮言》：「渴而飲水，非不快也……然而弗為者，害於性也。」（P570）

〔註29〕瀧川資言《考證》本及新、舊點校本《史記》誤作「剌」。瀧川資言《史記會注考證》，文學古籍刊印社1955年版，第59頁。《史記》，中華書局1959版，第29頁。《史記》（修訂本），中華書局2014年版，第4048頁。下條「不思忘愛曰剌」，亦當作「剌」，附識於此。

按：《治要》卷50引「渴」作「腸」。疑「渴」乃「腸」形誤。謂腸熱病者恣食冷物，則身危也。

（4）或啞啞獨笑

舊校：啞啞，烏格切，笑聲。

楊明照曰：《易・震》「笑言啞啞」，《釋文》：「烏客反。馬云：『笑聲。』鄭云：『樂也。』」（P573）

按：天明刊本《治要》卷50引同今本，舊鈔本《治要》引「啞啞」作「噎噎」。「噎噎」是「謚謚」音轉，《說文》：「謚，笑貌。」字或作「嗌嗌」，亦「啞啞」音轉。今語「啞啞」則轉作「呵呵」。

（5）怯懦者效慶忌之蕃捷

楊明照曰：蕃，多也。（P574）

按：楊說非是。蕃，讀為便，亦敏捷之義。

（6）遲重者蓬轉而波擾

孫星衍曰：擾，《意林》作「偃」。

按：《意林》誤。「波擾」亦見本書《行品》「聞貨殖而波擾」。

（7）口訥於寒暑者，皆搖掌而譜聲

楊明照曰：孫星衍曰：「藏本作『垂掌而諧聲』，從《意林》改。」照按：《治要》作「撫掌」，較勝，當從之。（P574）

按：魯藩本、慎校本、四庫本同道藏本。《治要》卷50引作「撫掌以諧聲」，《意林》卷4引作「搖掌以譜聲」。孫星衍引「譜」誤作「譜」，楊氏未核原書。「垂」是「無」形誤，乃「撫」脫文。「搖」是「撫」形誤，「譜」是「諧」形誤。本書《疾謬》云「作色諧聲」。

（8）謙卑而不競者，悉裨贍以高交

楊明照曰：孫星衍曰：「《意林》作『皆裨贍而高發』。」照按：「贍」字義長。裨贍，猶言鼓起勇氣。《交際篇》「而偏徇高交以結朋黨」，是「發」字未可從。（P574）

按：《意林》誤，《治要》卷50引同今本。《意林》「交」誤作「發」者，

是因為《意林》節引此文，誤以下句「而荒錯之疾發」之「發」字屬此。「瞻」是「瞻」形誤。裨，讀作卑，低下也。「卑瞻」狀謙卑貌。

（9）廉恥之儀毀，而荒錯之疾發；闟茸之性露，而傲很之態出

按：舊鈔本《治要》卷 50 引「疾」作「疢」，「闟」作「楬」（天明刊本仍作「闟」），「很」作「狠」。

（10）赴阬谷而不憚

按：阬，天明刊本《治要》卷 50 同，舊鈔本《治要》引作「硜」。

（11）或酗醟於妻子

舊校：醟，為命切，酗酒。

按：酗，舊鈔本《治要》卷 50 引作「酌」（天明刊本誤作「酌」），「酗」是「酌」改易聲符的異體字。

（12）幼賤悖慢於耆宿之座

按：《治要》卷 50 引「耆」作「老」，均可。

（13）搆漉血之讎，招大辟之禍

孫星衍曰：漉，《治要》作「灑」。

按：舊鈔本《治要》卷 50 仍作「漉」。漉，滲也，瀝也。《吳越春秋·勾踐入臣外傳》：「不滅瀝血之仇。」「瀝血之仇」是其誼也。

（14）計數深尅

按：《治要》卷 50 引「尅」作「刻」。

（15）蓋智者所深防，而愚人所不免也

楊明照曰：孫星衍曰：「愚，藏本作『煦』。」照按：魯藩本、吉藩本、慎本、舊寫本亦並作「煦」，固誤；孫氏據盧本改為「愚」，亦非。《治要》引作「庸」，極是，當據改。此文「庸」之誤「煦」，正如《備闕篇》「故姜牙賣傭無所售」之「傭」誤「煦」然也。（P577）

按：楊說不允。「煦」是「愗」形誤，字亦作「恂」，愚也。《治要》引易作「庸」，指平庸，以近義詞改之，非其舊本也。盧本、四庫本改作「愚」，均

是臆改。《備闕篇》「賣煦」之「煦」不誤，是「儗」轉語，賃傭也。

（16）然而歡集，莫之或釋

按：舊鈔本《治要》卷 50 引「歡」作「勸」，「釋」作「割」。「勸」是「歡」形誤。天明刊本《治要》引同今本，則刻者據今本校正。

（17）計瀝雷於小餘，以稽遲為輕己

楊明照曰：陳其榮曰：「『計』字《治要》作『料』。」照按：藏本、吉藩本、慎本、舊寫本亦並作「料」，孫氏據盧本改「料」為「計」，非是。料，量也。（P578）

按：魯藩本亦作「料」，四庫本亦臆改作「計」。瀝雷，舊鈔本《治要》引脫誤作「歷雷」；天明刊本則引同今本，蓋刻者已據今本校正。

（18）傾匡注於所敬，殷勤變而成薄

孫星衍曰：變，藏本作「勸」，盧本作「勑」，從《治要》改。

楊明照曰：匡，《治要》作「筐」。照按：「筐」是「匡」之或體。（P578）

按：舊鈔本《治要》卷 50 引仍作「匡」，道藏本同，魯藩本、慎校本、四庫本作「筐」。變，魯藩本、慎校本亦作「勸」，四庫本亦作「勑」。「勸」、「勑」是異體字。本書《疾謬》「醜言加於所尊，歡心變而成讎」文例相同，作「變」字是，孫校是也。

（19）夫風之為病，猶展攻治；酒之為變，在乎呼噏

楊明照曰：《廣韻》：「吸，內息。噏，上同。」（P579）

按：展，猶及也。噏，鈔本《治要》卷 50 引誤作「喻」。

（20）視泰山如彈丸，見滄海如盤盂

按：《治要》卷 50 引「滄」作「蒼」。

（21）仰嘆天墮，俯呼地陷

按：舊鈔本《治要》卷 50 引「墮」作「隨」，借字。天明刊本《治要》引「墮」同，「嘆」作「譁」。

（22）所謂以褒姒喪周，而欲人君廢六宮，以阿房之危秦，而使王者
　　　結草菴也

　　按：據文例，「喪周」上當補「之」字，或刪「危秦」上「之」字亦可。

（23）燎柴員丘，瘞薶圻澤，裸鬯儀彝，實降神祇

　　孫星衍曰：從《書鈔》卷148補。

　　按：《書鈔》卷148「員」作「圓」，「圻」作「坼」，「祇」作「祗」。孫氏
均失其真，楊氏未作覆核。

（24）管輅傾仰三斗，而清辯綺粲

　　楊明照曰：陳漢章曰：「三斗，《書鈔》卷148引作『三升』，與《三國志・
管輅傳》注合（孫人和說同，文長不錄）。又『傾』作『頓』。」照按：《書鈔》
所引並是。（P590）

　　按：《意林》卷4引作「頓仰三斗」，「頓」不誤，「斗」亦誤。

（25）唯患飛埃之糝目，不覺飆風之所為也

　　楊明照曰：《通俗文》：「沙入飯曰糝。」（《御覽》卷850引）是糝目謂沙
入眼中也。（P594）

　　按：《玄應音義》卷7、22引《通俗文》作「沙土入食中曰塪也」。《集韻》：
「磣，物雜砂也。」糝（塪、磣）之言參也，雜也，間厠也，故沙入飯中曰糝
（塪、磣），沙入眼中亦謂之糝。俗字或作眕，P.3906《碎金》：「眼眕著：士錦
反。」P.2058、S.6204同；P.2717、S.619V無「著」字，餘同。字亦作慘，P.2794
《伍子胥變文》：「子胥哭已，更復前行。風塵慘面，蓬塵暎天。」字亦作熮，
《遊仙窟》：「入穹崇之室宇，步步心驚；見儻朗之門庭，看看眼熮。」一本「熮」
作「磣」。郭在貽引《集韻》「磣，物雜沙也」說之〔註30〕，引申為耀眼。

卷二十五《疾謬篇》

（1）世故繼有，禮教漸頹

　　按：頹，道藏本、魯藩本、慎校本、四庫本作「頹」，舊鈔本《治要》卷

〔註30〕郭在貽《〈遊仙窟〉釋詞》，收入《郭在貽文集》卷1，中華書局2002年版，
　　　　第113頁。

50 引同；天明刊本《治要》作「頹」。「頹」、「頽」均是「積」俗譌字。又《治要》引「漸」作「斯」。

（2）儔類飲會，或蹲或踞

按：儔，《治要》卷 50 引作借字「疇」。

（3）舉足不離綺襦紈絝之側

孫星衍曰：本作「舉口不踰」，從《治要》改。

按：天明刊本《治要》引作「舉足不離」，舊鈔本作「舉口不離」。

（4）慕之者猶宵蟲之赴明燭，學之者猶輕毛之應飆風

孫星衍曰：毛，《意林》作「埃」。

按：天明刊本《治要》卷 50 引同今本（舊鈔本「宵」作借字「霄」）。《御覽》卷 944 引「毛」亦作「埃」，又「飆」作「飄」。《金樓子·立言篇上》「如輕埃之應風，似宵蟲之赴燭也」，正出自本書。是舊本作「埃」，後人臆改作「毛」也。

（5）往者務其必深焉，報者恐其不重焉

孫星衍曰：必，藏本作「不」。

按：魯藩本、慎校本同道藏本，四庫本同孫本。《治要》卷 50 引作「往者務其深焉，報者恐不重焉」，則上「不」、下「其」衍文。

（6）利口者扶強而黨勢，辯給者借鍒以刺瞂

舊校：鍒，耳由切。瞂，扶發切。

楊明照曰：俞樾曰：「『鍒』當為『釾』。《玉篇》『釾』為『矛』古文。」陳漢章曰：「鍒即矛，瞂即盾。」照按：俞、陳說是。（P602）

按：《治要》未引此句。俞說是。本書《詰鮑》「釾恐不利，瞂恐不厚」，是其切證。「釾」是「矛」增旁俗字。《真誥·甄命授》「三官尋釾」，《洞真太微黃書天帝君石景金陽素經》引《太帝招魂眾文》「釾」作「矛」。《古文苑》卷 17 王褒《僮約》「椅（掎）盾曳釾」，《類聚》卷 35、《御覽》卷 500、598 引「釾」作「矛」。舊注「耳由切」，乃據誤字注音。

（7）以不應者為拙劣，以先止者為負敗

　　按：天明刊本《治要》卷 50 引同今本，舊鈔本「拙」作「掘」。

（8）如此交惡之辭，焉能默哉

　　孫星衍曰：能，《治要》作「得」。

　　按：《治要》「默」作「嘿」，亦當出校。

（9）不根人之所諱，不犯人之所惜

　　按：根，觸也。慎校本、四庫本誤作「張」。

（10）若夫拙者之為之也

　　孫星衍曰：下「之」本作「人」，從《治要》改。

　　按：《治要》卷 50 引「拙」上有「疏」字，亦當出校。

（11）使人愕愕然

　　楊明照曰：徐濟忠刪一「愕」字。陳其榮曰：「承訓本『愕』字不重。」照按：舊寫本「愕」字不重；《治要》卷 50 引亦不重「愕」字。《省煩篇》「必將愕然創見」，則此當以刪一「愕」字為是。（P603）

　　按：道藏本、慎校本作「愕愕然」亦通。《鹽鐵論・國病》：「今辯訟愕愕然，無赤賜之辭，而見鄙倍之色。」

（12）妍之與媸

　　按：《治要》卷 50 引「媸」作「蚩」。

（13）⋯⋯而手足相及。醜言加於所尊，歡心變而成讎，絕交壞身，搆隙致禍

　　按：壞身，舊鈔本《治要》卷 50 引作「懷厚」，天明刊本作「壞厚」。本書《自叙》「每觀戲者，懃恚交集，手足相及，醜詈相加，絕交壞友，往往有焉」，與此文相近。則「壞身」當據《治要》作「壞厚」，「厚」指厚誼、友誼，形容詞轉作名詞。此文「言」亦當據《自叙》作「詈」，《治要》已脫誤作「言」。《御覽》卷 651 引崔鴻《前燕錄》「憑城醜詈」，亦其例。

（14）以栖螺相擲者，有矣

　　按：栖螺，道藏本、魯藩本、慎校本、四庫本作「杯螺」，舊鈔本《治要》卷 50 引脫誤作「否累」。

（15）班輸不能磨斯言之既玷

　　按：《治要》卷 50 引「輸」誤作「輪」。

（16）疾美而無直亮之鍼艾

　　楊明照曰：疾，《治要》作「恢」，眉端有校語云：「『恢』作『疾』。按『疾』當作『疢』。」照按：「疢」字是。「恢」即由「疢」致誤（下略）。（P606）

　　按：楊說是。舊鈔本《治要》作「疢」，亦「疢」脫誤。

（17）面從之徒，拊節以稱功

　　按：舊鈔本《治要》卷 50 引「功」作「工」（天明刊本引同今本）。

（18）豈徒減其方策之令聞，虧其沒世之德音而已哉

　　按：舊鈔本《治要》卷 50 引「沒」誤作「設」。

（19）余願世人改其無檢之行，除其驕吝之失

　　按：四庫本「無檢」作「險詖」，臆改無據。本文下文云「以傲兀無檢者為大度」。

（20）其行出也，則逼狹之地，恥於分塗，振策長驅，推人於險。有不即避，更加攄頓

　　楊明照曰：攄，騰躍。頓，停頓。攄頓，形容馬且騰躍且停頓之狀。（P611）

　　按：四庫本「逼狹」作「窄逼」，臆改無據。楊說非是。攄，讀作捈，引也。頓，讀作扽，亦引也。攄頓，謂拉扯行人，使其讓路。

（21）然敢為此者，非必篤頑也

　　按：道藏本、魯藩本作「頑」，慎校本、四庫本作「為」；天明刊本《治要》卷 50 引作「顧」，眉端有校語云：「『顧』作『為』。」舊鈔本《治要》作「顧」。「頑」形誤作「顧」，刊本復易作「顧」。作「為」是臆改。

（22）或假財色以交權豪，或因時運以佻榮位

按：佻，《治要》卷50引作「叨」。本書《刺驕》「或佻竊虛名」，《治要》引「佻」亦作「叨」。叨，貪也。佻、叨一聲之轉。

（23）或以婚姻而連貴戚

按：連，《治要》卷50引作「成」。

（24）或弄毀譽以合威柄

按：或弄，《治要》卷50引誤作「故并」。

（25）居其下者，作威作福以控御之

按：《治要》卷50引無「居」字，「控」作「鞁」。

（26）史激無防，有汙汙種之悔

楊明照曰：徐濟忠改「汙」為「汙」，顧廣圻改同。照按：「汙」改「汙」是。《戰國策·齊策六》：「……太史敳曰：『女無媒而嫁者，非吾種也，汙吾世矣。』」（又見《史記·田完世家》）即其事已。魯藩本作「汙」，不誤。（P617）

按：四庫本亦作「汙」不誤。

（27）多將侍從，暐曄盈路

楊明照曰：將，行也。（P618）

按：楊說非是。將，率也。

（28）尋道褻謔，可憎可惡

按：褻，魯藩本、慎校本、四庫本同，道藏本作「褻」。「褻」是「褻」俗譌字。褻，狎也。

（29）以惜護節操者為澀少

按：護亦惜也。字或作嫭，《玉篇》：「嫭，惜也。」P.3243《開蒙要訓》：「恀護慳惜。」Дx.6136、P.3243、S.705、S.1308、S.5464「護」同，P.2578作「怙」，羅振玉藏本作「悃」，P.3054作「姻」。「姻」是本字。

（30）車騎填噎於闤巷

按：《抱朴子內篇·道意》「常車馬填溢」，「填噎」即「填溢」轉語，猶言填塞、填滿。音轉又作「填咽」。

（31）及好會，則狐蹲牛飲，爭食競割，掣撥淼摺，無復廉恥

楊明照曰：掣，拽也。撥，析理也。淼，水流廣大貌。摺，折也。此句形容荒湛於酒及爭食競割之狀。（P632）

按：「淼」訓水流廣大貌，不諧。「淼」疑是「剽」轉語，削切也，分割也。

（32）以傾倚申腳者為妖妍標秀

孫星衍曰：申腳，《治要》作「屈申」。

按：《治要》未引此文，《意林》卷4引「申腳」作「屈申」，孫氏誤記出處，楊氏未覆檢。道藏本、魯藩本「申」同，慎校本、四庫本作「伸」。慎校本、四庫本「標」同，道藏本、魯藩本作「標」。又《意林》「妖妍標秀」作「妍媚」。

（33）雖便辟偶俗

按：《御覽》卷447引「偶」作「流」。

（34）凡彼輕薄之徒……然率皆皮膚狡澤

楊明照曰：《詩·山有扶蘇》「乃見狡童」，鄭箋：「狡童，有貌而無實。」《正義》：「狡童，謂狡好之童。」（「狡」與「姣」、「佼」古通。）（P634）

按：楊說非是。「狡」是「膏」轉語。膏澤，猶言滋潤。

（35）若高人以格言彈而呵之

按：呵，慎校本誤作「阿」，四庫本誤作「可」。

《抱朴子外篇校箋》下冊

卷二十六《譏惑篇》

（1）魚之失水，雖暫假息，然枯糜可必待也

楊明照曰：王廣恕曰：「『必』疑作『立』。」照按：王說是。（P8）

按：「必」字不煩改作。糜，慎校本、四庫本作「靡」。

卷二十七《刺驕篇》

（1）毛成翼長，蟬蛻泉壤，便自軒昂，目不步足

按：壤，道藏本誤作「讓」，魯藩本誤作「瓖」。道藏本《意林》卷4引「蛻」作「脫」（《永樂大典》卷10287引仍作「蛻」），「便自」作「自乃」。蛻、脫，正、借字。

（2）或曲晏密集

楊明照曰：「晏」當作「宴」……文溯本、崇文本作「宴」，未誤。（P23）
按：道藏本、魯藩本亦作「宴」不誤，慎校本、四庫本誤作「晏」。

（3）余觀懷、惡之世，俗尚驕褻，夷虜自遇

按：褻，道藏本、魯藩本作「褻」。「褻」同「褻」，借作「暬」，字亦作「媟」。《說文》：「暬，日狎習相慢也。」謂不恭敬，尊卑不別。驕褻，猶言驕慢。慎校本作「裻」，不成字。

（4）道化淩遲

楊明照曰：「淩遲」與「陵遲」同。（P38）
按：平津館本及道藏本作「淩遲」，魯藩本、慎校本、四庫本作「凌遲」。

（5）競逐其闒茸之徒

按：平津館本及慎校本、四庫本作「其」，道藏本、魯藩本作「彼」。

（6）其或峨然守正，確爾不移

按：道藏本、魯藩本、慎校本作「俄然」。平津館本及四庫本改作「峨然」，非其舊也。俄，讀作儀，正也。儀然，守正之貌。

（7）君子能使以亢亮方楞，無黨於俗

楊明照曰：楞，「棱」之或體……此指行為端正。（P41）
按：楊說是也，本書《漢過》「方稜者蒙訕棄之患」，「稜」乃「棱」俗字。道藏本、魯藩本、慎校本「能」作「聽」。平津館本及四庫本改作「能」，非其舊也。亢亮，讀作「忼閬」、「閌閬」，高大貌。

（8）皆背叛禮教，而從肆邪僻

　　楊明照曰：繼昌曰：「從，承訓本作『縱』，二字古通。」王廣恕曰：「『從』疑作『縱』。」照按：吉藩本亦作「縱」。（P44）

　　按：慎校本、四庫本作「從」，道藏本亦作「縱」。

（9）而皆科頭袒體，踞見賓客

　　按：袒，慎校本形誤作「祖」，舊鈔本《治要》卷50引誤同。

（10）則凡夫便謂立身當世莫此之為美也

　　按：道藏本、魯藩本無「為」字，舊鈔本《治要》卷50引同。慎校本、四庫本及天明刊本《治要》引衍「為」字。

（11）此敕身履道，而不免於貧賤矣

　　孫星衍曰：敕，《治要》作「整」。

　　按：道藏本、魯藩本作「敕」，慎校本作「速」，四庫本作「束」；舊鈔本《治要》卷50引作「勅」，右旁改作「整」。「勅」即「勒」，乃俗「敕」字。「敕」字是，《廣雅》：「敕，謹也。」《晉書・宣五王傳》「謹身履道」誼同。《治要》原鈔是，旁改反誤。

（12）欲望肅雍濟濟，後生有式

　　按：濟濟，慎校本脫誤作「齊齊」。

卷二十八《百里篇》

（1）其官益大，其事愈優。煩劇所鍾，其唯百里

　　楊明照曰：優，《書鈔》卷78引作「擾」。照按：「擾」字與文意不合，非是。（P50）

　　按：道藏本、魯藩本均作「優」，楊說是也。孔廣陶曰：「平津本『擾』作『優』，金陵繼氏重刻本亦未改正。」〔註31〕孔氏以「擾」為是，偵矣。慎校本、四庫本「優」脫誤作「憂」。

────────

〔註31〕《書鈔》卷78（孔廣陶校注本），收入《續修四庫全書》第1213冊，上海古籍出版社2002年版，第368頁。

（2）眾役於是乎出，誅求之所叢赴

　　楊明照曰：誅，藏本、魯藩本、吉藩本、慎本、舊寫本作「調」。照按：《省煩篇》：「費薄，則調求者無苛矣。」則此當以作「調」為是。孫氏依盧本改「調」為「誅」，是不忠於底本也。調，調度。（P50）

　　按：四庫本亦妄改作「誅」。慎校本、四庫本上句作「重役以是乎出」。

（3）庸猥之徒，器小志近，冒于貨賄，唯富是圖，肆情恣慾，無止無足

　　孫星衍曰：無止無足，藏本作「元止无足」，從舊寫本改。（P52）

　　按：孫校是也。魯藩本誤作「元止無足」，慎校本誤作「元指氣足」，四庫本誤作「頤指氣使」。

（4）夫百尋之室，焚於分寸之颷；千丈之陂，潰於一蟻之穴

　　按：《御覽》卷 947 引「室」作「山」。陂，四庫本及《御覽》引同，道藏本、魯藩本、慎校本作「波」。S.1380《應機抄》引《老子》曰：「夫百尋之室，焚之於寸燈；千丈之波，潰之於一穴。」《集韻》：「陂，一曰澤障，或作波。」《書鈔》卷 158 引《抱朴子》「夫寸□□焚雲夢，蟻穴能決大隄」，疑即此文。四庫本「焚」誤作「撓」。

（5）何可不深防乎？何可不改張乎

　　按：改張，慎校本誤作「深張」，四庫本誤作「深弜」。

（6）譬猶被木馬以繁纓，何由騁迹於追風；以壞龍當雲雨，安能耀景於天衢哉

　　按：慎校本、四庫本「追風」上「於」作「以」，「壞」作「壞」。「壞」是「壞」形誤。四庫本「耀」上衍「輝」字。

（7）審良、樂之顧眄

　　楊明照曰：良，王良。樂，伯樂。（P56）

　　按：眄，道藏本、魯藩本、慎校本誤作「盼」。

卷三十《鈞世篇》

（1）同說遊獵，而《叔畋》、《盧鈴》之詩，何如相如之言《上林》乎

楊明照曰：《齊風·盧令》序：「《盧令》，刺荒也。」「鈴」、「令」音同得通。（P75～76）

按：P.2529《毛詩詁訓傳》作「《盧鈴》，刺荒也……盧鈴鈴，其人美且仁」，P.2669b 同，亦作「鈴」字。

卷三十一《省煩篇》

（1）煎神瀝思，考校叛例

楊明照曰：王廣恕曰：「叛，崇文本作『判』，疑此誤。」照按：「叛」字未誤，崇文本妄改耳。「叛例」謂諸注家違反經意之例也。（P92）

按：楊說是，道藏本、魯藩本、四庫本均作「叛」。慎校本誤作「泜」。

（2）尋析憔悴

按：慎校本「析」誤作「祈」。

卷三十二《尚博篇》

（1）正經為道義之淵海，子書為增深之川流

楊明照曰：正經，指儒家經典。兩漢至晉所稱之《五經》、《六經》、《七經》，皆正經也。（P98）

按：本書《百家篇》亦有此二語。道義，《書鈔》卷 95 引同，S.1380《應機抄》、《御覽》卷 608 引作「道德」。《書鈔》卷 95 引《物理論》：「夫五經，則四海也；傳記，則四瀆也；諸子，則涇渭也。」正以五經比海，以諸子比流。S.1380《應機抄》引古人云：「夫五經者若登山，逾高逾峻；諸子者似水，逾望逾深。」

（2）仰而比之，則景星之佐三辰；俯而方之，則林薄之裨嵩嶽

楊明照曰：《說文》：「裨，接也，益也。」（P99）

按：本書《百家篇》亦有此二語。景星，《書鈔》卷 95 引同，S.1380《應

機抄》引作「星宿」,《御覽》卷608引作「北辰」。三辰、林薄、裨,《書鈔》、《御覽》引同,《應機抄》引分別作「三光」、「林藪」、「符」。符,讀為附、坿。《說文》:「坿,益也。」嵩嶽,《書鈔》引同,《應機抄》引作「五嶽」,《御覽》引作「高岳」。

（3）以磋切之至言為騃拙,以虛華之小辯為妍巧

楊明照曰:「磋切」二字疑誤倒。（P105）

按:「磋」、「切」二字平列,無所謂正倒。唐・李紳《悲善才》:「抽絃度曲新聲發,金鈴玉佩相磋切。」

（4）斯伯牙所以永思鍾子,郢人所以格斤不運也

楊明照曰:《小爾雅》:「格,止也。」（P111）

按:本書《文行篇》亦有此二語。本書《重言篇》「文士寓目而格筆」,「格」字義同。格謂庋格,作動詞用,擱置義,字亦作閣、擱。《廣雅》:「閣,止也。」

（5）且夫本不必皆珍,末不必悉薄

按:珍,慎校本、四庫本誤作「參」。

（6）珠玉之居蚌、石

按:蚌,道藏本、魯藩本作「蜯」,字同。

（7）夫應龍徐舉,顧昕凌雲

按:昕,道藏本、魯藩本、四庫本誤作「盼」。

（8）重所聞,輕所見

楊明照曰:桓譚《新論》:「世咸尊古卑今,貴所聞,賤所見。」(《文選・東京賦》李注引)（P120）

按:《鹽鐵論・論誹》:「稱往古而言訾當世,賤所見而貴所聞。」《論衡・齊世》:「述事者好高古而下今,貴所聞而賤所見。」又「世俗之性,賤所見貴所聞也。」

（9）昔之破琴剗絃者,諒有以而然乎

按:本書《廣譬》:「伯氏哀期,有剗絃之憤。」「剗」同「剗」。《說文》:

「剿，絕也。」既為滅絕之絕，亦為絕斷之絕。《廣韻》：「剿，截也。」「破琴剿絃」即《呂氏春秋・本味》之「破琴絕弦」。

卷三十三《漢過篇》

（1）令色警慧

按：慧，四庫本同，道藏本、魯藩本、慎校本作借字「惠」。

（2）猝突萍鸑，驕矜輕侻者，謂之巍峨瑰傑

楊明照曰：繼昌曰：「萍鸑，盧本作『萍礐』（柏筠堂本、文溯本、崇文本同）。二字未詳。」照按：盧本乃臆改，非是。萍，疑當作「萃」。萃，集也。「萃鸑」與「鴞萃」，句式異而含義同，皆謂鳥之棲集也。（P127）

按：①四庫本作「召礐」，亦是妄改。道藏本、魯藩本、慎校本均作「萍鸑」。②楊氏疑「萍」作「萃」，是也，但所釋則誤。萃，讀作捽。鸑，讀作捔。鸑音胡角切，匣母字；捔音五角切，疑母字。二字韻同，匣母、疑母旁紐雙聲，可以相通〔註 32〕。《廣雅》：「捔，捽也。」「萃鸑」即「捽捔」，謂撮持人頭髮也。P.2011 王仁昫《刊謬補缺切韻》：「捔，枰。」故宮博物院舊藏吳彩鸞書王仁昫《刊謬補缺切韻》、《玉篇》、《集韻》「枰」作「抨」。《廣韻》：「捔，抨捔。」《龍龕手鏡》同。《廣雅》「捔」與「批」、「摵」同訓捽，據《說文》「摵，批也」、「批，捽也」，則「捽」字必不誤。《篇》、《韻》「抨」是「捽」形誤，趙少咸、余迺永校《廣韻》已據《廣雅》校正，黃侃、周祖謨、趙振鐸則失校〔註 33〕。《篆隸萬象名義》云「捔，捽」，則《名義》所據《原本玉篇》尚未誤「捽」作「抨」字。胡吉宣說「抨」、「捽」均是攻擊義〔註 34〕，非是。「捔」字來源不明，疑是「握」轉語。《說文》：「猝，犬從草暴出逐人

〔註 32〕證據參看龐光華《上古音及相關問題綜合研究——以複輔音聲母為中心》，暨南大學出版社 2015 年版，第 479～485 頁。茲舉其書所列的一個顯證：《釋名》：「眼，限也。」「眼」疑母，「限」匣母。

〔註 33〕趙少咸《廣韻疏證》，巴蜀書社 2010 年版，第 3217 頁。余迺永《新校互注宋本廣韻（定稿本）》，上海人民出版社 2008 年版，第 917 頁。黃侃《黃侃手批廣韻》，中華書局 2006 年版，第 534 頁。周祖謨《廣韻校本》（下），中華書局 2004 年版，第 503～504 頁。趙振鐸《集韻校本》（下），上海辭書出版社 2012 年版，第 865 頁。

〔註 34〕胡吉宣《玉篇校釋》，上海古籍出版社 1989 年版，第 1265 頁。

也。」又「突，犬從穴中暫出。」引申均有追逐、衝突義。「猝突捽挹」謂冒突於人也。③四庫本「倪」作借字「脫」，慎校本誤作「悅」。④瑰，讀作魁。傑，慎校本、四庫本同，道藏本、魯藩本作借字「桀」。「瑰傑」即「魁傑」，亦作「魁桀」。《晉書・四夷傳》：「吐延身長七尺八寸，雄姿魁傑。」《御覽》卷 482 引崔鴻《前燕錄》作「魁桀」。又《陶璜傳》：「雖前後征討，翦其魁桀，深山僻穴，尚有逋竄。」

（3）嘲弄嗤妍，淩尚侮慢者，謂之蕭豁雅韻

楊明照曰：王廣恕曰：「嗤，崇文本作『娷』，疑此誤。」照按：文溯本已作「娷」，王說是。前《崇教篇》：「品藻妓妾之妍蚩。」又《疾謬篇》「觀人婦女，指玷修短，評論美醜」，即此處之「嘲弄嗤妍」也。（P127）

按：嗤妍，四庫本同，道藏本、魯藩本、慎校本作「嗤領」。嗤，讀作娷，輕侮、譏笑也。《集韻》：「娷，侮也，或作娷，通作蚩。」領，讀作怜，亦作憐，哀憐也。「嗤領」與「嘲弄」平列為文。四庫本等改「領」作「妍」，則「嗤妍」是「嘲弄」的對象，非其舊本也。蕭豁，謂蕭疏豁達，晉唐俗語。陶弘景《周氏冥通記》卷 2：「爾情無滯念，胸臆蕭豁，是以果而速之。」顏真卿《鮮于氏離堆記》：「堂有室，廣輪炙丈，蕭豁洞敞。」

（4）憑倚權豪，推貨履徑者，謂之知變之奇

按：徑，慎校本作「經」。本書《審舉篇》「謂守道者為陸沈，以履徑者為知變」，又《擢才篇》「冠群之德，不以沉抑而履徑，而剸節於流俗」，又《安貧篇》「當塗投袂以訟屈，素士蒙塵以履徑」，則「徑」字是。「履徑」謂走捷徑。「推貨履徑」謂行賄而做官。四庫本改「推貨履徑」作「擁貨居奇」，毫無根據。

（5）盤馬弄舞矟，一夫之勇者，謂之上將之元

楊明照曰：《集韻》：「盤，屈足也。」《釋名》：「矛長丈八尺曰矟，馬上所持，言其矟矟便殺也。」……盤馬弄矟，謂於馬上屈足弄矟顯示其技也。（P131）

按：楊氏引《集韻》說之，非是。「盤」是「盤」俗字。盤馬謂盤旋其馬。《大莊嚴論經》卷 11 有「調馬弄矟法」，調謂調習，亦指盤旋其馬。

卷三十四《吳失篇》

（1）叱吒疾於雷霆

楊明照曰：《史記·淮陰侯傳》「叱咤」，《索隱》：「咤，字或作吒。叱咤，發怒聲。」（P145）

按：道藏本作「叱吒」，魯藩本、慎校本、四庫本均作「叱咤」。四庫本改「疾」作「迅」，無版本依據。下文「漢火寢耀」、「承平守文」，四庫本改「漢火」作「赤符」、「守文」作「宇宙」，亦均是妄改。慎校本脫「疾」字，「於」誤作「與」。

（2）勢利傾於邦君

按：邦君，慎校本、四庫本誤作「邦郡」。《抱朴子內篇·道意》：「威傾邦君，勢凌有司。」

（3）夫魚質龍文，似是而非，遭水而喜，見獺即悲

按：《太上感應篇》引「而喜」作「即喜」，「見」作「遇。」

（4）紲篰狗而責盧、鵲之效，繡鷄、鶩而崇鷹揚之功

按：紲，係也。「繡」字字書無考，當作「搆」，涉「紲」字而易作糸旁。《集韻》：「搆，牽也。」「搆」之訓牽，當是「拘」字聲轉。

卷三十五《守塉篇》

（1）銳精蓺文，意忽學稼

按：道藏本、魯藩本、慎校本、四庫本作「藝」。各本「意忽」同，不辭，疑是「怠忽」形誤，猶言輕忽。慎校本、四庫本作「銳精藝之文意，忽學稼」，蓋以誤文不通，因妄增「之」字。

（2）高出於有餘，儉生乎不足

楊明照曰：「高」字於此不愜，疑為「亯」之形誤。亯，今作「享」。享，享受。享出於有餘，即有餘則侈之意。（P174）

按：楊說「即有餘則侈之意」是也，但改字則非。金毅指出「高」字不

誤，訓作饒富〔註35〕。《通鑑》卷 124 引裴子野論曰：「夫侈興於有餘，儉生於不足。」「高」字不誤，當讀作豪，指豪華奢侈。

（3）是以昔人必科膏壤以分利，勤四體以稼穡

楊明照曰：本書屢用「料」字，此「科」字疑為「料」字形誤。料，量也，度也。（P177）

按：「科」字不誤，指徵收賦稅，字亦作「課」。

（4）坦然無去就之謨

楊明照曰：謨，謀劃。（P180）

按：坦然，慎校本、四庫本同，道藏本、魯藩本作「淡然」。

（5）洿隆殊途

按：隆，慎校本、四庫本誤作「陸」。

（6）蜉蝣忽忽於寸陰，野馬六月而後息

楊明照曰：《楚辭·九歎·惜賢》「年忽忽而日度」，洪《補注》：「忽忽，去速也。」（P187）

按：忽忽，慎校本、四庫本同，道藏本、魯藩本作「忽忽」（《喻林》卷 45 引同）。「忽忽」是，亦作「匆匆」，匆忙急遽貌。

（7）厥田邈於上土之科，其收盈乎天地之間

按：收，慎校本、四庫本同，道藏本、魯藩本誤作「牧」。間，慎校本誤作「問」。

（8）始悟立不朽之言者，不以產業汩和；追下帷之績者，不以窺園涓目

楊明照曰：「涓目」與上文「汩和」不倫類，疑「涓」為「滑」之誤。滑，亂也。（P196）

按：「涓」字各本均同，不誤，借作「睊」。武威漢代醫簡 84 甲：「臥不安牀，涓目泣出。」《說文》：「睊，涓目也。」《玉篇》、《類篇》引作「睊，睊

〔註35〕 金毅《〈抱朴子外篇校箋下〉校補》，《古籍整理研究學刊》2002 年第 3 期，第 69 頁。

目也。」「眽」、「涓」一音之轉，是聲訓字。《說文》：「睊，視貌。」目珠偏斜的疾病稱作「睊目」。《外臺秘要方》卷 39：「水溝：主鼻不能息，不知香臭，衄不止，口噤喎僻，睊目。」〔註 36〕

卷三十六《安貧篇》

（1）潛側武之陋巷，竄繩樞之蓬屋

楊明照曰：武，迹也。側武，猶側足，謂置足也。側武陋巷，極言所居狹陋。（P200）

按：楊氏得其句意，但訓武為迹則非。半步曰武。

（2）忽絕粻（陟良切）之實禍，慕不朽之虛名

楊明照曰：《爾雅》：「粻，糧也。」（P205）

按：舊注「陟良切」，則「粻」是舊本。慎校本、四庫本易作「粮」。

（3）筐篚實者，進於草菜

楊明照曰：「菜」字誤，當依魯藩本、舊寫本、文溯本、崇文本作「萊」。草萊，猶言田野。（P208）

按：道藏本亦作「萊」。楊氏失校平津本之底本道藏本，何歟？慎校本誤作「菓」。

（4）交結狹者，侶跂鼇以沈泳

楊明照曰：《玉篇》：「鼇，俗鼈字。」（P209）

按：鼇，道藏本、魯藩本作正字「鼈」，慎校本誤作「夫」。

（5）迪崔烈之遐武

按：迪，蹈也，一聲之轉。

（6）乃黃老之所蚩也

楊明照曰：蚩，當依魯藩本作「嗤」。（P211）

按：慎校本作「蚩」，道藏本、四庫本亦作「嗤」。古字通。

〔註 36〕參見蕭旭《〈說文〉疏證（三則）》，《北斗語言學刊》第 7 輯，2020 年 12 月版，第 99～104 頁。

（7）遺紛埃於險塗，澄精神於玄默

按：紛，讀作坋，坋亦埃也，塵也。《類聚》卷48引齊·丘遲《侍中吏部尚書何府君誄》「灑汰紛埃，擯揚流俗」〔註37〕，亦同。亦作「氛埃」、「雰埃」，《楚辭·遠遊》「辟氛埃而清涼」，王逸注：「掃除霧靄與埃塵也。」《文選·西京賦》「消雰埃於中宸」，薛綜注：「消，散也。雰埃，塵穢也。」李善注：「雰，音氛。」也倒作「埃氛」，宋浙本《抱朴子內篇·暢玄》：「吟嘯蒼崖之間，而萬物化為埃氛。」

卷三十七《仁明篇》

（1）蜎飛蝡動，亦能有仁，故其意愛弘於長育，哀傷著於啁噍

楊明照曰：孫人和曰：「『意愛』與『哀傷』對文，『意』字無義，蓋『惠』字之誤。」照按：「意」字固誤，改「惠」亦未必是……「意」當作「思」。（P222）

按：孫說固誤，楊亦未得。「意愛」平列複詞，意讀作隱，亦愛惜、憐惜之義。

（2）然赴阬穽而無猜，入罻羅而不覺

按：慎校本、四庫本「穽」作「井」，「不」作「無」。

（3）有仁無明，故並趨禍而攸失

楊明照曰：「而攸失」三字於此費解，疑有脫誤。（P223）

按：慎校本、四庫本「而攸失」作「而憂失」，又「並」上有「顕」。「顕」是「顯」俗字。慎本亦不知何謂，俟校。

（4）後舟楫以濟不通

楊明照曰：陳澧曰：「『後』字疑誤。」孫人和曰：「承訓書院本『後』作『役』，是也。」照按：陳、孫說是。藏本、吉藩本、慎本、盧本、柏筠堂本、文溯本、叢書本並作「役」，是「後」乃平津本寫刻之誤。（P225）

按：四庫本亦作「役」。

〔註37〕類聚》據宋刊本，「灑汰」即「洗汰」。明刊本、四庫本「汰」形誤作「沃」，嚴氏《全梁文》卷56所據《類聚》亦是誤本。嚴可均輯《全上古三代秦漢三國六朝文》，中華書局1958年版，第3284頁。

卷三十八《博喻篇》

（1）衝飆傾山，而不能效力於拔毫

楊明照曰：《淮南子‧俶真》：「夫疾風教木，而不能拔毛髮。」（P240）

按：拔，魯藩本誤作「技」，慎校本、四庫本誤作「秋」。

（2）鴛雛徐起，顧眄而戾蒼昊

楊明照曰：戾，至也。（P243）

按：鴛，魯藩本誤作「鳶雛」，《喻林》卷 32 引誤同。戾，慎校本誤作「淚」，四庫本誤作「唳」。

（3）所競者細，則利同而讎結；善否殊塗，則事異而口生

孫星衍曰：口生，藏本作「結生」，舊寫本空白一字。

楊明照曰：吉藩本作「妬生」，蓋臆改也。（P245）

按：魯藩本、慎校本、四庫本亦作「結生」，《喻林》卷 13 引作「妒生」。金毅說「生」上是「怨」字〔註38〕，無版本依據。道藏本等作「結生」，疑「結」是「嫯」、「憨」音誤，《說文》：「嫯，難也。」S.2071《切韻》：「嫯，意難。」《玉篇》：「憨，怖也。」《集韻》：「憨，憂也。」猶言憂懼。

（4）精鈍舛迹，則淩遲者愧恨

按：鈍，魯藩本誤作「銳」。淩，道藏本、魯藩本、慎校本都作「凌」。

（5）武安功高，而范睢飾談以破其事

按：睢，各本同，當校作「雎」。

（6）適心者，交淺而愛深；忤神者，接久而彌乖

按：彌，慎校本、四庫本作借字「弭」。

（7）是以聲同，則傾蓋而居昵；道異，則白首而無愛

楊明照曰：陳其榮曰：「居昵，盧本作『若昵』。」照按：覆刻慎本、柏筠

〔註38〕 金毅《〈抱朴子外篇校箋下〉校補》，《古籍整理研究學刊》2002 年第 3 期，第 70 頁。

堂本、文溯本、崇文本亦並作「若昵」，蓋是。（P250）

按：校語是繼昌說，非陳其榮也。道藏本、魯藩本都作「居昵」，《喻林》卷 4 引同。作「若昵」非是。居，停止也。言聲同則傾蓋而止即親昵，若作「若昵」，則非聲同則相應矣。

（8）猶冰碗之盛沸湯，葭莩之包烈火

按：碗，道藏本、魯藩本作「椀」。

（9）高唱遠和，不為庸愚吐

按：和，慎校本、四庫本同；道藏本、魯藩本作「謀」，《喻林》卷 77 引同。

（10）民財匱夫，而求不已

按：金毅說「夫」當作「矣」〔註39〕，是也，但失校別本。道藏本、魯藩本、慎校本、四庫本均作「矣」，《治要》卷 50 引同。平津館本誤刻作「夫」耳。

（11）割背以裨腹

按：腹，慎校本誤作「服」，四庫本誤作「股」。

（12）割尺璧以納促匣

繼昌曰：割，《治要》作「剖」。

按：楊氏失引繼校。舊鈔本《治要》卷 50 引「割」作「部」，左旁改作「剖」字（天明刊本作「剖」）。「割」是「剖」形誤。慎校本「尺」誤作「天」。

（13）鸞棲之峻木，不秀培塿之卑

楊明照曰：《左傳・襄公二十四年》「部婁」，杜注：「部婁，小阜。」《風俗通義・山澤》、《文選・魏都賦》李善注引作「培塿」。（P256）

按：《左傳》「部婁」，《淮南子・原道篇》高誘注引作「嶏嶁」，《說文》「附」字條引作「附婁」，《玉篇殘卷》「附」字條引作「附塿」，並同。

〔註39〕金毅《〈抱朴子外篇校箋下〉校補》，《古籍整理研究學刊》2002 年第 3 期，第 73 頁。

（14）納拂心之至言者，所以無易方之惑也

　　楊明照曰：孫人和曰：「承訓書院本『無』作『悟』，近是。」照按：藏本、吉藩本、舊寫本亦並作「悟」，當據改。（P259）

　　按：慎校本、四庫本亦誤作「無」。

（15）鸞、鳳競粒於庭場，則受褻於雞、鶩；龍、麟雜廁於芻豢，
　　　則見黷於六牲

　　按：場，慎校本同，道藏本、魯藩本、四庫本作「場」。「場」字是，指田界。《御覽》卷915、《事類賦注》卷18引脫「場」，「褻」作「辱」（《御覽》「受」誤作「授」）。「褻」與「黷」同義對舉，作「辱」是臆改。

（16）浚井不渫，則泥濘滋積

　　按：泥，道藏本、魯藩本、慎校本作「混」。平津館刻本、四庫本臆改作「泥」，無版本依據。

（17）故離朱剖秋毫於百步，而不能辯八音之雅俗

　　按：道藏本、魯藩本脫「秋」字。

（18）則奇士扣角

　　楊明照曰：叩，擊也，與「扣」同。（P265）

　　按：道藏本、魯藩本作「扣」。

（19）蒿（薺）麥冬生，無解畢發之肅殺

　　繼昌曰：畢發，承訓本作「觱發」。

　　楊明照曰：《詩·七月》：「一之日觱發。」毛傳：「觱發，風寒也。」《釋文》：「觱，音必，《說文》作『畢』。發音如字。觱發，寒也。」（P266）

　　按：楊氏失引繼校。承訓本仍作「畢發」，繼氏誤校。四庫本作「觱發」，《喻林》卷7引同。《說文》：「滭，風寒也。」又「冹，一之日滭冹。」「滭冹」是本字，「觱發」、「畢發」均其音轉。

（20）靈鳳值孟戲而反丹穴

　　楊明照曰：《史記·秦紀》：「大廉玄孫曰孟戲、中衍，鳥身人言。」《括地志》：「孟虧人首鳥身，其先為虞氏馴百獸。夏后之末，民始食卵，孟虧去之。

鳳皇隨焉，止於丹山。」（《御覽》卷915、《事類賦》卷18引）是「戲」、「𧆜」二字，必有一誤（左形相似，故易致誤）。《博物志》卷8又作「孟舒」。（P268）

按：《御覽》卷915、《事類賦》卷18所引是《括地圖》，不是《括地志》。「𧆜」、「戲」均從虍得聲，歌部字，自得聲轉，不是形誤。「舒」亦是聲轉，《路史》卷16羅苹注：「孟𧆜，《史》作『孟戲』。張華作『孟舒』，誤。」羅氏以「舒」為誤字，亦非。《漢書·古今人表》又聲轉作「孟獻」，錢大昕曰：「《秦本紀》作『孟戲』，戲、獻聲相近。」〔註40〕

（21）是以四國流言，公旦不能遏；謗者盈路，而子產無以塞

孫星衍曰：藏本「而」字在「子產」下，今從舊寫本。

楊明照曰：而，吉藩本、慎本、柏筠堂本、文溯本、叢書本、崇文本無。照按：無「而」字，與上文「公旦不能遏」句一律。（P269）

按：魯藩本作「公旦而不能遏」、「子產而無以塞」，《喻林》卷12引同。道藏本脫上「而」字，慎校本、四庫本則並刪二「而」字。

（22）是以懷英逸之量者，不務風格以示異

楊明照曰：務，藏本、魯藩本、吉藩本、慎本、盧本、舊寫本、柏筠堂本、文溯本、叢書本、崇文本作「矜」。照按：「矜」字較勝，當據改。（P270）

按：四庫本亦作「矜」。「務」是「矜」形誤。

（23）䮕、駮危苦於嶮峻之端，不樂咈（吠）守之役

繼昌曰：䮕駮，承訓本作「鷟駿」。

陳其榮曰：榮案：《玉篇》：「䮕，野馬也。駮，馬色不純，今作駮。」當以「䮕駮」為是。下「咈守」，承訓本作「咈呼」〔註41〕。

楊明照曰：《玉篇》：「䮕，音龍，野馬也。」《爾雅》：「駮，如馬，倨牙，食虎豹。」（P274、277）

按：楊氏失引繼、陳校語。䮕駮，道藏本、慎校本同，四庫本誤作「鸞駮」，魯藩本誤作「鷟駿」（《喻林》卷82引誤同）。守，魯藩本誤作「呼」。

〔註40〕錢大昕《二十二史考異》卷6《漢書考異》，收入《嘉定錢大昕全集（二）》，江蘇古籍出版社1997年版，第142頁。

〔註41〕繼昌、陳其榮《抱朴子外篇校勘記》，《四部備要·子部》第55冊附錄，第183頁。

P.2018《唐韻》引《說文》：「騭，野馬。」今本《說文》無，疑有脫文。「騭」字見於漢印，用於人名〔註42〕。字或作「驪」，居延新簡 EPT65.45：「馬一匹，驪牝，齒七歲，高五尺八寸。」又 EPF22.585：「已賣馬，驪牝、駠牝各一匹。」肩水金關漢簡（四）73EJT37.80：「一匹驪牡，齒十歲，高五尺七寸。」又 73EJT37：170+365：「乘驪牝馬，齒十二歲，高五尺九寸。」也省作「龍」，《大戴禮記·五帝德》：「春夏乘龍，秋冬乘馬。」本書《正郭》：「有似塞足之尋龍騏，斥鷃之逐鴻鵠。」《玉篇》、《廣韻》、《集韻》「騭，野馬」之訓，當本於《說文》也。余迺永校《廣韻》，以今本《說文》及《切二》、《王二》、《全王》、P.2011《切韻》無「騭」，因謂《廣韻》「騭」字衍文，當刪〔註43〕。余迺永氏專輒矣，不知漢代自有「騭」字，不可遽刪也。又考《集韻》：「駼，騭駼，良馬。」又「騭，騭駼，良馬。」「騭」是「良」音轉〔註44〕，「騭駼」倒語作「駼良」。蔣斧印本《唐韻殘卷》：「駼，駼良，健馬。」裴務齊《正字本刊謬補缺切韻》、《廣韻》同。S.2071《切韻箋注》：「駼，駼良，逸健（健）馬。」「駼良」即「陸梁」轉語，跳行貌，用作健馬之稱。《說文》：「坴，一曰坴梁。」「坴梁」即「陸梁」。本書「駁」疑是「駼」形誤，本作「騭駼」，雙聲連語。

（24）猶銶禾以討蝗蟲，伐木以殺蠹蝎，食毒以中蛑蝛，徹舍以逐雀鼠

孫星衍曰：蠹蝎，《治要》作「蛞蝎」。

楊明照曰：《玉篇》：「銶，大鎌也。」（『鎌』與『鐮』同）此文以「銶」作動詞用。（P287）

按：銶，讀作芟，轉語亦作斬，刈也。大鎌之銶亦讀作芟，是其名詞性專字，另詳《逸民篇》校補。討，慎校本、四庫本誤作「計」，《治要》卷50引誤同。蛑，慎校本誤作「風」。又《治要》引「食毒」作「減食」，「徹」作「撤」。舊鈔本《治要》引「銶」作「鈑」，「蠹」作「蚮」（右旁改作「蛞」）；天明刊本《治要》分別作「銶」、「蛞」。「鈑」是「銶」形譌。原鈔作「蚮」，是「蠹」俗省字，與「蠍」的異體字「蚮」同形易字，旁改字「蛞」則是「蚮」形誤。「蛞蝎」非其誼也，《五音集韻》：「蛞，蛞蝎，井中蟲名。」〔註45〕

〔註42〕參見羅福頤《漢印文字徵》第十，文物出版社1978年版，第4頁。
〔註43〕余迺永《新校互注宋本廣韻（定稿本）》，上海人民出版社2008年版，第564頁。
〔註44〕「粮」音轉為「籠」，「狼戾」音轉為「懍悷」，「郎當」音轉為「龍鍾」，皆其證。
〔註45〕《集韻》「蛞蝎」作「蛞蠍」。

（25）貴珠出乎賤蚌

按：蚌，道藏本、魯藩本作「蜯」，《喻林》卷 27 引同，字同。

（26）利豐者害厚，質美者召災

按：厚，慎校本同，道藏本、魯藩本作借字「後」（《喻林》卷 58 引同），四庫本形誤作「原」。

（27）條枝連抱者，不俟圍其木，而巨細可論矣

按：俟，慎校本、四庫本形誤作「候」。

（28）觀翰草之汪濊，則知其不出乎章句之徒矣

楊明照曰：草，藏本、吉藩本、慎本、盧本、柏筠堂本、文溯本、叢書本、崇文本作「章」。照按：「章」字較勝。（P290）

按：魯藩本亦作「翰草」。余謂作「章」與下句犯複，「草」字是。草，讀作藻。「藻」與「翰」字平列。本書《百家》：「百家之言，雖不皆清翰銳藻，弘麗汪濊，然悉才士所寄心，一夫所澄思也。」又《安貧》：「振翰摛藻，德音無窮，斯則貴矣。」《華陽國志》卷 10：「子山翰藻，遺篇有厚。」蕭統《文選序》：「事出於沉思，義歸乎翰藻。」皆其例也。

（29）藉孺、董、鄧，猶錦絃之裹塵埃也

楊明照曰：藉，《御覽》卷 815、《事類賦》卷 10 引作「籍」。照按：作「籍」與《史記》、《漢書》合，當據改。（P297）

按：魯藩本作「籍」，楊氏失校。

（30）熾暑鬱陰，不能消雪山之凍

楊明照曰：陳其榮曰：「鬱陰，盧本作『鬱隆』。榮案：鬱隆，即《詩·雲漢篇》所謂『薀隆』也，當據改。」照按：藏本、吉藩本、慎本、舊寫本、文溯本並作「鬱隆」，未誤，陳說是。（P299）

按：魯藩本亦作「鬱隆」。又慎校本、四庫本作「暑鬱陰隆」，脫「熾」字，「陰」涉「隆」形誤而衍，楊校慎本不合。

（31）沈閭、孟勞，須楚砥以斂鋒

按：金毅曰：「『楚砥』當作『越砥』。《文選》王子淵（褒）《聖主得賢臣頌》『及至巧冶，鑄干將之璞，清水淬其鋒，越砥斂其鍔。』李善注引晉灼曰：『砥石出南昌，故曰越砥。』劉良注：『越砥，磨石名也。斂，謂磨也。鍔亦刃也。』」〔註46〕《初學記》卷22後漢・李尤《金馬書刀銘》：「淬以清流，礪以越砥。」《書鈔》卷123引同。《初學記》卷22晉・張協《太阿劍銘》：「太阿之劍，世濟其美。淬以清波，斂以越砥。」《御覽》卷344、《事類賦注》卷13引「斂」同，《類聚》卷60引「斂」作「礪」。《書鈔》卷122有「磨以越砥」語，未說出處，當是此二文之一。越後為楚所合併，故抱朴易「越砥」作「楚砥」，不必改字。「斂」無磨礪之訓，當讀作厰。《說文》：「厰，厰諸，治玉石也。」聲轉亦作碟，俗字作礛。《說文》：「碟，厰（礛）石也。」用作動詞，即是磨礪義。《廣雅》：「礱、磨、砥、碟、礪也。」是「碟」與「礱、磨、砥、礪」同義也。《淮南子・原道篇》「不以廉為悲」，高誘注：「廉，猶儉也。」《說文》：「䥦，䥦兒。」《釋名》：「廉，斂也，自檢斂也。」此三例是聲訓。《荀子・宥坐》「富有四海，守之以謙」，《家語・三恕》同；《韓詩外傳》卷3、8「謙」作「儉」，《說苑・敬慎》同。《集韻》：「癐、瘷：物毒喉中病。或從兼。」又「鹼、䴔：鹹也，或從兼。」此上皆其音轉之證。

（32）驪駬待王、孫而致遠

楊明照曰：「駬」字於此不可解，當為「騏」之形誤。驪，華驪。騏，綠耳。並古駿馬名。王，王良。孫，孫陽，伯樂姓名。（P300）

按：駬，慎校本作「驛」，四庫本作「驊」。「驛」字不通，「驊」乃臆改。楊說可備一通，余謂「駬」亦可能是「騏」形誤。本書《文行》有「騏驪有邈群之價」語。「驪騏」是「驊驪、騏驥」省稱。

（33）令質俟隱括而成德

按：質，慎校本、四庫本誤作「箕」。

（34）仗策去幽者，形如腒腊

按：幽，道藏本、魯藩本、慎校本、四庫本作「幽」。平津館本徑正作「幽」，

〔註46〕金毅《〈抱朴子外篇校箋下〉校補》，《古籍整理研究學刊》2002年第3期，第76頁。

卻未作校記。策，指馬箠。

（35）小疵不足以損大器，短疢不足以累長才

按：疢，魯藩本形誤作「疾」。

（36）樹塞不可以棄夷吾，奪田不可以薄蕭何

按：樹塞，四庫本同，道藏本、魯藩本、慎校本作「奢僭」。慎校本「田」誤作「出」。

（37）螣蛇不能登凌於不霧之日

孫星衍曰：螣蛇，盧本作「騰蛇」。

按：慎校本、四庫本亦作「騰蛇」。「螣」是「騰」分別字。

（38）摯雉兔則鸞鳳不及鷹鷂，引耕犁則龍麟不逮雙峙

按：不逮，慎校本、四庫本誤作「還建」。

（39）韜鋒而不擊，則龍泉與鉛刀均矣

按：鉛，魯藩本誤作「鋸」，《喻林》卷 66 引誤同；慎校本誤作「銘」。

（40）責匠世之勳於劇碎之賢

楊明照曰：「匠」當作「匡」。（P310）

按：各本「匠」字同，不誤，治也。劇，四庫本同；道藏本、魯藩本、慎校本作「處」，《喻林》卷 66 引同。「處」字不誤。處碎之賢，謂處理瑣碎之事的才能。

（41）薄九成而悅北鄙者，吾知其不能格靈祇而儀翔鳳矣

按：祇，魯藩本、慎校本、四庫本誤作「祗」。

（42）舍英秀而杖常民者，吾知其不能叙彝倫而臻升平矣

按：舍，魯藩本誤作「含」，《喻林》卷 68 引誤同。

（43）達乎通塞之至理者，不悁悒於窮否

楊明照曰：悁悒，亦作「悁邑」。（P311）

按：悁，慎校本誤作「怡」。

（44）營辱不可以才量

孫星衍曰：「才量」當作「量才」。

楊明照曰：「才量」二字確係誤倒。（P312）

按：金毅說「營」當作「榮」〔註47〕，是也，但失校別本。道藏本、魯藩本、慎校本、四庫本均作「榮」，平津館本誤刻耳。

（45）則彼龍后，謂為其倫

按：慎校本「倫」誤作「論」。四庫本妄改此二句作「則彼聾盲，謂為詭論」，尤無根據。

（46）畎澮之流，不能運大白之艓

楊明照曰：《漢書·劉向傳》顏注：「畎，田中之溝也……畎，字或作𤰝。」𤰝，古文作畎，見《廣韻》。（P316）

按：畎，道藏本、魯藩本作「畎」，慎校本、四庫本作「溝」。

（47）故宋玉舍其延靈之精聲，智士招其獨見之遠謀

楊明照曰：招，舊寫本作「拓」。照按：「招」字與文意不符，作「拓」是，當據改。（P317）

按：道藏本、魯藩本、慎校本、四庫本都作「招」。「招」當作「抱」，讀作摽，俗作拋，亦捨棄之誼，字亦作𢬵、𢱢、𣀢。金毅謂「精聲」疑當作「情聲」〔註48〕，余謂「精聲」疑當作「清聲」。

卷三十九《廣譬篇》

（1）高尚其志，不降不辱，斯則貴矣，何必青紫之兼扡也

按：慎校本、四庫本脫「扡」字。

〔註47〕金毅《〈抱朴子外篇校箋下〉校補》，《古籍整理研究學刊》2002 年第 3 期，第 72 頁。

〔註48〕金毅《〈抱朴子外篇校箋下〉校補》，《古籍整理研究學刊》2002 年第 3 期，第 68 頁。

（2）四海苟備，雖室有懸磬之窶，可以無羨乎鑄山而煮海矣；身處
鳥獸之群，可以不渴乎朱輪而華轂矣

　　按：渴，慎校本、四庫本誤作「謁」。此文「渴」與「羨」對舉同義，讀
作愒，俗作憨。《爾雅》：「愒，貪也。」郭璞注：「愒，謂貪羨。」《詩·雲漢》
鄭箋「時旱渴雨」，《釋文》：「愒，苦蓋反，貪也。本又作渴，苦葛反。」《集
韻》：「愒、憨、渴，貪也，或從欠從水。」《文選·為石仲容與孫皓書》「渴賞
之士，鋒鏑爭先」，呂延濟注：「渴賞，謂貪賞也。」

（3）韓、英遭漢高乃騁撥亂之才

　　按：慎校本「騁」誤作「騎」。

（4）公旦不能與伯氏跟絓於馮雲之峻

　　按：馮，慎校本、四庫本作「憑」，乘陵也。馮雲，猶言凌雲。

（5）震雷不能細其音以協金石之和，日月不能私其耀以就曲照之惠，
大川不能促其涯以適速濟之情，五嶽不能削其峻以赴陟者之欲

　　按：副，慎校本、四庫本同，道藏本、魯藩本作「赴」。「赴」是其故本，
慎本妄改耳。「赴」與上文「就」、「適」對舉，猶言趨就也。本書《博喻篇》
「猶劗高馬以適卑車，削附踝以就褊履，斷長劍以赴短鞞，割尺璧以納促匣
也」，文例相同。《抱朴子內篇·嘉遯》「有若沈景之應朗鑒，方圓之赴規矩」，
其誼亦同。

（6）碩儒以與進弘道，遠數以博愛容眾

　　繼昌曰：遠數，承訓本作「遠教」。

　　按：楊氏失引繼校。道藏本、慎校本、四庫本同。魯藩本「數」作「教」，
《喻林》卷 39 引同。沈瑩曰：「『遠數』不成詞，魯藩本作『遠教』，疑當作
『遠致』，即招致、求取。」〔註49〕「遠數」、「遠教」均不辭，疑「達教」形
誤，即「達學」，猶言博學。「敎」既是「教」，亦是「學」。本書《用刑篇》：
「諸碩儒達學洽通政理者。」

〔註49〕沈瑩《〈抱朴子外篇校箋〉補正》，浙江大學 2014 年碩士論文，第 33 頁。

（7）志道者不以否滯而改圖，守正者不以莫賞而苟合

　　按：志，慎校本、四庫本誤作「忠」。

（8）不覿虎豹之或蔚，則不知犬羊之質漫

　　按：或，道藏本同，魯藩本誤作「或」，慎校本、四庫本臆改作「文」。

（9）猶輕羽之沒洪鑪，飛雪之委沸鑊

　　按：沒，道藏本、魯藩本、慎校本、四庫本作「投」，平津館本誤刻，當據校正，楊氏失校。投亦委置義。

（10）根荄蹶於此，則柯條瘁於彼

　　按：各本「荄」同，舊鈔本《治要》卷50引作「芥」，天明刊本作「芰」。「芰」是誤字。「芥」是「荄」聲轉，疥或作痎，炌或作炫，玠或作孩，是其比也。本書例作「荄」字。蹶，拔也。《左傳・襄公十九年》「是謂蹶其本」，杜預注：「蹶，猶拔也。」字亦作撅，《韓詩外傳》卷2：「草木根荄淺，未必撅也。飄風興，暴雨墜，則撅必先矣。」《說苑・建本》作「拔必先矣」。

（11）惠下逮則遠人懷，而非儉吝所能辦辯也

　　按：辦，四庫本同，道藏本、魯藩本、慎校本作「辯」。

（12）善莅政者，必戰戰於得失

　　按：莅，慎校本、四庫本同，道藏本、魯藩本作「涖」。

（13）暗主倒執干戈，雖名尊而勢去

　　按：名，慎校本、四庫本誤作「曰」。

（14）故鮀鰌褻絳虬於淵湀

　　按：絳，魯藩本形誤作「絳」。

（15）日未移晷，周章九陔

　　按：陔，魯藩本形誤作「陵」。

（16）熠耀之宵燄，不能使萬品呈形

    楊明照曰：「之」字衍，當刪。（P354）

    按：呈，慎校本、四庫本同，道藏本、魯藩本作「程」。「程」是故本，《喻林》卷 22 引同。《廣雅》：「程，示也。」

（17）聚蝎攻本雖權安，然必傾之徵也

    按：傾，道藏本誤作「領」。

（18）玄雲為龍興，非虺蜓所能招也

    按：蜓，魯藩本誤作「蜒」。

（19）山以高陊，谷以卑安

    楊明照曰：《說文》：「陊，落也。」（P360）

    按：陊，道藏本、魯藩本同，《永樂大典》卷 2806 引亦同；慎校本、四庫本誤作「移」。

（20）焦螟之卑棲，不肯為銜鼠之唳天

    孫星衍曰：唳天，舊寫本作「戾天」。

    按：道藏本、魯藩本「唳天」同，慎校本、四庫本亦作「戾天」。

（21）懸魚惑於芳餌，檻虎死於籠狐

    按：上「於」字，道藏本、魯藩本、慎校本作「以」。

（22）鼠住虎側，則狸犬不敢睨

    孫星衍曰：睨，藏本作「議」，從舊寫本改。

    楊明照曰：《說文》：「睨，衺視也。」（P365）

    按：魯藩本、慎校本、四庫本亦作「議」，《喻林》卷 26 引同。「議」自可讀作「睨」，字亦作「覷」，或借「倪」為之，無庸改字。《隸釋》卷 9 漢《費鳳碑》：「梨儀瘁傷。」洪适曰：「《孔宙碑》亦云：『迺綏三縣，黎儀以康。』黎則黎老之稱，儀則讀如『旄倪』之倪也。」〔註50〕黃生曰：「黎，

〔註50〕洪适《隸釋》卷 9，中華書局 1986 年版，第 108 頁。

老人也。儀與倪通，小兒也。」〔註51〕《隸續》卷20《斥彰長田君斷碑》：「安惠稚（黎）儀。」儀可讀作倪，是其證矣。又「貌」之為「貌」，「倪」之為「娥」，均其比也。

（23）安肯諂笑以偶俗乎

按：諂，道藏本、魯藩本、慎校本誤作「謟」。

（24）凝冰慘慄，而不能凋款冬之華

按：款冬，慎校本、四庫本同，道藏本、魯藩本作「款凍」。作「款凍」是其故本。

（25）九有乂安，則韓、白之功不著

按：乂，四庫本同，道藏本、魯藩本、慎校本誤作「人」。

（26）與奪不汩其神者，至粹者也；利害不染其和者，極醇者也

按：染，道藏本、魯藩本同，慎校本、四庫本作「雜」。作「雜」是，俗字「雜」作「雜」，因誤作「染」。「雜」與「汩」對文，均攪亂之誼也。考本書《嘉遁》：「萬物不能攪其和，四海不足汩其神。」《淮南子·俶真篇》：「是故目觀玉輅琬象之狀，耳聽白雪清角之聲，不能以亂其神；登千仞之谿，臨蝯眩之岸，不足以滑其和。」「滑」是「汩」借字。足證「雜其和」即「攪其和」、「滑其和」，「汩其神」即「亂其神」。《廣雅》：「猾，擾也。」「猾」同「滑」，是「滑」正擾亂之誼。

（27）林繁則匠入矣，珠美則蚌裂矣

按：蚌，道藏本、慎校本、四庫本同；魯藩本作「蚄」，《喻林》卷58引同。

（28）刃利則先缺，絃哀則速絕

按：速，魯藩本誤作「遠」。

（29）仁人之視人也如己，待疏也猶密，則不恕之怨不為其責矣。

按：恕，魯藩本誤作「怒」。

〔註51〕黃生《義府》卷下，黃生、黃承吉《字詁義府合按》，中華書局1954年版，第245頁。

（30）俗化不弊，風教不頹

按：頹，慎校本誤作「頌」。

（31）幽、厲位彌重而罪彌著

按：道藏本、魯藩本同。「位彌重而罪彌著」，慎校本改作「位彌著而罪彌深」，四庫本改作「位彌著而謗彌惡」，均無據。

（32）而乃墜金雨集

按：而，慎校本、四庫本同，道藏本、魯藩本作「爾」。

（33）故久憂為厚樂之本，暫勞為永逸之始

楊明照曰：久，吉藩本作「先」。照按：「先」字是。《大戴禮記・曾子立事》：「先憂事者後樂事。」即此文之所自出（《說苑・談叢》亦有「先憂事者後樂」語）。厚，亦當據改為「後」。（P387）

按：久，四庫本同；道藏本、魯藩本、慎校本作「救」，《喻林》卷33引同。楊說非是，本文與《大戴》及《說苑》無涉。作「救」是，四庫本音誤作「久」，吉藩本臆改作「先」。《淮南子・本經篇》：「夫仁者所以救爭也，義者所以救失也，禮者所以救淫也，樂者所以救憂也。」救，止也。厚，大也。言止其憂，方能為大樂也。

（34）金鉤桂餌雖珍，而不能制九淵之沈鱗

楊明照曰：《闕子》：「魯人有好釣者，以桂為餌，黃金之鉤，錯以銀碧，垂翡翠之綸。其持竿處位即是，然其得魚不幾矣。」（《御覽》卷834引）（P387）

按：《御覽》卷834引《闕子》，《初學記》卷22引同；《後漢書・班彪傳》李賢注、《類聚》卷89、《御覽》卷957引作《闞子》，《白氏六帖事類集》卷29引作《闍子》。不知孰是。又李賢注及《初學記》「黃金」上有「鍛」字，當據補。

（35）故呂梁有鵠立之夫，河湄繁伐檀之民

按：鵠，慎校本、四庫本誤作「鴻」。

（36）玉帛徒集於子陵之巷，蒲輪虛反於徐生之門

按：反，魯藩本誤作「及」。

（37）猶賈堅之惡同利，醜女之害國色

按：害，讀為妎，妒忌也，嫉妒也，恨毒也。俗字亦作嫭〔註52〕。

（38）施惠隆於佞幸，用才出乎小惠

楊明照曰：孫星衍曰：「才，當作『財』。」王廣恕曰：「才，當作『財』。」照按：孫、王說是。（P391）

按：孫、王說非是。「才」讀如字，「小惠」之惠讀為慧，指智慧。小慧，謂小才。

卷四十《辭義篇》

（1）乾坤方圓，非規矩之功；三辰摛景，非瑩磨之力

楊明照曰：瑩磨，猶琢磨。（P39）

按：瑩亦磨也，與「琢」無涉。

卷四十一《循本篇》

（1）是以欲致其高，必豐其基；欲茂其末，必深其根

按：根，四庫本同；道藏本、魯藩本作「柢」，《喻林》卷82引同。作「柢」是其故本。

（2）猶狂華干霜以吐曜，不崇朝而零瘁矣

繼昌曰：藏本作「寒曜」，今從舊寫本。

按：吐，道藏本、魯藩本、慎校本、四庫本均作「寒」，《喻林》卷56引同。

（3）顧眄已枯株於危陸矣

楊明照曰：王先謙曰：「《列子‧黃帝篇》『若橜株駒』，《釋文》：『株駒，枯木本也。』……則株有枯誼。」（《釋名疏證補》卷8）若然，是此文之「枯株」二字一實。（P403）

按：王先謙說誤，《列子》「株」非枯誼。楊氏據王氏不根之說，謂「枯株」是同義複詞，尤誤。《易林‧恒之大壯》：「朽根枯株，不生肌膚。」枯株

〔註52〕參見蕭旭《〈慧琳音義〉「諆謀」正詁》，《中國語學研究‧開篇》第35卷，2017年5月日本好文出版，第289～296頁。

即是朽根〔註53〕。又《晉之睽》「東行食榆，困於枯株」，亦同。

卷四十二《應嘲篇》

（1）計決，而猶豫不棲於心術

按：猶豫，慎校本、四庫本同，道藏本、魯藩本作「猶與」。

（2）然吾子所著，彈斷風俗，言苦辭直

按：各本「斷」同，疑「譏」形誤。本書《正郭》：「聖者憂世，周流四方，猶為退士所見譏彈。」

卷四十三《喻蔽篇》

（1）王仲任作《論衡》八十餘篇

楊明照曰：《抱朴子》佚文：「王充好論說，始詭異，終有理。乃閉門潛思，絕慶弔之禮，戶牖牆壁各置刀筆類，著《論衡》八十五篇。」（《事文類聚》別集卷2引）（P423）

按：語出《後漢書·王充傳》，非《抱朴子》佚文，《事文類聚》誤記出處。

（2）群言合而道蓺辨

按：蓺，各本作「藝」。辨，道藏本、魯藩本作「辯」，《喻林》卷89引同。

（3）夏后之璜

按：后，道藏本、魯藩本、慎校本作「君」。

（4）療溼痺而刖足

按：慎校本「刖」誤作「則」。《易林·艮之需》「根刖樹殘，花葉落去」，

〔註53〕《恒之大壯》「朽根枯株」，《震之需》「朽」作「刖」，刖讀作蹶（疑、見旁紐雙聲，均月部字），僵也，倒也。《噬嗑之否》「朽根枯樹，華葉落去」，續道藏本、津逮秘書本、學津討原本、百子全書本《兌之大有》「枯」同，元刊本、士禮居叢書本、龍谿精舍叢書本作「刖」（《永樂大典》卷15143引同）；《夬之恒》「枯」作「刖」。刖亦讀作蹶，《屯之坎》「刖」作「倒」，是同義替換，正是切證。《艮之需》「根刖樹殘，花葉落去」，「刖」亦同，續道藏本「刖」誤作「則」。王筠說《艮之需》、《震之需》之「刖」字「皆借刖為軏」，非是。王筠《說文解字句讀》「軏」字條，中華書局1988年版，第223頁。

續道藏本「刵」誤作「則」。《增壹阿含經》卷 36：「或剝其皮……或取五則之，或取火側炙之。」「則」亦「刵」形誤，《可洪音義》卷 12《增一阿含經》卷 36 作「五刵」。

卷四十四 《百家篇》

（1）百家之言，雖不皆清翰銳藻，弘麗汪濊，然悉才士所寄心，一夫澄思也

按：慎校本、四庫本「一夫」下有「所」字，當據補，道藏本、魯藩本並脫。金毅據文義補「所」字〔註 54〕，得之，但失校別本。陳興偉於「一夫」下補「之」字〔註 55〕，亦通，但無版本依據。

（2）不以書不出周、孔之門，而癈助教之言

楊明照曰：癈，《尚博篇》作「廢」。此「癈」字即借為興廢字。（P443～444）

按：道藏本、魯藩本、慎校本、四庫本均作「廢」，平津館本誤刻作「癈」字耳。

卷四十五 《文行篇》

（1）荃可棄，而魚未獲，則不得無荃

按：荃，道藏本、魯藩本、慎校本、四庫本作「筌」，當據校改。

卷四十六 《正郭篇》

（1）及在衰世，棲棲惶惶，席不暇溫

按：棲棲，道藏本、魯藩本同，慎校本、四庫本作「悽悽」。下文「欲慕孔、墨棲棲之事」，又「而身棲棲為之雄伯」，慎校本、四庫本均作「悽悽」。

（2）故能挾之見准慕於亂世，而為過聽不覈實者所推策

孫星衍曰：准，各本作「推」。

〔註 54〕 金毅《〈抱朴子外篇校箋下〉校補》，《古籍整理研究學刊》2002 年第 3 期，第 71 頁。

〔註 55〕 陳興偉《〈抱朴子·外篇〉標點舉誤》，《浙江師大學報》1994 年第 5 期，第 63 頁。

楊明照曰：「推」蓋涉下句「推策」之「推」衍，「准」又由「推」致誤。（P454）

按：道藏本、魯藩本、慎校本作「准」，四庫本易作「推」，孫校未確。測孫氏原意，當作「推，各本作『准』」，刻本誤倒。即改作「推慕」，是也。本書《自敍》「世人多慕豫親之好，推闇至之密」，「推」、「慕」對舉，此則連文。

（3）彰惶不定

楊明照曰：彰惶，同「章皇」。（P456）

按：彰惶，道藏本、魯藩本同，慎校本、四庫本作「倉遑」。

（4）而世人逐其華而莫研其實

按：研，慎校本誤作「妍」。

（5）故其雖有缺隟，莫之敢指也

按：缺，道藏本、魯藩本、慎校本作「鈌」。

（6）其知漢之不不救，非其才之所辦

陳其榮曰：「不救」之「不」，榮案與上「不」字複沓，疑「可」字之誤。

按：各本「不不」均作「不可」，平津館本誤刻，當據校改，楊氏失引陳說，並失校其誤字。道藏本、魯藩本、慎校本「辦」作「辯」。

（7）輪刓筴弊

楊明照曰：刓，削。（P465）

按：刓，慎校本誤作「刑」，四庫本誤作「傾」。

（8）遂使聲譽翕熠，秦、胡景附

楊明照曰：熠，藏本、魯藩本、吉藩本、慎本、盧本作「習」。《文選・魯靈光殿賦》「祥風翕習以颯灑」，又《鸚鵡賦》：「翔又（引者按：『又』當作『不』）翕習」，李注並云：「翕習，盛貌。」是此當以作「習」為是。（P465）

按：四庫本亦作「熠」。「熠」亦不誤。「翕習」或作「熻熠」、「歙習」、「噏習」，音轉則作「吸習」。翕、習音義同，重言則曰「翕翕」或「習習」。

（9）輡車盈街，載奏連車

楊明照曰：王廣恕曰：「《後漢書·郭太傳》注引《泰別傳》：『泰名顯，士爭歸之，載刺常盈車。』則『奏』字當誤。」照按：林宗於靈帝之世，未任官職，無庸「奏事上書」，當以作「刺」為是。《釋名·釋書契》：「爵里刺，書其官爵及郡縣鄉里也。」……王說是。（P465～466）

按：「奏」、「刺」無由相譌，王、楊說誤。「奏」不是奏事上書，亦是名刺。《釋名·釋書契》又云：「書稱刺書，以筆刺紙簡之上也……書姓字於奏上曰書刺。」書刺既是書姓字於奏上，則此文作「奏」亦不誤矣。

（10）見無不了，庶幾大用

按：庶幾，慎校本、四庫本作「庶及」。

（11）奚解於不粒，何救於露居哉

按：解，魯藩本誤作「辭」。下文「無救於世道之陵遲，無解於天民之憔悴也」，亦解、救對文。

（12）徒惑華名，咸競准的

按：惑，道藏本、魯藩本作古字「或」。

（13）崇私議以動眾，關毀譽於朝廷

按：「關」即《淮南子·主術篇》「關其辭」、《史記·梁孝王世家》「關說」之關，讀為貫，通也。

卷四十七《彈禰篇》

（1）文學冠群

繼昌曰：文學，《御覽》卷215作「才學」。

按：楊氏失引繼校。

（2）孔文舉……而友衡於布衣，又表薦之於漢朝，以為宜起家作臺郎

楊明照曰：漢，《御覽》卷215引無。照按：篇首已著「漢」字，《御覽》所引是也，當據刪。（P480）

按：《御覽》卷 215 引「而」作「始」，無「表」字，「宜」下有「使」字，亦當出校。金毅據補「使」字〔註56〕。

（3）目所一見，輒誦於口；耳所瞥聞，不忘於心

楊明照曰：《說文》：「瞥，過目也。」段注：「倏忽之意。」此句「瞥」字，亦倏忽之意（《文選·薦禰衡表》作「耳所暫聞」）。（P480）

按：《後漢書·禰衡傳》《薦禰衡表》同此，《三國志·荀彧傳》裴松之注、《文選·東方朔畫贊》李善注、《書鈔》卷 98、《類聚》卷 53 引均作「耳所暫聞」。「瞥」之語源是「拂」（一聲之轉），暫過也。目之暫見曰瞥，耳之暫聞曰瞥，手之拂擊、拂拭曰撆（撇），其義一也。《集韻》：「瞥，暫聞也。」

（4）衡時在坐，忽顣顠悽愴，哀歎忼慨

楊明照曰：《孟子·滕文公下》「己頻顣曰」，朱注：「頻，與『顣』同。顣，與『蹙』同。」《玉篇》：「顣，顣蹙，憂愁不樂之狀。」「顠」字他書未見，蓋寫者因「顣」而妄加「頁」旁耳。（P483）

按：本書《詰鮑篇》「王者憂勞於上，台鼎顣顠於下」，道藏本如此，魯藩本「顠」作「顠」（慎校本此二字殘損）。「顠」字亦見於他書，《慧琳音義》卷 74《僧伽羅剎集》卷上《音義》：「顣蹙：下酒育反。《左傳》云：『蹙，促也。』《廣雅》云：『急也，迫也。』《考聲》：『聚也。』《文字典說》從足戚聲。經從頁作顣。非也。」「顠」、「顣」均「蹙」俗字。字亦作「顣喊」、「嚬蹙」、「嚬喊」、「嚬嚘」等形。

（5）衡顧眄歷視稠眾而答曰

按：眄，魯藩本、慎校本誤作「盻」。

（6）然復無正有入法應死之罪，又惜有殺儒生之名

按：慎校本、四庫本無「復」、「正」二字，又「入」形誤作「八」。惜，猶言擔心、恐怕。

〔註56〕金毅《〈抱朴子外篇校箋下〉校補》，《古籍整理研究學刊》2002 年第 3 期，第 70 頁。

（7）但欲使孫左右持刀兒視之者，此可用爾

　　孫星衍曰：持，藏本作「柱」，今從舊寫本改。

　　按：魯藩本、慎校本、四庫本亦作「柱」。陸龜蒙《秋思》：「不知能賦客，何似柱刀兒？」正用此典，字亦作「柱」（一本誤作「枉」，或改作「捉」），不當遽改。「柱」同「拄」，拄持也。

（8）衡曰：「卿存其名耳，我一覽尚記之。」

　　按：其，道藏本、魯藩本、慎校本作「之」。平津館刻本及四庫本妄改作「其」。

（9）然修己駮刺，迷而不覺

　　楊明照曰：刺，名刺，猶今之名片。《後漢書‧禰衡傳》：「始達潁川，乃陰懷一刺，既而無所之適，至於刺字漫滅。」《平原禰衡傳》：「衡嘗書一刺懷之，字漫滅而無所適。」駮刺，即刺字漫滅之意。（P488）

　　按：「駮刺」不辭，楊氏所援「刺字漫滅」不當，其說殊誤。刺，四庫本同，道藏本、魯藩本、慎校本作「剌」。「剌」字是，《說文》：「剌，戾也。」剌、戾一聲之轉。《說文》：「戾，曲也。」《廣雅》：「剌，衰也。」邪僻不正之誼。修己駮剌，言禰衡修身駮雜而邪戾。

（10）齎如此之伎倆，亦何理容於天下而得其死哉

　　楊明照曰：《廣雅》：「齎，持也。」（P488）

　　按：伎倆，又寫作「伎兩」、「伎量」、「技兩」、「技倆」、「技倆」、「技量」，乃「技能」轉語〔註57〕。

卷四十八《詰鮑篇》

（1）鮑生敬言好老、莊之書，治劇辯之言，以為「古者無君勝於今世」

　　按：劇辯，四庫本同，道藏本、魯藩本、慎校本作「鮑辯」。疑《鮑辯》是鮑敬言所著之書。

〔註57〕參見蕭旭《「伎倆」再探源》。

（2）故削桂刻漆，非木之願；拔鷸裂翠，非鳥所欲

　　楊明照曰：桂，桂木，其皮入藥者。《莊子·人間世》：「桂可食，故伐之。漆可用，故割之。」（P494～495）

　　按：削桂，道藏本、魯藩本作「剝桂」，平津館刻本同；慎校本、四庫本作「剝柱」，《喻林》卷115引同。楊氏本「剝」誤作「削」，亟當改正。作「剝桂」是，「柱」是「桂」形譌。唐王岳靈《責龜文》：「必以剝桂刻漆，非材木所願；拔鷸裂冠（翠），非禽鳥所欲。」正本此文。當作「剝桂」。剝，謂剝離其皮。

（3）促轡銜鑣，非馬之性

　　按：促轡銜鑣，四庫本同，道藏本作「促促銜樂」，魯藩本、慎校本作「促促銜鑣」（《喻林》卷115引同）。「樂」字誤。

（4）荷軏運重，非牛之樂

　　楊明照曰：照按：此二句謂牛輓運重之車，其為大車可知。則「軏」當作「輗」，始合文意。荷，負荷。荷輗，猶負輗。（P496）

　　按：楊說是也，但道藏本、魯藩本、慎校本、四庫本本就作「輗」字，《喻林》卷115引同。平津館刻本誤「輗」作「軏」，不知楊氏何故不校別本？

（5）詐巧之萌，任力違真

　　按：任，道藏本誤作「必」。

（6）鈒恐不利，盾恐不厚

　　陳其榮曰：榮案：《玉篇》：「鈒，古文矛字。」王襃《僮約》：「倚盾曳鈒。」

　　楊明照曰：鈒，「矛」之古文（見《玉篇》）。（P506）

　　按：楊氏失引陳校。鈒，道藏本、魯藩本同，慎校本、四庫本作「矛」。「鈒」是「矛」增旁俗字。宋浙本《抱朴子內篇·登涉》「一法以葦為矛以刺之即吉」，敦煌寫本P.2682「矛」作「鈒」。《真誥》卷7「四極擊鼓，三官尋鈒」，《洞真太微黃書天帝君石景金陽素經》引《太帝招魂眾文》「鈒」作「矛」。《古文苑》卷17王襃《僮約》「椅盾曳鈒，還落三周」，《類聚》卷35、《初學記》卷19、《御覽》卷500、598引「鈒」作「矛」。盾，慎校本、四庫本同，

道藏本作「戤」，魯藩本作「戗」。「戤」「戗」均是「戥」形誤。《說文》：「戥，盾也。」

（7）起土木於凌霄，構丹綠於梦橑

按：橑，道藏本、魯藩本、慎校本誤作「撩」。

（8）良宰匠世

孫星衍曰：匠，舊寫本作「匡」。

楊明照曰：照按：「匡」字是。（P516）

按：道藏本、魯藩本均作「匠世」。「匠」字不誤，治也。慎校本、四庫本改「匠世」作「巧匠」，亦非。

（9）是以有聖人作，受命自天

按：魯藩本亦作「有聖人作」，是也。道藏本作「有聖之作」，慎校本、四庫本作「有聖人之作」，均誤。

（10）久而無君，噍類盡矣

楊明照曰：《漢書·高帝紀》「襄城無噍類」，顏注引如淳曰：「類，無復有活而噍食者也。青州俗呼無子遺為無噍類。」（《史記》「噍類」作「遺類」，《集解》引徐廣曰：「遺，一作『噍』。噍，食也，音在妙反。」）（P523）

按：北大藏漢簡（一）《蒼頡篇》簡8：「胡無噍類。」舊說噍訓食，非是。「噍」是「疇」、「儔」轉語，也省作「壽」，音轉又作「醜」〔註58〕。

（11）玄冰結而不寒，資糧絕而不飢

孫星衍曰：資，藏本作「肴」，從《意林》改。

楊明照曰：照按：……稚川一再以「肴糧」連文，不必據《意林》改「肴」為「資」也。《御覽》卷854引作「肴」，魯藩本、吉藩本、舊寫本、慎本、盧本、柏筠堂本、文淵本、叢書本、崇文本作「餚」（與「肴」通），均足證「肴」改「資」非是。（P529）

按：《御覽》卷854引「冰」作「水」，「糧」作「糠」，「飢」作「飽」，均誤。道藏本《意林》卷4引脫「玄」字，清鈔本、榕園叢書本「玄冰」作「冰

〔註58〕參見蕭旭《呂氏春秋校補》，花木蘭文化出版社2016年版，第407～408頁。

霜」,《永樂大典》卷 10287 引《意林》「玄冰」作「堅冰」。

（12）夫明王在上,群後盡規

楊明照曰:《國語·周語上》「近臣盡規」,韋注:「盡規,盡其規計以告王也。」（P530）

按:韋說未是。盡,讀為進。進規,猶言進謀。

（13）而令放之,使無所憚

繼昌曰:而令,藏本作「而命」,今從舊寫本。

按:令,魯藩本、慎校本、四庫本亦作「命」。

（14）棄柂櫓而乘輕舟

楊明照曰:「柂」為「柁」之俗體。（P538）

按:道藏本、四庫本作「柂」,魯藩本作「柁」。

（15）陸處之魚,相煦以沫也

楊明照曰:沫,藏本、吉藩本、舊寫本、柏筠堂本、文溯本、叢書本、崇文本作「沫」。照按:「沫」字是。《莊子·大宗師》:「泉涸,魚相與處於陸,相呴以濕,相濡以沫,不如相忘於江湖。」（《天運》同）《釋文》:「沫,音末。」（P544）

按:煦,道藏本、魯藩本同（《喻林》卷 59 引亦同）;慎校本、四庫本作「煦」。正字是「欨」。《說文》:「欨,吹也。」又「煦,一曰溫潤也。」《集韻》:「欨、煦、呴:吹也,或作煦,亦省。」

（16）田蕪倉虛,杼柚之空

楊明照曰:《詩·大東》:「小東大東,杼柚其空。」《釋文》:「柚,音逐,本又作軸。」（P546）

按:柚,慎校本、四庫本同,道藏本、魯藩本作「軸」。

（17）無道之君,無世不有,肆其虐亂,天下無邦

楊明照曰:《易·否》:「上下不交,而天下無邦也。」（P548）

按:邦,慎校本、四庫本同,道藏本、魯藩本誤作「邪」。

（18）古之飲食，足以充飢虛；而今則焚林漉淵，宰割群生

按：飢虛，道藏本、魯藩本同，慎校本、四庫本誤作「饑膚」。

（19）余聞唐堯之為君也，捐金於山；虞舜之禪也，捐璧於谷

繼昌曰：《類聚》卷84、《御覽》卷806「禪」上有「承」字，此脫。《類聚》作「抵璧」。嚴氏校云：「今據《安貧篇》『故唐、虞捐金而抵璧』，明此亦作『抵璧』。」

楊明照曰：「禪」上，《類聚》卷84、《御覽》卷806引並有「承」字。捐璧，《類聚》作「抵璧」。嚴可均曰：「今據《安貧篇》『故唐、虞捐金而抵璧』，明此亦作『抵璧』。」照按：「禪」上當據補「承」字。《安貧篇》「抵」當作「抵」，《類聚》未可從也。（P553）

按：楊氏失引繼校。①繼氏、楊氏補「承」字，是也。但楊氏據段玉裁說改「抵」作「抵」（下冊第214頁《安貧篇》校箋），則殊誤。《路史》卷21羅苹注引同《類聚》。抵，讀作擿，投棄也。《說文》：「擿，一曰投也。」俗作「擲」。《宋書》卷56史臣論曰「抵璧幽峯，捐珠清壑」，與本文同。②上「捐」字，慎校本、四庫本同，《類聚》卷84引亦同；道藏本、魯藩本作「摘」。「摘」是「擿」省文。《文選·東京賦》：「藏金於山，抵璧於谷。」國圖藏宋刻本、宋紹興陳八郎宅刊本、四部叢刊影南宋本、重刊天聖明道本、奎章閣本、嘉靖汪諒刊本、明吳勉學刻本作「抵」，《書鈔》卷8、《初學記》卷9、《永樂大典》卷10112引同；宋明州刊本、宋淳熙八年池陽郡齋刻本作「抵」。薛綜注：「藏、抵皆謂不取之，謂儉故也。」李善注引《說文》：「抵，側擊也。」李氏注引《說文》訓作側擊，則字作「抵」。側擊之訓，非其誼也，李說誤。朱珔說「抵」是「抵」譌借〔註59〕，胡紹煐說「抵」當作「抵」〔註60〕，均是承段氏誤說。S.2071《切韻》：「抵，擲。」《後漢書·獻穆曹皇后紀》李賢注：「抵，擲也。」朱駿聲說「抵，叚借為擿」〔註61〕，得之。

（20）疏食菲服

按：疏，慎校本、四庫本作「蔬」。

〔註59〕朱珔《說文假借義證》，黃山書社1997年版，第691頁。
〔註60〕胡紹煐《文選箋證》卷3，黃山書社2007年版，第108頁。
〔註61〕朱駿聲《說文通訓定聲》，武漢市古籍書店1983年版，第578頁。

（21）故上下同之，而犯非者眾

孫星衍曰：非，舊寫本作「罪」。

按：下文「下不堪命，冒法犯非，於是乎生」，孫星衍亦曰：「非，舊寫本作『罪』。」道藏本、魯藩本、四庫本均作「非」，慎校本作「罪」。本書《知止篇》「若舍法容非」，「非」、「法」對舉，則「非」字不誤。

（22）豈可以一蹶之故，而終身不行

孫星衍曰：蹶，藏本作「蹷」，從舊寫本改。

楊明照曰：《淮南子·脩務》：「以一蹪之難，輟足不行。」高注：「蹪，躓，楚人謂躓也。」《說苑·談叢》：「一蹶之故，卻足不行。」（P567）

按：①魯藩本、慎校本、四庫本亦均作「蹷」。「蹷」同「趉」。P.5531《大唐刊謬補闕切韻》及《廣韻》「趉」、「蹶」二字同音紀劣反〔註62〕。此文「蹷」即是「蹶」同音借字，不煩改作。②本書《廣譬》：「（靈鳳）凌風蹈雲，不蹷不閡者，以其六翮之輕勁也。」蹷亦蹶借字，「蹷閡」即「蹶礙」，猶言躓礙。《太平廣記》卷42引《神仙拾遺傳》：「而步不差跌，足無蹶礙。」③本書《百家》：「而學者專守一業，游井忽海，遂蹷躓於泥濘之中，而沈滯乎不移之困。」蹷亦躓也，同義連文。「蹷躓」即「蹶躓」。《出曜經》卷22：「猶馬蹶躓，加之杖策，然後調伏。」《玄應音義》卷17：「蹶躓：巨月、居月二反。《說文》：『僵臥也。』《廣疋》：『躓，蹶也。』頓也。」《禮記·曲禮上》「足毋蹶」，孔疏：「蹶者，蹶行急遽貌也。亦謂客初至之時，勿得以為行遽，恐有蹶躓之貌。」

（23）夫戰兢則彝倫敘，怠荒則姦宄作

按：兢，慎校本誤作「競」。

（24）夫絕域不可以力服，蠻貊不可以威攝

按：攝，讀為懾，亦服也。

（25）智禽銜蘆以扞網

按：扞，《文選·鷦鷯賦》李善注引作「避」，《御覽》卷899、《事類賦注》

〔註62〕P.5531《大唐刊謬補闕切韻》，收入《法藏敦煌西域文獻》第34冊，上海古籍出版社2005年版，第203頁。

卷 22、《記纂淵海》卷 14 引作「逆」〔註63〕，皆以意改之。李善改作「避」，以就《鷦鷯賦》正文「徒銜蘆以避繳」耳。

卷四十九《知止篇》

（1）若夫善卷巢、許、管、胡之徒，咸蹈雲物以高騖，依龍鳳以竦迹

按：騖，道藏本、魯藩本作「鶩」。慎校本、四庫本作「騖」，其下雖作「鳥」不同，其上部從敖則甚分明（慎校本左上部有殘損，但「刀」形可見，故知決非「鶩」字）。

（2）寤覆車乎來軔之路

按：寤，慎校本、四庫本作「悟」。

（3）徙薪曲突於方熾之火，纚舟弭檝於衝風之前

楊明照曰：《後漢書·張衡傳》「纚朱鳥以承旗」，李注：「纚，繫也。」弭，息也。（P588）

按：纚訓繫者，指連繫、編連，而非繫止、繫住。《集韻》：「纚，連也。」纚、連一聲之轉。《文選·上林賦》：「華榱璧璫，輦道纚屬。」李善注引司馬彪曰：「纚屬，連屬也。」《後漢書·馬融傳》《廣成頌》：「類行並驅，星布麗屬。」《莊子·馬蹄》：「當是時也，山無蹊隧，澤無舟梁，萬物群生，連屬其鄉。」「纚屬」、「麗屬」即是「連屬」轉語。《文選·景福殿賦》：「若幽星之纚連也。」李善注：「纚，相連之貌，力氏切。」「纚連」是駢詞複語。梁·何遜《臨行公車》：「纚舟去濁河，揆景辭清灞。」唐·陸倕《以詩代書別後寄贈》：「僶俛從王事，纚舟出淮泗。」「纚舟」均指連舟而行。

（4）望密蔚而曾逝

楊明照曰：此句以鳥喻。密蔚，謂林木茂盛。曾逝，謂鳥高飛。（P588）

按：金毅曰：「蔚，疑本作『罻』，捕鳥的小網。」〔註64〕蔚，讀為鬱。

「密蔚」轉語亦作「鬱密」，唐・吳筠《竹賦》：「冒冰霜之涸沍，逾青熒以鬱密。」《宋高僧傳》卷 13《唐蘄州黃崗山法普傳》：「因見黃崗山色奇秀，其峰巉崒，其林鬱密。」

（5）可欲不能蔕介其純粹，近理不能秏滑其清澄

楊明照曰：《史記・司馬相如傳》《子虛賦》：「吞若雲夢者八九，其於胷中曾不蔕芥。」《索隱》：「蔕芥，張揖曰：『刺鯁也。』郭璞云：『言不覺有也。』」《莊子・齊物論》郭注：「故蕩然無蔕介於胷中也。」《釋文》：「蔕，勒邁反，又音豸。介，古邁反，又音界。」「蔕」與「蔕」同。「介」與「芥」通。（P589～590）

按：楊說是也。「蔕芥」疊韻連語，憂懼，心不安也。字亦作「憪忦」、「懗芥」、「遰介」、「袃蒯」、「懘蒯」、「薑芥」、「薑介」、「帶介」，倒言則為「芥蔕」、「介蔕」〔註65〕。清澄，道藏本、魯藩本同，慎校本、四庫本作「精誠」。

（6）故有踞高蹐厚，猶不免焉

按：蹐，魯藩本誤作「蹜」。

（7）救誹謗其不暇，何信受之可必哉

按：誹謗，慎校本、四庫本同，道藏本、魯藩本作「訞謗」。

（8）為謀者猶宜使忠，況自為策而不詳哉

按：策，四庫本同，道藏本、魯藩本作「榮」。慎校本此字上部殘損，但下部「木」可辨識。作「榮」是，「自為榮」呼應上文「獻納期榮」。「策」俗字作「筞」，與「榮」形近致誤。

（9）故養由之射，行人識以弛弦

按：弛，魯藩本同，道藏本、慎校本、四庫本作俗字「弡」。

（10）由乎迹之有朕，景之不滅也

按：朕，道藏本、慎校本同，魯藩本、四庫本作「朕」。

〔註65〕參見蕭旭《賈子校補》，收入《群書校補（續）》，花木蘭文化出版社 2014 年版，第 776～778 頁。

（11）若使行如蹈冰，身如居陰

　　按：冰，道藏本誤作「水」。

（12）則牘壞惟憂矣

　　按：牘，道藏本、魯藩本、慎校本、四庫本作俗字「穨」（慎本字有殘損）。

（13）是以身名並全者甚希，而折足覆餗者不乏也

　　按：乏，道藏本誤作「之」。

（14）文茵兼舒於華第，艷容粲爛於左右

　　按：第，道藏本、魯藩本、四庫本誤作「第」。

卷四十九《窮達篇》

（1）豐華俟發春而表艷，棲鴻待衝飆而輕戾

　　楊明照曰：戾，至也。（P62）

　　按：俟，魯藩本誤作「俊」。戾，讀作利。《荀子・議兵》：「輕利僄遬，卒如飄風。」《韓詩外傳》卷4：「輕利剛疾，卒如飄風。」衝飆即指飄風。

（2）席上之珍，鬱於泥濘；濟物之才，終於無施

　　按：席，魯藩本誤作「度」。鬱，讀為薀、蘊，滯積也。

卷四十九《重言篇》

（1）余友人玄泊先生者，齒在志學

　　孫星衍曰：泊，《意林》作「伯」。

　　按：四庫本亦作「玄泊」。道藏本、魯藩本、慎校本作「玄怕」，《永樂大典》卷8570引同。「怕」是「淡泊」義本字。《意林》「伯」是「怕」形誤，《永樂大典》卷10287引亦誤。

（2）以儒、墨為城池，以機神為干戈

　　按：二「為」字，《意林》卷4引作「作」。

（3）徒口枯氣乏，椎杭抵掌，斤斧缺壞，而槃節不破；勃然戰色，而乖忤愈遠

陳其榮曰：榮案：「杭」字誤，承訓本作「肮」。肮，喉嚨也。竊疑「杭」當作「机」字，以形近致譌。「机」與「几」通……此云「椎机」，殆亦若擊桌、拍案之類歟？

楊明照曰：「椎杭」與「抵（抵）掌」對舉，不倫類，疑有誤字。以其字形求之，「杭」蓋「肮」之誤……是「椎肮」謂擊喉嚨也。（P642）

按：楊氏失引陳校，金毅從陳說〔註66〕。椎杭，道藏本同，魯藩本作「椎肮」。慎校本作「雄杭」，四庫本作「雄抗」。沈瑩曰：「疑『杭』為『枕』之誤。『椎枕』猶槌枕……可指憤怒。」〔註67〕余謂各本均誤，字當作「推扰」。《列子‧黃帝》「既而狎侮欺紿，攦拉挨扰，亡所不為」，《釋文》：「扰，丁感切。《方言》：『擊背也。』一本作『抗』，違拒也。」一本作「抗」者，即「扰」字形譌。《方言》卷10：「拉、扰，推也。南楚凡相推搏曰拉，或曰揔，沅、涌、溰幽之語或曰攡。」推扰，猶今言推搡也，爭鬥的動作。

（4）致令恚容表顏，醜言自口

按：表，四庫本誤作「喪」。

卷五十《自叙篇》

（1）文累使奉迎驃騎，驃騎終不還

按：魯藩本、四庫本「文」同，《永樂大典》卷10287引同，「文」是驃騎之弟名。道藏本、慎校本「文」作「又」，則是副詞。作「文」義長。

（2）大都督給親兵五千，總統征軍，戍遏壇場

楊明照曰：戍，舊寫本作「式」。照按：《詩‧民勞》「式遏寇虐」，鄭箋：「式，用。遏，止也。」即「式遏」二字之所自出，作「式」是也。（P650）

按：楊說非是。道藏本、魯藩本、慎校本、四庫本均作「戍遏」，《永樂大

〔註66〕金毅《〈抱朴子外篇校箋下〉校補》，《古籍整理研究學刊》2002年第3期，第69頁。

〔註67〕沈瑩《〈抱朴子外篇校箋〉補正》，浙江大學2014年碩士論文，第35頁。

典》卷 10287 引同，其字不誤。《爾雅》：「戍，遏也。」郭璞注：「戍守所以止寇賊。」「戍遏」同義連文。唐・崔致遠《委曲》：「今此官榮，實彰君寵。唯在專勤戍遏，固守邊陲，更俟大來，永揚忠節。」唐・杜光庭《洋州令公生日拜章詞》：「伏惟大道延慈，天師鑒祐，降兵官將，福祐護持，俾其戍遏成功，烽煙罷警。」壇場，道藏本同，《永樂大典》卷 10287 引作「疆場」，魯藩本誤作「壇堨」，慎校本、四庫本誤作「疆堨」。

（3）洪者，君之第三子也。生晚，為二親所嬌饒，不早見督以書史

楊明照曰：嬌，《御覽》卷 619 引作「驕」。饒，盧本作「嬈」，柏筠堂本、文溯本、叢書本、崇文本同。照按：嬌，「驕」之借字。驕，驕慣，寵愛。饒，饒恕，寬容。……並足證盧改「饒」為「嬈」之非。（P653）

按：楊說是也，俞樾早已論及「嬌饒」不當作「嬌嬈」〔註 68〕。道藏本、魯藩本作「嬌饒」，《永樂大典》卷 10287 引同；慎校本、四庫本同盧本誤作「嬌嬈」。宋刊《類聚》卷 88、宋刊《初學記》卷 28、宋刊《御覽》卷 967、《玉臺新詠》卷 1、《樂府詩集》卷 73 並載後漢宋子侯《董嬌饒詩》，明嘉靖胡纘宗刊本及四庫本《類聚》誤作「嬌嬈」，古香齋本《初學記》、四庫本《御覽》、四庫本《玉臺新詠》誤同。紀容舒曰：「嬌饒，諸本或作『嬌嬈』，蓋以相沿俗字誤改古書，今仍從宋刻。」〔註 69〕其說亦是。

（4）躬執耕稼，承星履草，密勿疇襲

楊明照曰：「疇襲」連文不倫類，亦頗費解。疑「襲」為「壟」之誤。疇，田疇。壟，壟畝。二字泛指田野。（P654）

按：楊說是也，各本均誤，《永樂大典》卷 10287 引亦誤。《御定子史精華》卷 149 引已逕正作「疇壟」。《大唐西域記》卷 12：「山川巉嶙，疇壟墝埆，穀稼時播，宿麥滋豐。」也作「疇壟」、「疇隴」，《大唐西域記》卷 2：「東則川野沃潤，疇壟膏腴。」《音釋》：「疇壟：上直流反，下呂勇反。田疇也，山壟也。」曹植《贈丁儀》：「黍稷委疇隴，農夫安所獲。」

〔註 68〕俞樾《茶香室叢鈔》卷 9，收入《續修四庫全書》第 1198 冊，上海古籍出版社 2002 年版，第 249 頁。

〔註 69〕紀容舒《玉臺新詠考異》卷 1，收入《叢書集成初編》第 1752 冊，中華書局 1985 年影印，第 9 頁。

（5）曾所披涉，自正經、諸史、百家之言，下至短雜文章，近萬卷

楊明照曰：「近」下，《書鈔》卷 97、《御覽》卷 612 引有「將」字。照按：有「將」字是，當據增。（P655）

按：《御覽》卷 722 引《晉中興書》：「葛洪，字稚川，丹陽句容人。幼覽衆書，近得萬卷，自號抱朴子。」《歷代名醫蒙求》卷下、《醫說》卷 1 引略同。則補「得」字亦通。

（6）冠履垢弊

按：履，《永樂大典》卷 10287 引同，《意林》卷 4 引作「纓」。

（7）或短不蔽腳

按：腳，《永樂大典》卷 10287 引同，《意林》卷 4 引作「膝」。

（8）或忽廣領而大帶

按：領，《永樂大典》卷 10287 引同，《意林》卷 4 引作「衣」。

（9）洪稟性尪羸，兼之多疾

按：性，《永樂大典》卷 10287 引同，《御覽》卷 485 引作「體」。

（10）貧無僮僕，籬落頓決

楊明照曰：頓，《初學記》卷 18 引作「頹」。照按：「頹」字較勝，當據改。（P665）

按：楊說非是。各本均作「頓」，《永樂大典》卷 10287 引同。宋刊本《初學記》卷 18 引作「」，乃「頓」俗字〔註70〕。頓者，猶言廢敗。古香齋本《初學記》形誤作「頹」，不可據改。《意林》卷 4 引作「貧無僕童，籬落不修」。

（11）荊棘叢於庭宇，蓬莠塞乎階霤

按：蓬，《初學記》卷 18、《永樂大典》卷 10287 引同，《御覽》卷 485 引作「蒿」。「蒿莠」亦通，見本書《喻蔽》。

〔註70〕明、清時刻本「頓」左側尚從「虫」，字形參見曾良、陳敏《明清小說俗字典》，廣陵書社 2018 年版，第 152 頁。

（12）浮雜之交，口合神疟，無益有損

孫星衍曰：疟，舊寫本作「离」。

楊明照曰：疟，頭瘍也。含義與此句不符，其為誤字無疑。當據舊寫本作「离」。「神离」即「神離」也。離，違也。前《交際篇》「不形同而神乖，不匿情而口合」二語，亦可證。（P667）

按：道藏本、魯藩本、慎校本均作「疟」，《永樂大典》卷 10287 引同；四庫本作「疵」。「疟」、「离」無由致譌。「疟」當以同音借作「仳」，仳者，離也，別也。「疵」是「疟」形誤。

（13）不致苦理，使彼率不得自還也

按：得，道藏本誤作「待」。

（14）度不可與言者，雖或有問，常辭以不知，以免辭費之過也

孫星衍曰：不可，藏本無「不」字，從舊寫本補。

按：道藏本作「度不與言者」，實無「可」字，孫氏誤記，楊未檢正。

（15）雖門宗子弟，其稱兩皆以付邦族，不為輕乎（平）其價數也

楊明照曰：稱兩，此以權衡喻品題。（P679）

按：兩，讀作量。

（16）而果有伏賊數百，出傷諸軍

按：傷，四庫本、重刊道藏輯要本同；道藏本、魯藩本、慎校本作「蕩」，《永樂大典》卷 10287 引同。作「蕩」是其舊本。

（17）是以車馬之跡，不經貴勢之域；片字之書，不交在位之家

孫星衍曰：藏本作「貴世之城」，從舊寫本改。

按：魯藩本亦作「貴世之城」，《永樂大典》卷 10287 引同；慎校本、四庫本作「貴世之域」。本書《任命》：「然車跡不軔權右之國，尺牘不經貴勢之庭。」則「世」是「勢」音誤，斷可決也。「城」字則不誤。

（18）本欲遠慕魯連，近引田疇，上書固辭，以遂微志。適有大例，同不見許

按：適，四庫本、重刊道藏輯要本同，道藏本、慎校本作「逼」（《永樂大

典》卷 10287 引同），魯藩本作「遇」。大例乃是固有之，非適有也。「逼」字
是，猶言迫也。

（19）夫期頤猶奔星之騰烔，黃髮如激箭之過隙

孫星衍曰：烟，藏本作「烔」，從舊寫本改。

楊明照曰：奔星騰烟，喻其急疾之狀。（P718）

按：金毅說「烔」字不誤，訓「光」〔註71〕，是也。魯藩本、慎校本、
四庫本均作「烔」，《永樂大典》卷 10287、《喻林》卷 46 引同。

（20）美不寄於良史，聲不附乎鍾鼎

按：美，四庫本同；道藏本、魯藩本、慎校本作「名」，《永樂大典》卷
10287 引同。作「名」是其舊本。

《抱朴子外篇》佚文校補

繼昌輯《抱朴子外篇佚文》〔註72〕。據《鐵橋漫稿》卷 6「代繼蓮龕為
《抱朴子》敘」，實係嚴可均代輯〔註73〕，嚴氏《全晉文》卷 117 正同。楊明
照有考訂，並有補輯〔註74〕。茲據楊本作校補焉。

（1）去如收電，可見而不可追；住如丘山，可瞻而不可動。（《意林》，《御覽》卷 13、273、275）

嚴可均曰：住，《御覽》作「立」，又作「留」。

按：《御覽》卷 275「追」作「得」，「住」作「留」，「丘山」作「山
岳」，「動」作「量」。「量」是「動」脫誤，《御覽》卷 13、273 引亦作
「動」。

〔註71〕金毅《〈抱朴子外篇校箋下〉校補》，《古籍整理研究學刊》2002 年第 3 期，
第 73 頁。

〔註72〕繼昌輯《抱朴子外篇佚文》，《四部備要·子部》第 55 冊附錄，第 188～192
頁。

〔註73〕嚴可均《鐵橋漫稿》卷 6《代繼蓮龕為〈抱朴子〉敘》，收入《續修四庫全書》
第 1489 冊，上海古籍出版社 2002 年版，第 17 頁。

〔註74〕楊明照《抱朴子外篇校箋》（下冊），中華書局 1997 年版，第 742～761 頁。

（2）韓信傳檄而定千里，是以尺素之功，勝于雲梯之械也。（《書鈔》
卷 115）

按：勝于，《書鈔》卷 115 引作「勝如」，嚴可均誤錄。

（3）雞有專棲之雄，雉有擅澤之鷮，蟻有兼弱之智，蜂有攻寡之計，
人相役御，亦猶是耳。（《類聚》卷 97、《御覽》卷 917、947）

嚴可均曰：攻寡，《御覽》一作「收窶」。

按：宋刊《御覽》卷 917 作「攻窶」，俗本作「收窶」，嚴氏未見宋本耳。
當據《類聚》卷 97、《御覽》卷 947 作「攻寡」，《事類賦注》卷 30、《埤雅》
卷 10、《海錄碎事》卷 22、《記纂淵海》卷 14、46、《事文類聚》後集卷 48 引
同〔註75〕。《御覽》二引作「鷮」（卷 947 有注：「音嬌。」），《記纂淵海》卷
14、46、137 三引同（卷 14 有注：「音嬌。」）〔註76〕，《剡錄》卷 10、《事文
類聚》後集卷 44 引亦同，《類聚》、《埤雅》引作「驕」。《文選・西京賦》薛綜
注：「雉之健者為鷮也。」鷮之言趫也，蹻也。《廣雅》：「蹻，健也。」（俗語
「矯健」，亦是借音字）。雉之健者為鷮，馬之健者為驕，犬之健者為猲，禾之
茂者為穚，矢躍出為矯，山銳而高者為嶠，其義一也。《類聚》「專」誤作「摶」，
「役」誤作「投」，「猶是」脫誤作「足」。

（4）羊群犬聚，轉攻略地，而所向無堅敵，所摧無堅壘。皆望景如
狼駭，承響而鹿走……嚴乎孫吳率然之眾也。（《書鈔》卷 117）

按：《書鈔》卷 117 引「堅敵」作「勍敵」，「響」作「嚮」，「率然」作「卒
然」。「卒」是「率」形譌。

（5）春以長矛在前，夏以大戟在前，秋以弓弩在前，冬以刀盾在前，
此行軍四時應天法也。（《意林》）

按：《御覽》卷 339 引作《太公六韜》，「盾」作「楯」，無「行軍」二字，
「應天」下有「之」字。《抱朴子》亦是引《六韜》。

〔註75〕《記纂淵海》卷 14、46 據宋刻本，四庫本分別在卷 57、43。四庫本《記纂
淵海》卷 100 引同，宋刻本殘。楊明照已及《事類賦注》卷 30、《海錄碎事》
卷 22 引文。
〔註76〕《記纂淵海》卷 137 據宋刻本，四庫本在卷 67。

（6）軍之所以欲乘山依谷，視生處高也。（《書鈔》卷 113）

嚴可均曰：案：「生」字當有誤。

按：《書鈔》卷 113 引「依谷」下有「者」字，嚴氏輯本誤奪。「生」字不誤，此語出《孫子·行軍》：「凡處軍相敵，絕山依谷，視生處高，戰降無登，此處山之軍也。」曹操注：「生者，陽也。」李筌注：「向陽曰生。在山曰高。生、高之地可居也。」

（7）淮南王所著兵書，皆魁岡之陣，風氣之占，及軍中之變，象徵祥觸物之候，知敵盛衰，俟時而動之術，知行止之不測，天心之去就，使進則百勝，退則安全也。（《書鈔》卷 112 引兩條）

按：嚴可均原文指其出處是《書鈔》卷 113，楊氏誤作卷 112。「象」字當屬上，「變象」連文，楊氏失其讀。《書鈔》卷 113「知盛衰之術」條、「俟時而動」條凡二引，「岡」作「罡」，「知行止」上有「無以」二字。又「不測」二字，《書鈔》一引同，一引作「不可測」。

（8）太公云：「從孤擊虛，萬人無餘，一女子當百丈夫。」（《意林》）

按：《御覽》卷 328 引《六韜》：「從孤擊虛，高（萬）人無餘，一女子當百夫。」《長短經·天時》引經曰：「能知三生，臨刃勿驚，從孤擊虛，一女當五丈夫。」

（9）大將軍當明案九宮，視年在宮，當就三居五，五為死，三為生。能知三、五，橫行天下。（《文選·江文通〈詣建平王上書〉》注）

按：「當就三居五」之「當」，李善注引作「常」。嚴氏輯本誤錄。

（10）昔太安二年，京邑始亂，三國舉兵，攻長沙王乂……宋道衡說冰，求為丹陽太守，到郡發兵以攻冰，召余為將兵都尉。（《御覽》卷 328）

楊明照曰：安，原誤作「康」，嚴氏改「安」，是也。（P745）

按：宋刊《御覽》「昔」作「晉」，「王乂」作「王人」，「宋道衡」作「宋道衝」，「將兵都尉」作「貯兵都尉」。嚴氏改「晉」作「昔」，「貯」作「將」，「人」作「乂」，「衝」作「衡」，亦是也。《抱朴子外篇·自敘》：「昔大安中石

冰作亂……大都督邀（檄）洪為將兵都尉。」〔註 77〕「宋道衡」史書無考。
考《三國志‧孫休傳》裴松之注引《襄陽記》：「（李）衡字叔平……聞羊衜有
人物之鑒，往干之……後常（嘗）為諸葛恪司馬，幹恪府事，恪被誅，求為丹
陽太守。」「衜」是古「道」字。疑「宋道」當作「羊道」。「羊道衡說冰」有
脫文，疑當作「羊道為李衡說冰」。

（11）雷天之鼓也。（《初學記》卷 1，《御覽》卷 13）

嚴可均曰：《白孔六帖》卷 2 引作「雷者天地之鼓」。

按：「雷」當一字為句。《書鈔》卷 152 引《河圖帝通紀》亦曰：「雷者，
天地之鼓也。」《開元占經》卷 102、《法苑珠林》卷 7、《類聚》卷 2、《書鈔》
卷 152、《御覽》卷 13 引無「者」字（《類聚》「帝通紀」誤倒作「帝紀通」），
《事類賦注》卷 3 引無「者」、「地」二字。

（12）用兵之要，雄風為急。（《御覽》卷 9）

按：宋刊《御覽》「雄」作「唯」，當據校正。嚴氏所據乃俗本。

（13）金器自鳴及焦器鳴者，軍疲也。（《意林》）

按：《御覽》卷 328 引《六韜》：「金器自鳴及焦氣者，軍疲也。」《抱朴
子》亦是引《六韜》，《御覽》「焦器鳴」誤作「焦氣」。「焦器」指炊具，「焦」
是「鐎」省文，《說文》：「鐎，鐎斗也。」三足而有柄的溫器，俗作「刁斗」。
「焦器」即是「鐎器」。《五行大義》卷 2：「金，王時為金玉寶器，相時為銀
銅利刃，休時為鉛錫犁鋤，囚時為焦器釜鑊，死時為沙礫碎鐵。」《史記‧李
將軍列傳》《集解》引孟康曰：「以銅作鐎器，受一斗，晝炊飯食，夜擊持行，
名曰刁斗。」

**（14）凡戰，觀雲氣如走驚鹿者，敗軍之氣也。（《意林》，又《御覽》
　　　卷 328）**

按：《意林》引作「氣如驚鹿，敗軍之氣也」，《御覽》引作「凡戰，觀雲
如走鹿形者，敗軍之氣也」。嚴氏糅合二文作「觀雲氣如走驚鹿」，殊不成文。
《晉書‧天文志》及《開元占經》卷 94 亦說「氣如驚鹿相逐」為敗軍之氣。

〔註 77〕金毅據《晉書‧葛洪傳》校「邀」為「檄」。金毅《〈抱朴子外篇校箋下〉校
　　　補》，《古籍整理研究學刊》2002 年第 3 期，第 69 頁。

（15）軍始出，舉牙立旗，風氣和調，旛動飄飄，終日不息者，其軍
有功也。（《書鈔》卷 120，《類聚》卷 60，《御覽》卷 339）

按：旛，《書鈔》作「幡」。幡動，《類聚》、《御覽》作「幡校」。「幡校」
是名詞，即「旛校」，指旌旗。

（16）軍始出，雨霑衣裳者，是謂潤兵，其軍有功。雨不足霑衣裳者，
是謂泣軍，必敗。（《意林》，《初學記》卷 2，《御覽》卷 10）

按：《御覽》卷 328 引《六韜》：「雨霑衣裳者，謂潤兵。不霑者，謂泣兵。」
《抱朴子》亦是引《六韜》。

（17）軍中地裂急徙，居否則軍敗，地震必大戰，或有謀反。（《御
覽》卷 880，《開元占經》卷 4）

按：「居」字屬上句，當讀作「軍中地裂，急徙居」。楊氏失其讀。《開元
占經》「否則」作「不則」，宋刊《御覽》作「不測（則）」。

（18）蜚兔入軍中，當遷徙之。（《御覽》卷 907）

按：宋刊《御覽》無「遷」字。

（19）蚯蚓見軍中尤多者，軍罷，天宜備反叛。（《御覽》卷 947）

楊明照曰：「天」字誤，當改作「又」。（P747）

按：宋刊《御覽》「天」作「又」，《記纂淵海》卷 100、《爾雅翼》卷 24
引同，楊氏未見善本。《開元占經》卷 120 引《京房易飛候》：「蚯蚓、螻蛄見
軍中尤多，師將罷，有謀者。」

（20）軍行卒逢飛蜂及蚩蟲，若蜂尤多者，必大戰，驚於藏伏之賊。
（《御覽》卷 950）

按：宋刊《御覽》作「軍行卒逢羣飛蜂及蚩蟲，若密（蜜）蜂尤多者，
必大戰，驚於藏伏之賊」，《事類賦注》卷 30 引「密」作「蜜」，無「必大戰」
三字，「驚於」作「備」。

（21）歐陽生曰：「張茂先、潘正叔、潘安仁文，遠過二陸。」或曰：
「張、潘與二陸為比，不徒步驟之間也。」（《御覽》卷 599）

按：宋刊《御覽》「或曰」作「又曰」，「步驟」作「驟步」。

（22）友人騰永叔問曰：「嵇君道何如人？」余答曰：「一代偉器也。
　　　摛毫英觀，難與竝驅也。」（《書鈔》卷100）

　　按：《書鈔》「騰」作「滕」，「問曰」作「問吾」，「摛毫」作「豪摛」。

（23）炙鼓使鳴，絞弦令急。實鼓使速，穿弦早絕。磨刀殺馬，立可
　　　驗也。（《意林》）

　　按：《意林》「急」作「悲」，「鼓使」作「使鼓」。嚴氏輯本誤錄，楊氏未
知訂正。當讀作「實使鼓速穿，弦早絕」，楊氏失其讀。

（24）英葱實天雄鶴腦服之，令人能夜書。（《御覽》卷747）

　　按：《御覽》無「能」字。

（25）河伯華陰人，以八月上庚日渡河溺死，天帝署作河伯。（《意
　　　林》）

　　按：《法苑珠林》卷79亦引作《抱朴子》，《御覽》卷24引作《聖賢記》。

（26）案《九鼎記》及《青靈經》言人物之死，皆有鬼也。馬鬼常時
　　　以晦夜出行，狀如炎火。（《御覽》卷883）

　　按：宋刊《御覽》「皆」作「俱」，「常」下無「時」字。

（27）余友人騰永叔嘗養一大獼猴，以鐵鎖鎖之著床間。而犬忽齧
　　　殺之。永叔使合鎖埋之……永叔曰：「始乃知獼猴死復有鬼
　　　也。」（《意林》，《御覽》卷701、910）

　　嚴可均曰：騰，《意林》作「膠」。

　　楊明照曰：《書鈔》卷130引較略。（P750）

　　按：《書鈔》卷132引之，楊氏誤記卷號。宋刊《御覽》卷910引作「騰」，
當據《書鈔》、宋刊《御覽》卷701作「滕」。「膠」亦是「滕」形譌字。《書
鈔》、《御覽》卷910引作「使」，《御覽》卷701引誤作「便」。《御覽》卷910
引作「始乃知」，《書鈔》引作「乃始知」，《御覽》卷701引作「始乃今日知」。

（28）獼猴之鬼，令人病瘧。（《御覽》卷743）

　　按：宋刊《御覽》「病」作「疾」。

（29）龜鼈黿之鬼，令人病欬。（《御覽》卷 743）

按：宋刊《御覽》「黿」上有「黿」字，是也。嚴氏所據乃俗本。

（30）朱淮南嘗言二陸重規沓矩，無多少也。一手之中，不無利鈍。方之他人，若江漢之與潢汙。（《意林》，《書鈔》卷 100，《御覽》卷 602）

按：《書鈔》作「利鈍」，《意林》、《書鈔》作「潢汙」。《御覽》引「利鈍」作「鈍利」，「潢汙」作「潢潦」。《永樂大典》卷 10287 引《意林》「潢汙」誤作「黃河」。

（31）其辭之富者，雖覃思不可損也；其理之約者，雖鴻筆不可益也。（《意林》，《御覽》卷 602）

嚴可均曰：覃，《意林》作「精」。

按：《御覽》作「覃」。《意林》「鴻筆」，《御覽》作「潛筆腐豪」。

（32）吾門生有在陸君軍中，常在左右……余謂仲長統作《昌言》，未竟而亡，後繆襲撰次之。（《御覽》卷 602）

按：宋刊《御覽》「常在」作「嘗在」，「繆襲」作「董襲」。考《三國志·吳志》有《董襲傳》，《魏志》有《繆襲傳》，董是武將，而「繆襲有才學，多所述」；《隋書·經籍志》載「《繆襲集》五卷」。《後漢書·仲長統傳》：「（統）因著論，名曰《昌言》，凡三十四篇，十餘萬言。獻帝遜位之歲，統卒，時年四十一。友人東海繆襲常稱統才章足繼西京董、賈、劉、揚。」嚴可均改作「繆襲」，是也。

（33）盧生問曰：「蔡伯喈、張平子才足以著書，正恐言遠旨深，世人不解，故不著也。」余難曰：「如來言，子雲不應作《太玄經》也。瓦甒木杯，比門所饒，金觴玉爵，萬家無也。」（《御覽》卷 602）

按：宋刊《御覽》「足以著書」作「足著子書」，「如來言」作「若如來言」，「瓦甒木杯」作「瓦甌木杯」，「萬家無」作「萬家無一」。嚴氏輯本有脫誤，楊氏失校。

（34）屈原沒汨羅之日，人並命舟楫以迎之，至今以為□渡。或謂之
　　飛鳧。亦（有脫文）日州將士庶悉臨觀之。（《書鈔》卷137）

　　按：脫誤字可據鈔本《書鈔》訂補，讀作：「……至今以為競渡。或〔以
水車為之〕，謂之飛鳧，亦曰〔水馬〕。州將、士庶悉觀臨之。」《荊楚歲時
記》：「按五月五日競渡。俗為屈原投汨羅日，傷其死所，故並命舟楫以拯之。
舸舟取其輕利，謂之飛鳧，一自以為水車〔註78〕，一自以為水馬。州將及土
人悉臨水而觀之。蓋越人以舟為車。以楫為馬也。」《書鈔》「沒」是「投」
形誤。

（35）太極初構，清濁始分，故天先成，而地後定。（《初學記》，《御
　　覽》卷36）

　　按：《初學記》見卷5引，嚴氏失記卷號。《事類賦注》卷6亦引之。

（36）太精之氣，乘雲也。（《書鈔》卷151）

　　按：《書鈔》「乘雲」作「乘氣」。嚴氏誤錄其字。

（37）翫榮河者，若浮南濱而涉天漢。（《書鈔》卷150）

　　按：此非佚文，嚴氏誤輯。《書鈔》「榮」作「滎」。「河」當作「汀」，「濱」
當作「溟」。《抱朴子外篇·逸民》：「子可謂守培塿，玩狐丘，未登閬風而臨雲
霓；翫澄汀，遊潢洿，未浮南溟而涉天漢。」

（38）宣夜之書亡，而郄萌記先師相傳宣夜說云：「天穹無質，仰而
　　瞻之，高遠無極，蒼蒼然也。譬旁望遠道黃山而皆青，俯察千
　　仞之谷而黝黑，夫青冥色黑，非有體也。日月星辰，浮空中行
　　止，皆須氣焉。故七曜或住或遊，逆順伏見無常，進退不同，
　　由無所根繫，故各異也……」（《書鈔》卷149，《御覽》卷2）

　　按：《書鈔》止引「天穹無質，仰瞻之蒼蒼然」二句。宋刊《御覽》無「穹」
字，《事類賦注》卷1引「穹」作「了」，《晉書·天文志》、《隋書·天文志》
引郄萌說亦作「了」。「穹」是「了」形誤，作副詞用。「高遠無極」下，宋刊
《御覽》有「眼瞀精極」四字，《晉志》、《隋志》作「眼瞀精絕」。「日月」句，
宋刊《御覽》、《事類賦注》作「日月星象，浮生空中，行止皆須氣焉」，《晉

〔註78〕《御覽》卷31引「車」誤作「軍」。

志》、《隋志》作「日月眾星，自然浮生虛空之中，其行其止皆須氣焉」。「故七曜」句，宋刊《御覽》、《事類賦注》如此，《晉志》、《隋志》「是以七曜或逝或住，或順或逆，伏見無常，進退不同」。當據補二「或」字，校「遊」作「逝」〔註79〕。逝，行也。嚴氏誤輯，楊氏未檢正，致失其讀，亦云疏矣。

（39）（葛）洪造《穹天論》云：「天形穹隆如笠冒地，若謂天北方遠者，是北方星宜細於三方矣。」（《御覽》卷595）

按：宋刊《御覽》「是」作「視」。

（40）麋氏云：「潮者，據朝來也；汐者，言夕至也……春日居東宿，天高一萬五千里，故春潮再起也。秋日居西宿，天卑一萬五千里，故秋潮漸減也。」（《御覽》卷68）

按：宋刊《御覽》引無「汐者」二字，「再起」作「漸起」。《文選·江賦》「或夕或朝」，李善注引作「朝者，據朝來也；言夕者，據夕至也」。

（41）天河從西北極分為兩頭，至於南極。（《御覽》卷8、68）

按：《御覽》二引均無「西」字，嚴氏誤增。

（42）月之精生水，是以月盛滿而潮濤大（《御覽》卷4）

按：《御覽》引無「滿」字；《事類賦注》卷1引同，又「潮濤」倒作「濤潮」。

（43）濤水者，潮取物多者其力盛，來遠者其勢大。今浙水從東，地廣道遠，乍入狹彪，陵山觸岸，從直赴曲，其勢不泄，故隆崇湧起而為濤。（《御覽》卷68）

按：《御覽》「浙」作「潮」，「彪」作「處」。嚴氏誤錄，而楊氏竟不檢正。

（44）水行為智，為黑，鳳胸黑，故曰向智也。（《御覽》卷915）

按：宋刊《御覽》引「向」作「尚」。

〔註79〕《古文苑》卷5張衡《觀舞賦》「驚雄遊兮孤雌翔」，《初學記》卷15、《類聚》卷43引「遊」作「逝」。敦煌寫卷P.5034V《春秋後語》「勉（兔）與（興）鳥遊」，《戰國策·東周策》「遊」作「逝」。P.3259「但以遊川東注，洪波之浪難迴」，S.1823A、S.5573「遊」作「逝」。此皆「逝」誤作「遊」之例。

（45）《崑崙圖》曰：「鸞鳥似鳳而白纓，聞樂則蹈節而舞，至則國安寧。」（《類聚》卷99，《初學記》卷15，《白孔六帖》卷94，《御覽》卷916）

按：《類聚》引作「安寧」，《白帖》、《御覽》、《路史》卷40羅苹注引作「安樂」〔註80〕。古香齋本《初學記》卷15引「至則國安寧」誤作「則主國安」。

（46）案《地鏡圖》，今之九德，則古之越裳也。（《類聚》卷90，《御覽》卷917）

按：地鏡，《類聚》、《御覽》均作「地域」。嚴氏誤錄。考《晉書·裴秀傳》載裴秀（224～271）「作《禹貢地域圖》十八篇」，葛洪（284～364）所引蓋即此書。

（47）《青泠傳》云：「辰星水精，生玄武。歲星木精，生青龍。熒惑火精，生朱鳥。」《古今注》所謂赤烏者，朱鳥也……三足烏集其庭。曾參鋤瓜，三足烏集其冠。（《類聚》卷92，《御覽》卷6、920、978）

按：青泠，宋刊《御覽》卷920誤作「青冷」，《永樂大典》卷2345引不誤。嚴可均徑正之，是也。《御覽》卷978作「集其冠」，《類聚》、《御覽》卷920「集」作「萃」。宋刊《類聚》卷92引《抱朴子》「熒惑火精，生朱鳥」，隔一字又引《古今注》「所謂赤烏者」云云。則《古今注》自是《類聚》所引，非《抱朴子》所引。《類聚》卷92是《鳥部》「烏」條，自當引用《古今注》「赤烏」也。宋刊《御覽》卷920《羽族部》「烏」條承用《類聚》，以《古今注》緊接「生朱鳥」，則是誤以為《古今注》亦是《抱朴子》所引。嚴可均又承《御覽》之誤而輯作《抱朴子》佚文。《法苑珠林》卷45亦引《抱朴子》：「熒惑火精生朱鳥，辰星水精生玄武，歲星木精生青龍，太白金精生白虎，鎮星土精生乘黃。」

（48）予祖彬為汲令，以夏至日請主簿杜宣飲酒。（《御覽》卷23）

按：楊明照考此條是《風俗通》文，《御覽》卷23誤標出處，嚴氏誤輯（P757），其說是也。請，《類聚》卷60、75、《御覽》卷348、738、《西

〔註80〕《白孔六帖》卷94，《白氏六帖事類集》在卷29。

溪叢語》卷上、《永樂大典》卷 20311 引《風俗通》同，今本《風俗通・怪神》作「詣見」，《書鈔》卷 125 引《風俗通》作「詣」。「請」是「詣」形譌。

（49）小（人）文雖巧，猶寸錦細碎之珍，不囗得匹束之賈。（《祕府略》卷 868，自此條以下皆楊明照補輯）

楊明照曰：《書鈔》卷 100 引作「小文雖巧，猶之寸攝玉碎之珍，不得近盈尺之賈也」，《御覽》卷 815 引作「小文雖巧，猶寸錦細碎之珍」。（P758）

按：《書鈔》卷 100「小文猶寸錦」條引《抱朴子》「寸」下有「錦」字，楊氏引脫。「得」上之字作「⿴冂口」，「問」之俗書。楊氏於「人」加括號，指《祕府略》「人」字衍文。

（50）日月之蝕，乃至於盡，又何為故壞其眼目，以行譴人乎？（《文選・演連珠》李注）

按：李善注引，「又」作「天」，「何為」下有「當」字，楊氏輯文有脫誤。

（51）荊山之玉，潛光荊石之中，雖有千仞之土，不能掩其光。（《白帖》卷 2）

按：《記纂淵海》卷 30 引同〔註 81〕。《韓詩外傳》卷 4：「良玉度尺，雖有十仞之土，不能掩其光。」

（52）與善人游，如行霧中，雖不濡濕，潛自有潤（《御覽》卷 15，《事類賦注》卷 3）

按：《御覽》、《事類賦注》「皆」作「潛」，四庫本《記纂淵海》卷 2 引同〔註 82〕，楊氏誤錄其字。《白氏六帖事類集》卷 10「如行霧露，有所潤也」，未言出處，疑亦是引《抱朴子》。

（53）五玉不染而堅，寒冰不礱而朗（《御覽》卷 68，《事類賦注》卷 8 引下句）

按：《事類賦注》卷 8 亦引二句，楊氏誤記。《記纂淵海》卷 10 亦引之，

〔註 81〕 《記纂淵海》卷 30 據宋刻本，四庫本在卷 60。
〔註 82〕 宋刊《記纂淵海》殘缺。

「礳」作「磨」〔註83〕。

（54）拙者得工輸之斤斧，不能以成雲梯；怯者得馮婦之刀戟，不能
以格兕虎也。（《御覽》卷467，《御覽》卷499亦引之）

按：《御覽》見卷353，楊氏誤記卷號。《御覽》卷353、499二引，「公
輸」都作「工輸」。《記纂淵海》卷63引「怯者」句〔註84〕。

（55）指冰室不能起暍死之熱，望炎冶不能止凓凍之寒（《御覽》卷
741，李壁《王荊公詩注》卷47引首句）

按：宋刊《御覽》「冶」誤作「治」。《記纂淵海》卷36、《緯略》卷1亦
引之，「冶」字不誤（《淵海》「室」誤作「窒」）〔註85〕。李壁引「暍死」作
「暍子」，《事文類聚》前集卷9引首句，亦同。凓，讀作凓。P.2011王仁昫
《刊謬補缺切韻》：「凓，寒。」《慧琳音義》卷80引《字統》、《孝（考）聲》
說同。《玉篇》：「凓，寒極也。」

（56）揚雄作賦，有夢腸之談；曹植為文，有反胃之論。言勞神也。
（《海錄碎事》卷18、《潛確類書》卷81）

按：前二句出《金樓子·立言篇上》，《記纂淵海》卷168、《紺珠集》卷
1、《合璧事類備要》前集卷43、《錦繡萬花谷》前集卷20、《說郛》卷23引
均標作《金樓子》〔註86〕。《海錄碎事》誤其出處，明人陳仁錫《潛確類書》
又承其誤，不可據也。又「言勞神也」四字當是注語，《紺珠集》、《潛確類書》
正作小字。

2020年8月16日～2020年10月31日初稿。

〔註83〕《記纂淵海》卷10據宋刻本，四庫本在卷56。
〔註84〕《記纂淵海》卷63據宋刻本，四庫本在卷46。
〔註85〕《記纂淵海》卷36據宋刻本，四庫本在卷61。
〔註86〕《記纂淵海》卷168據宋刻本，四庫本在卷75。